서울대 공대생들이 말하는 '우리가 공대에 간 이유'

공대에

가고 싶어졌습니다

서울대학교 공과대학 우수학생센터 '공우' 지음

메가스터디BOOKS

공학을 사랑하는 사람들이 들려주는
공대 이야기

공대에 대한 다양한 시선들이 있다. 누군가는 체크무늬 셔츠 차림에 전공책에 파묻혀 있는 재미없는 학생들을 떠올리고, 누군가는 취업 때문에 적성 상관없이 무조건 가는 곳 아니냐고 말하기도 한다. 이런 시선으로 공대를 보는 것은 마치 자극적인 예고편만을 보고 내용 전체를 넘겨짚는 것과 같다. 어쩌면 공학을 잘 모르는 사람들이 자신들의 선입견대로 학생들의 성향이나 판단을 쉽게 재단하는 걸지도 모르겠다.

이 책에 참여한 우리는 저마다 다양한 고민을 하며 중학생, 고등학생, 대학생의 시간을 보냈고 또 여전히 보내는 중이다. 과학고를 준비하던 중학교 때부터 이미 공학자가 될 것을 결심했던 친구도 있고, 수학과 과학을 좋아한다는 이유로 이과를 선택한 후 뭘 배우는지 잘 모르는 채 공대에 온 친구도 있고, 공대를 오긴 했지만 선택한 과가 자신과 맞는지 확신이 없어 고민 중인 친구도 있다. 그 시간 동안 우리 대부분은 극심한 공부 스트레스를 받기도 하고 성적 때문에 좌절하기도 했다. '나는 왜 공부를 할까', '내가 좋아하는 것은 과연 무엇일까', '어떤 삶을 살아가야 할까'라는 고민은 대학생이 되어서도 여전히 진행 중이다.

세상 모든 일이 그렇겠지만, 공대생으로 사는 것은 쉽지 않다. 잘하고 좋아한다고 생각했던 수학과 과학은 끊임없이 발목을 잡고, 밀려드는 과제와 프로젝트, 시험에 파묻혀 정신을 못 차리기 일쑤다. 가끔은 내가 정말 원하는 게 이게 맞나 하는 생각에 전공 공부는 멀리한 채 동아리 활동이나 다른 공부에 몰두하는 '일탈'의 시간을 갖기도 한다. 하지만 지금 와서 돌아보면 우리 모두는 자신이 선택한 이 공학이라는 세상을 각자의 방식으로 굉장히 사랑하고 있다는 공통점을 갖고 있다. 이처럼 여러 고민과 시행착오를 거치면서도 결국 공학에 빠지게 된 이유는 무엇인지, 공학의 어떤 점이 아름다운지, 공학과 함께하는 미래를 어떻게 그리고 있는지를 각자의 목소리로 한번 이야기해보고 싶다는 생각, 그리고 어쩌면 이런 경험담이 후배들이 자신의 미래를 계획하는 데 작은 보탬이 될 수 있을지 모른다는 기대로 이 책은 시작되었다.

공학은 인간의 한계를 초월하는 학문이다. 과거의 인간은 자연에서 주어진 대로 그 주어진 상황 속에 맞춰서 살아가야만 하는 존재였다. 그러나 이제는 공학 덕분에 중력을 극복하고 비행할 수 있으며, 인간에게 주어진 지구라는 행성을 벗어나고, 그 너머를 상상한다. 심지어는 인간이 반드시 수용해야만 한다고 여겨져 왔던 죽음마저 인공지능의 발전으로 극복하는 가능성을 꿈꾼다. 더 큰 거인의 어깨 위에 올라서며 우리가 바라보는 세상도 넓어졌다. 예전이라면 떠올리지도 못했을 일들을 꿈꾸고, 하나씩 실현해가고 있다. 공학 덕분에 우리의 세상도, 우리가 꾸는 꿈도 확장되는 것이다.

무엇보다 공학의 가장 특별한 점은, 우리가 믿는 가치를 우리가 손으로 만지고 눈으로 볼 수 있게 실현하는 학문이라는 것이다. 난치병 환자 판별에 도움을 주고 싶다면 진단 인공지능을 개발하여 많은 의사와 환자가 혜택을 받게 할 수 있고, 교통사고를 줄이고 싶다면 자동차가 스스로 움직이도록 코드를 짜서 안전하게 운행하게 만들 수도 있다. 이는 실제로 많은 공학도들이 이 순간에도 하고 있는 일이다. 이들의 연구와 노력의 결과로 세상은 매일 조금씩 변하고 있다.

우리가 그랬듯이 이 책을 읽는 청소년들 역시 '어떤 선택이 옳은 것일까?', '어떤 직업을 선택하면 돈을 많이 벌까?', '어떤 학과를 선택하면 취업이 잘 될까?'와 같은 질문을 스스로에게 던지며 앞으로의 인생, 진로에 대해 고민하고 있을 것이다. 여러분과 똑같은 시간을 거친 선배들의 이야기가 담긴 이 책이, 하고 싶은 일을 찾는 데 조금이나마 도움이 되길 희망한다. 여러분 책장이나 책상 한 귀퉁이를 차지하고 있다가 어떤 마음으로 공부를 해야 할지, 내가 좋아하는 일을 어떻게 찾아야 할지 문득문득 답답해질 때 한번씩 펼쳐보게 되는 그런 책이 되었으면 좋겠다.

이 책을 읽는 동안 독자들도 우리와 함께 공학이라는 세계를 느끼기를 바란다. 우리 삶의 곳곳에 살아 숨쉬고 있는 공학의 아름다움을, 우리가 믿는 가치를 실현할 수 있게 해주는 공학의 힘을 알게 되었으면 좋겠다. 독자들 앞에는 무한한 선택지가 있겠지만, 적어도 이 책을 읽는 동안 공학이라는 선택지를 충분히 고민해 보았으면, 그리고 더 나아가서는 공학의 매력을 조금이라도 느꼈으면 더할 나위 없이 기쁠 것 같다.

서울대학교 공과대학 우수학생센터 공우 일동

✿ 추 천 사

● 전문가 추천사

황농문 서울대학교 재료공학부 교수 《몰입》《슬로싱킹》 저자

중고등학생들은 공과대학이 어떠한 곳인지 잘 모릅니다. 교육과정에서 공과대학에서 배우는 과목은 공부하지 않기 때문이죠. 또한 원하는 대학의 입학을 지상 최대의 목표로 설정하고 앞만 보고 달려 막상 원하는 대학에 들어왔어도 인생에서 해결된 것은 하나도 없다는 것을 깨닫습니다. 이때부터 비로소 나는 앞으로 어떻게 살아가야 하는가 등의 문제를 심각하게 고민하게 됩니다. 그리고는 '내가 진정 좋아하는 것은 무엇이며 또 가슴 뛰게 하는 것은 무엇인가'라는 물음에 대한 답을 찾는 것은 온전히 나의 몫임을 알게 됩니다.

방황과 여러 시행착오를 통하여 나름 삶의 의미를 찾아가는 서울공대 학우들이 후배들은 같은 과정을 되풀이하지 않기를 바라는 마음에서 기획된 이 책은 다양한 경험과 사례를 통해 성장을 이야기합니다. 중고등학교 시절의 자신들만의 공부 방법과 공부에 관심을 두게 된 계기를 소개하는 것을 시작으로, 대학에 들어온 후 경험하게 되는 각종 동아리 활동, 팀 프로젝트 활동, 인턴 활동, 창업 활동 그리고 졸업후 펼쳐지는 다양한 진로들을 둘러볼 수 있습니다. 대학에 들어온 이후 여러 활동을 통하여 인생에 대해 고민하고 의미 있는 삶을 추구하며 미래를 위한 준비를 하면서

자신들의 꿈을 키워가는 여정도 잘 드러나 있습니다. 청소년 특히 공과대학에 관심이 있는 중고등학생 그리고 공과대학에 입학한 학생들이 많은 도움을 받을 수 있는 내용들로 가득한 이 책을 추천하고 싶습니다.

하정우 네이버 AI 랩 & 클로바 리서치 소장

내가 중고등학교 때 혹은 대학교 때 이 책을 읽었더라면 지금보다 좀 더 나은 내가 되어 있지 않을까 하는 생각이 들게 하는 책입니다. 공학도를 꿈꾸는 혹은 공부와 미래에 대해 근본적인 고민을 가진 많은 중고등학생 그리고 대학생들에게 권하고 싶습니다. 내 아이가 중학교 갈 때쯤 읽고 아빠랑 함께 얘기하자고 건네주고 싶은 책이기도 합니다. 소중한 경험과 지식을 공유하는 멋진 후배님들에게 감사의 인사를 보냅니다.

현택환 서울대학교 화학생물공학부 석좌교수

서울공대에서 가장 우수한 학생들이 모여서 청소년들에게 비전 멘토링 봉사를 해온 언어 소사이어티인 '공우'에서 낸 이 책을 많은 청소년들이 읽고, 이 책의 저자들처럼 자신만의 꿈과 비전을 꼭 발견하기를 간절히 소망합니다.

박찬암 스틸리언(사이버 보안 전문기업) 대표

어릴 적 컴퓨터 공부를 하며 꿈에 대한 고민을 끊임없이 했습니다. 돌이켜 보면 현명한 선택과 방향성 설정이 가장 중요한 일이었던 것 같습니다. 이 책은 다양한 경험과 관점을 통해 그런 고민들에 대한 해답을 이야기 형태로 풀어냈습니다. 읽어보시면 공학인으로서 꼭 필요한 핵심이 채워질 수 있을 거라 믿습니다.

여명석 서울대학교 건축학과 교수, 글로벌사회공헌단 단장

사회에 기여하고 소통할 줄 아는 리더를 배출하기 위한 단체인 서울공대 '공우' 학생들이 만든 책, 전국에서 수천 명의 멘티 학생들에 대한 비전 멘토링을 지원하면서 가장 궁금해하는 바를 분석하여 만든 책, 공학도로서의 비전을 전달하고 미래를 위한 꿈을 꿀 수 있게 돕는 책입니다.

장병탁 서울대학교 컴퓨터공학부 교수, AI 연구원 초대 원장

'공학적 소양을 기반으로, 입체적인 시각을 갖추고, 사회와 소통하는 리더로 성장한다'라는 훌륭한 비전을 가지고 리더로 성장 중인 서울대학교 '공우'에서 오랫동안 해 왔던 멘토링을 바탕으로 정리한 자신들의 이야기를 들려주는 책입니다. 학창 시절 치열하게 고민하는 이슈들에 대한 선배들의 생각을 엿보며 많은 청소년이 공학의 매력에 빠지기를, 또 자신의 미래에 대해서 진지하게 고민해 볼 수 있기를 바랍니다.

● 학생 서평단 추천사

지난 12년간 정해진 길만을 따라 달려온 우리에겐 학과나 진로 선택을 하고 '내가 하고 싶은 게 뭐였지?', '난 앞으로 뭘 해야 할까?' 등의 고민을 하는 게 쉽지 않습니다. 이 책은 이정표 같은 느낌입니다. 학과에 대한 설명부터 앞으로의 전망, 관련 진로, 선배님들의 경험담, 조언 등이 담긴 이런 책이 있어 내가 무엇을 하고 싶은지, 무엇이 되고 싶은지에 대한 답에 한 발짝 더 다가갈 수 있는 것 같습니다.

정재환 화성 정현고등학교 3학년

이과 계열 진로는 의학 쪽만 알고 있었는데 공학 분야에도 다양한 학과들이 있다는 것을 알게 되어서 좋았습니다. 일반적으로 생각나는 기계를 다루는 것 외에도 공학에 다른 부분들도 많이 있으므로 자신의 진로와 맞는 것이 있을지 생각하며 보는 것도 좋을 듯해요. 현재 재학 중이신 대학생분들의 이야기라 더 생생하고 잘 와 닿았던 것 같습니다.

김재율 용인 성복중학교 2학년

공대 학과의 설명이 매우 잘 돼 있어서 한눈에 파악하기 쉽습니다. 만약 본인이 공대를 희망하거나, 공대의 활동이 궁금한 학생이나 학부모가 있으면 매우 자신 있게 추천할 수 있는 책이라고 생각합니다.

윤호성 익산 원광중학교 2학년

내가 고등학교 들어갈 무렵이면 고교학점제가 시작되어 수업을 본인이 직접 선택해서 들을 수가 있다고 합니다. 이럴 때를 대비해 자기가 무엇이 되고 싶은지 아직 잘 모르겠는 사람이 한 번쯤 읽어보면 좋을 것 같습니다. 여러 학과 이야기가 다양하게 담겨 있어 어딜 가는 게 내 진로에 맞을지 알 수 있는 책이기 때문입니다. 중학생이나 고등학생에게 추천하고 싶습니다.

김지호 익산 원광중학교 2학년

이 책을 읽고 어느 대학과 어느 학과를 갈지 목표를 잡았고, 공대에 가려면 어느 쪽으로 공부를 해야 할지도 알게 되었습니다. 공부를 왜 하는지 깨달음을 준 책이기도 합니다. 공대에 진학하고 싶은 사람은 한 번쯤 보면 좋을 것 같습니다.

주성혁 부산 화신중학교 1학년

책에서 전달하고자 하는 바가 공감하기 쉽게 전달되었습니다. 공부를 하는 이유가 없어 회의감을 느끼는 많은 학생들이 여러 대학생 선배들의 이야기를 보고 그 이유와 목표를 하나씩 만들어 자신만의 '성공의 계단'을 만들 수 있으면 좋겠습니다.

김사은 서울 언북중학교 3학년

공대 학과마다 무엇을 배우는지, 어떻게 배우는지 등이 자세하게 설명되어 있어 공학 쪽으로 진로나 대학을 준비하고 있는 학생에게 추천하고 싶습니다.

이준호 부산 화신중학교 1학년

공대에 가고 싶어졌습니다

이 책은 현재 재학 중인 대학생들의 생생한 공대 경험담과 조언을 들려줍니다. 지금 내가 목표로 하는 사람들이 나와 같은 학생이었을 때 했던 고민을 읽으며 어느 순간 잔뜩 흥분하여 공감하고 있는 나를 볼 수 있었습니다. 이 책의 제목은 '공대에 가고 싶어졌습니다'입니다. '~하고 싶다'는 오직 그 자신만이 주어로 올 수 있습니다. 진로라는 건 쉽게 말해 이 책의 제목처럼 '내가 앞으로 하고 싶은 일'이라고 생각합니다. 책을 다 읽고 나니 '나는 ~가 하고 싶어', '나는 ~에 관심이 있는 것 같아', '나는 ~라고 했던 질문에 공감되었어' 같은 생각이 떠올랐습니다. 스스로 나의 진로를 찾고 싶은 학생들에게 추천합니다.

김아영 서울 세화여자중학교 2학년

CONTENTS

PART 1
공대에 오기 전 이렇게 공부했습니다

PART 3
내가 전공을 잘 선택한 걸까요?

**공대
학과 소개**

자연계 최상위권 학생들이 의학 계열에 몰린다지만 공
학도를 꿈꾸는 우수한 학생들도 많습니다. 이런 예비
공학도들 중에는 일찍부터 전공 학과를 구체적으로 정
한 경우도 있고, 뚜렷한 전공 분야를 선택하지 못하고
있는 경우도 있어요. 과 선택을 놓고 고민하는 학생들
을 위해 서울대학교 공과대학 학과와 학부를 기준으로
각 과의 교육과정과 졸업 후 진로에 대해 간략하게 소
개합니다.

건설환경공학부

건설환경공학은 사회 기반 시설의 계획, 설계, 건설, 운영, 유지 및 관리에 대해 연구하는 학문으로, 도로, 교량, 철도, 플랜트 등 인간 생활의 터전 건설을 담당한다.

서울대학교 건설환경공학부는 건설 관리, 공간정보공학, 교통공학, 구조공학, 도시계획 및 설계, 수공학, 지반공학, 환경공학의 여덟 개 분야로 이루어져 있으며, 토목공학, 도시공학, 환경공학을 포함하는 학문이다.

'건설환경공학'이라는 이름 때문에 환경공학에 관심이 있어 입학하는 학생들은 커리큘럼 중 토목공학의 비중이 생각보다 높아 혼란을 겪기도 한다. 학생들은 각 분야에서 한 개씩의 전공 필수 과목과 네 개 이상의 분야에서 다섯 개 이상의 전공 심화 과목을 이수해야 한다. 전공과목들은 기본적으로 수학의 미적분과 통계학을 기초로 하며, 특히 구조공학과 수공학에서는 물리의 역학, 환경공학에서는 화학과 생물학 공부가 필요하다.

졸업 후에는 건설 시공사/설계사 등의 사기업 또는 한국도로공사, 한국철도공사, 한국수자원공사 등의 공기업에 취직하거나, 대학원에 진학하여 심화 연구를 한 후 정부 출연 연구 기관이나 기업의 연구원이 되는 길이 있다. 일반 토목 시설직 5급 공개경쟁 채용 시험에 응시하여 공무원이 되기도 하고, 대학교수, 창업 등의 기타 진로가 있다.

건축학과

건축학은 인간이 일상생활에서 거주하고 체험하는 장소인 건축물에 대해 배우는 학문이다. 건축물이 도시를 구성하는 공공적인 존재라는 사실을 기반으로, 건축학과에서는 지적인 탐구와 뛰어난 상상력으로 건축에 대한 넓은 범위를 교육한다.

건축학과는 2학년까지는 전공이 통합되어 있다가 3학년 때 건축학과 건축공학으로 전공을 선택해서 분리된다. 통합된 2년 동안 두 가지 전공 모두의 기초적인 수업을 들어서 적성에 맞는 분야를 고를 수 있도록 도와준다. 건축학을 선택한 학생은 3년을 더 다녀서 5년제 과정을 이수하고, 건축공학을 선택한 학생은 2년을 더 다녀서 4년제 과정을 이수하게 된다.

다른 공대 학과에 비해서 필요한 물리나 수학 지식이 적은 편이다. 고등학교 때부터 건축학에 대한 배경지식을 많이 쌓을 필요는 없고, 건축이라는 분야에 흥미를 느끼고 진학하여 대학교에서 공부를 열심히 한다면 매우 매력적인 선택지가 될 수 있다.

건축학 전공자들은 주로 설계 사무소나 아틀리에 등에 취직을 하게 되고, 건축공학 전공자들은 크게 건설사, 엔지니어링 회사에 취직하게 된다. 건축학의 장점은 학과의 지속 가능성이나 발전 가능성이 매우 높다는 것이다. 통일 이후를 이야기할 때 꼭 필요한 기술로 거론되는 것이 건축 기술이기에 미래에 폭발적인 수요가 발생할 가능성도 있다. 하지만 다른 공과대학이나 이공계 학과들과는 색깔이 조금 다르니 입학하기 전에 본인의 적성에 맞는지 충분히 생각하고 검토해보는 것이 중요하다.

기계공학부

기계공학은 힘과 에너지에 관련된 기본 지식을 바탕으로 인류의 문명 발전과 삶의 질 향상을 위해 다양한 기계 장치의 설계, 제작, 운전, 성능, 제어, 진단 등에 관한 기초 및 응용 분야를 취급하는 공학 분야이다. 미래 자동차, 서비스 로봇, 스마트 팩토리 등 넓은 분야를 포함하고 있는 학문이라고 할 수 있다.

2학년 때는 이른바 '4대 역학'이라고 불리는 열역학, 동역학, 고체역학, 유체역학을 공부하게 되고 이때부터는 매주 두 번 정도 시험을 보는 고통스러운 시간이 이어진다. 2학년 때 축적한 기초 지식을 바탕으로 3학년 때부터는 더 세분화된 전공에 가까운 과목을 수강하게 된다. 제어에 관심 있다면 '시스템 제어 이론', 열에 관심이 있다면 '열전달', 유체에 관심 있다면 '응용 유체' 등을 수강할 수 있다. '기계제품 설계'나 '재료와 제조 공정' 같은 전공 필수 과목을 통해 실제로 제품을 제작하거나 공정하는 실무에 가까운 것들을 배우기도 한다.

따라서 고등학교 때부터 물리와 친해지는 게 매우 중요하다. 로봇, 자동차 등 물체의 움직임을 분석할 때는 모두 동역학이라는 학문에 기반하여 분석을 진행한다. 물리학을 통해 우리는 실세계의 문제를 모델링할 수 있고, 나머지 반은 수학이라고 해도 과언이 아니다. 선형대수학, 미분방정식 등에 대한 기초가 탄탄하면 그만큼 기계공학을 더 잘할 가능성이 크다.

기계공학은 모든 공학의 기본이 되는 과목이다. 최근 산업의 발전이 소프트웨어의 발전을 중심으로 이루어지고 있지만 그 효과를 내려면 하드웨어라는 매개체가 필요한 만큼 꾸준히 수요가 있을 수밖에 없는 학문이다. 그만큼 다른 전공과 접점이 많으며 확장 가능성도 높다.

공대에 가고 싶어졌습니다

산업공학과

대개 산업공학을 '산업을 구성하는 시스템에 대한 학문' 정도로 요약한다. 그러나 그보다는 '경영 및 사회와 맞닿아 있는 공학'이라고 하는 게 이해하기에 더 쉽지 않을까 싶다. 데이터 분석 결과를 통해 마케팅 전략을 수립하거나, 소비자 만족도 향상을 위해 배송 체계를 최적화하는 일 등 산업공학은 다양한 영역에서 힘을 발휘하고 있다.

산업공학은 많은 분야로 이루어져 있다. 수학·통계학을 통해 복잡한 시스템을 설명하고 최적화하는 경영과학 분야, 데이터를 분석·활용하기 위한 머신 러닝 등의 기법을 연구하는 데이터 사이언스 분야, 프로젝트의 경제성이나 금융 상품의 가치 등을 계산하는 경제·금융 분야, 인간의 사고와 행동을 공학적으로 탐구하고 활용하는 인간공학 분야가 대표적이다.

분야가 다양한 만큼 진로 또한 다양하다. 반도체, 배터리 등의 제조 산업은 물론이고, 소프트웨어, 금융, 컨설팅 등등 택할 수 있는 산업군의 스펙트럼이 매우 넓다. 최근에는 데이터의 중요성이 부각됨에 따라 데이터 사이언스 관련 직군으로 나아가는 경우가 많아지는 추세이다. 졸업 후 대학원에 진학하여 산업공학의 다양한 분야 중 한 가지에 대한 전문성을 강화해 연구를 진행하는 케이스도 많다.

산업공학과에서는 프로그래밍 활용이 빈번하기 때문에 '정보' 과목을 이수할 수 있다면 적극적으로 배워보길 추천한다. 경영, 사회와 맞닿아 있는 만큼 '경제' 과목을 공부하는 것도 도움이 된다. 또, 산업공학 이론들은 모두 수학과 통계학으로 이뤄져 있다고 해도 과언이 아니다. 따라서 수학 과목들, 특히 '확률과 통계'와 '미적분'이 가장 중요한 과목이라고 할 수 있다.

에너지자원공학과

에너지자원공학은 쉽게 말해 '자원 개발'이라는 하나의 주제를 처음부터 끝까지 연구하는 학문이라고 볼 수 있다. 자원이 어디에 저장되어 있는지 찾아내기 위해 원격탐사와 물리탐사 및 지구화학탐사를 공부하고, 발견된 자원을 얻어내고 이를 실제로 사용할 수 있는 에너지원의 형태로 만들기 위해 시추와 정제 및 자원개발공학을 공부한다.

생산된 자원과 에너지를 효율적으로 관리하고 분배하는 것이 중요하기 때문에 공대 내 여타 학과들과는 다르게 경영 및 경제학 분야 공부도 많이 하게 되며, 자원 개발 및 활용으로 인해 발생한 환경오염을 정화하고 사용된 자원을 재활용하기 위해 환경공학과 재활용공학 또한 공부한다. 또 이 모든 과정에서 에너지 인프라 건설이 필요하기 때문에 적절한 부지 선정을 위한 GIS(지리정보시스템), 터널 및 지하 공간 설계, 지질 재해 대비와 같은 분야도 공부하고 있다. '자원 개발'이라는 하나의 순환과정에 필요한 모든 분야를 공부한다고 보면 된다.

신재생 에너지를 제외한 대부분의 자원이 땅속에 있기 때문에 지질이나 암반 등 땅과 관련된 공부가 주를 이루는데, 서울대학교 에너지자원공학과에서 다루는 신재생 에너지 분야도 지열 에너지가 메인이다. 신재생 에너지 기술들을 직접적으로 배운다기보다는 에너지 시스템 설계 및 에너지 인프라 건설, 신재생 에너지의 효율을 높일 수 있는 '부지'를 연구하는 분야가 주를 이루기 때문에 단순히 '에너지'라는 이름 때문에 관심을 갖게 된 학생들은 다시 한 번 생각해볼 필요가 있다. 지구과학, 특히 지구공학에 대한 관심이 많아야 하며, 지구과학을 베이스로 물리와 화학이 뒷받침되어야 한다.

원자핵공학과

원자핵공학은 말 그대로 양성자, 중성자로 구성된 '원자핵'을 활용해 인류에게 이로운 기술을 개발하는 학문이다. 흔히 '원전'과 관련된 기술만 연구할 것이라 오해할 수 있지만, 원자핵공학은 크게 원자력발전(핵분열), 핵융합 플라스마, 방사선 응용의 세 가지 분야로 구성되어 폭넓은 응용 분야를 다룬다. 위 분야들은 모두 원자핵과 관련되어 있기에, 양성자, 중성자, 더 나아가서는 전자의 특성에 대해 깊게 이해하고 있어야 한다는 공통점이 있다.

따라서 원자핵공학 전공자들은 공학 물리 기초, 핵공학 현대 물리, 플라스마 전자역학 등 기초 물리와 관련된 수업을 많이 듣는다. 기초 지식을 쌓은 후에는 원자로물리학, 핵융합로공학, 산업플라스마공학, 방사선공학 등 다양한 응용 분야에 대한 수업을 듣고, 흥미에 따라 전공을 선택하게 된다.

고등학교 과정 중에서는 수학과 물리학이 원자핵공학과 관련되어 있다. 특히, 향후 양자물리, 상대성이론 등 복잡한 물리 이론을 공부하기 위한 기초가 되는 미적분 및 벡터, 수많은 입자의 거동을 설명하는 컴퓨터 프로그램 등을 배우기 위한 통계학 등 수학 공부가 매우 중요하다.

학부 졸업 이후에는 대부분 대학원에 진학하여 원자핵공학 전문 인력으로 성장하는데, 이는 원자핵공학 전공자가 우리나라에 여전히 굉장히 희소하기 때문이다. 전국에 원자핵공학과 관련된 학부는 20개가 채 되지 않는데, 그중에서도 핵융합 플라스마를 포괄하는 학부는 서울대학교를 포함해 몇 개 되지 않는다. 전공자가 적음에도 원자력발전, 핵융합 발전 등 범국가적 중요성을 가진 분야이기 때문에 개개인이 뛰어난 공학자로 성장하는 것이 중요하다.

재료공학부

재료공학은 단순히 재료의 특성을 연구하고 개발하는 것에 국한되지 않고 현대 사회에서 우주항공, 에너지공학, 환경공학, 전기·전자 소재, 정밀기계 등 첨단 산업 발전의 근간이 된다. 급격하게 발전 중인 나노 분야의 경우 기존 재료에서는 볼 수 없었던 다양한 성질들이 발견되고 있어 이를 기반으로 한 새로운 산업의 도래가 예상되며, 재료공학은 미래 사회를 이끌어갈 원동력이 될 것이다.

재료공학은 크게 고분자 재료, 무기 재료, 바이오 재료, 전자 재료, 금속 재료 등으로 분야가 나뉜다. 우리가 원하는 성능의 재료를 얻고 상용화하기 위해서는 재료를 거시적인 관점뿐만 아니라 미시적인 관점에서도 이해해야 한다. 따라서 재료공학은 전 학문 분야를 아우르고 있으며, 물리, 화학, 수학 등을 비롯해 열역학, 반응속도론, 결정학 등에 대한 이해가 필요하다. 또한 응용 분야와도 직접적으로 연결되어 있으므로 기초 학문 각각에 대한 이해도 중요하지만, 이들 사이의 관계를 잘 이해하고 연결 고리를 잘 파악하는 것이 중요하다. 따라서 고등학교에서 공부하는 물리, 화학뿐만 아니라 생체 재료를 다루는 경우에는 생명과학 또한 중요한 과목이다.

새로운 소재 발견이 새로운 산업의 발전으로 이어지는 만큼 재료공학은 엄청난 부가가치를 지닌 분야이다. 또한 다양한 공학 분야와 기초과학을 두루 배울 수 있어 진로를 확실하게 정하지 못한 상태로 진학했더라도 여러 분야를 공부하면서 원하는 진로를 찾을 수 있다는 장점도 있다. 반도체, 전자 소재, 생체 재료, 자동차, 디스플레이 등 여러 다른 공학 분야와 관련되어 있기 때문에 다양한 분야에 진출할 수 있다.

전기·정보공학부

전기·정보공학은 전기를 이용한다는 큰 틀로 묶여 있는 다양한 학문의 모임이다. 다양한 분야가 하나의 학부로 묶여 있다 보니 1학년과 2학년 때 이를 공부하기 위한 기초를 폭넓게 배운다. 교양 과목을 통해서 일반물리학과 미적분학, 공학수학 등을 배우고, 전공 수업을 통해서는 회로나 디지털 소자들, 전자기학의 기초를 학습한다. 3학년 이후부터는 각각의 분야에 특화된 수업들을 수강하고, 선택한 세부 분야를 중심으로 공부하게 된다. 4학년 때는 졸업 프로젝트를 진행하여 지금까지 배운 것을 바탕으로 하나의 학문적 성과를 만드는 작업을 한다.

전기·정보공학을 이해하기 위해서 가장 필요한 것은 수학이다. 미적분학과 선형대수가 중심이 되고, 푸리에 변환, 벡터 미적분, 복소해석, 확률론, 행렬 등이 다양한 분야의 기본적인 모델들을 기술하는 데에 쓰인다. 전자물리와 반도체 등의 분야에서는 물리 지식도 요구되는데, 양자역학이나 전자기학적 지식이 도움이 된다. 하지만 전기·정보공학의 분야들은 세분화되어 발전한 만큼 각각이 요구하는 적성과 능력이 다 다르다. 따라서 수학에 거부감이 없다는 큰 틀에만 맞다면, 전기·정보공학부에 입학한 후 자기 적성에 맞는 분야를 찾아나가는 것도 충분히 가능하다.

전기·정보공학의 큰 장점 중 하나는 현재 한국과 세계의 산업의 중심에서 널리 쓰인다는 것이다. 또, 선택의 폭이 넓어 자유롭게 자신의 흥미와 적성을 살릴 수 있다는 장점도 있다. 재료공학, 기계공학, 컴퓨터공학, 물리학, 응용수학 등 다른 학문 분야와의 접점도 많아 확장 가능성 역시 높다.

조선해양공학과

조선해양공학은 선박과 해양 시스템에 대한 학문이다. 선박은 물 위를 떠다니는 구조물이다. 따라서 물처럼 흐르는 물체의 움직임을 다루는 유체역학, 구조물을 다루는 구조역학이 기본 바탕이 된다. 이외에도 조선 및 해양 문제와 관련된 공정, 설계, 생산, 컴퓨터 등의 지식을 폭넓게 다룬다. 특히 최근에는 친환경, 자율 운항 선박, 공장자동화 등이 화제가 되며 다양한 분야와 융합이 이루어지고 있다. 조선해양공학을 공부하기 위해서는 기본적으로 수학과 물리에 대한 지식이 가장 중요하다. 수학에서는 특히 미적분학과 기하·벡터가, 물리에서는 역학이 매우 중요하다.

학부 졸업 후에는 대부분 기업체에 취업하거나 대학원에 진학한다. 석사 또는 박사 졸업 후에는 선박 및 해양 관련 연구소에 취업하는 비중이 높아지며, 해군 기술 장교 또는 선급 회사 등으로 진출하기도 한다. 다양한 학문의 복수 전공, 부전공 제도 등을 이용하여 조선해양 분야와 타 학문을 연결하는 전문가로 활동할 수도 있다.

조선해양공학은 산업계와 매우 밀접한 학문이다. 특히 세계적인 대기업이 한국에 있어서 산업계의 시각을 바로 반영하여 공부하기에 유리한 점이 있다. 졸업 후 산업계 진출에 관심이 있다면 시장의 거래 관계와 기업의 경영 등에 대해서도 폭넓은 시야를 가질 수 있을 것이다. 또한 조선해양공학은 거대한 시스템을 다루는 공학이다. 대규모 시스템을 대상으로 하는 공학이므로 전체를 보는 눈을 가질 수 있다. 또한 다양한 학문 분야를 접해볼 수 있는 기회가 될 수 있다.

컴퓨터공학부

컴퓨터공학은 말 그대로 컴퓨터에 대한 총체적인 학문이다. 좋은 컴퓨터를 설계하고 이를 활용해서 여러 중요한 문제들을 해결하는 것을 목표로 하며, 하드웨어부터 소프트웨어에 이르는 상당히 넓은 범위를 탐구한다. 따라서 요즘 관심이 커진 코딩만을 생각하고 컴퓨터공학부에 진학한 후 수업을 듣게 되면, 예상보다 코딩 비중이 너무 적어서 충격(?)을 받게 될지도 모른다.

컴퓨터공학부 학생들은 4년간 회로, 논리설계, 컴퓨터 구조, 운영체제 등의 과목들은 물론 알고리즘, 그래픽스, 보안, 인공지능 등 수학 이론이 굉장히 중요한 과목들까지 깊게 다루게 된다. 코딩은 어디까지나 이런 이론들을 실제로 구현하는 수단일 뿐이기에 코딩 자체는 수업에서 거의 다루지 않는 편이다(과제를 하며 스스로 공부해야 한다).

컴퓨터공학을 잘 공부하기 위해선 수학 실력, 그리고 하드웨어와 소프트웨어의 설계를 이해하기 위한 논리적인 사고력이 절대적으로 필요하다. 특히 컴퓨터공학이 사용하는 수학은 통계학, 해석학, 기하학, 선형대수학, 정수론 등 그 범위가 굉장히 넓으므로 고등학교에서 공부하는 확률과 통계, 미적분, 기하 등 모든 수학 과목이 중요하다.

졸업 후에는 대학원 진학, 취업, 창업 등 다양한 선택을 할 수 있다. 어떤 커리어를 쌓더라도 전공을 계속 살린다면 연구나 개발을 하게 되는데 학문 특성상 연구가 개발로 이어지거나, 개발이 연구로 이어지는 경우가 상당히 많아 명확하게 구분할 수는 없다. 또 컴퓨터공학은 실용 학문으로서의 성격이 강하기에 어떤 세부 분야를 연구, 개발하더라도 학계와 산업계 모두에 진출할 수 있다는 것이 특징이다.

항공우주공학은 항공과 우주에 대한 총체적인 산업 및 연구 분야를 담당한다. 비행기나 제트기 같은 고정익기, 헬리콥터나 드론 같은 회전익기가 항공 분야에 해당하며, 우주 발사체 및 인공위성 등이 우주 분야에 해당한다. 이와 같은 비행체들의 공기역학적, 구조적 설계뿐 아니라 추진, 제어, 관제, 시스템 관리, 항공 전자 등 다양한 분야를 포함한다.

항공우주공학과에 진학하면 2학년 때는 기계공학부와 비슷하게 4대 역학이라 불리는 고체역학, 유체역학, 동역학, 열역학 과목들을 비롯하여 공학수학과 프로그래밍 과목들을 수강한다. 그러나 기계공학부는 해당 과목들에서 파생되는 요소 기술에 초점을 맞추지만, 항공우주공학과는 이들을 비행체에 적용하고자 하는 목표를 지향한다는 차이점이 있다.

예를 들어, 항공우주공학과에서는 유체역학을 더욱 세분화하여 공부한다. 유체는 속도와 압력 등에 따라 그 성질이 많이 달라져 비행기나 헬리콥터, 제트기나 로켓에 대해서 적용하기 위해서는 유체(특히 공기)의 다양한 성질에 관한 공부가 필요하기 때문이다. '항공역학', '압축성유체역학', '점성유체역학', '고에너지열유체역학' 과목들이 이에 해당한다. 또한 '로켓 추진', '인공위성공학', '우주역학' 등 우주 기술에 대한 과목들도 배운다.

항공우주공학과에 진학하고 싶다면 당연히 고등학교 때 물리와 수학에 흥미를 느끼면 좋다. 하지만 이보다 더 중요한 것들도 많다. 여러 분야의 지식을 하나로 통합해서 볼 수 있는 넓은 시야와 분석력, 미래 삶의 모습에 대한 끊임없는 상상, 책임감 있고 윤리적인 태도와 리더십, 하늘을 향한 꿈과 열망이 그것이다.

화학생물공학부

화학 산업은 인류의 생활과 아주 밀접한 중요한 제조 산업이다. 전통적으로는 정유 및 석유화학, 유기합성 등을, 첨단 분야에서는 바이오 물질, 나노 및 반도체 소자와 배터리 등을 폭넓게 다루고 있다. 화학공학은 이러한 화학 산업에서 새로운 물질과 합성 기술을 개발하고, 어떻게 물질을 대량생산하여 상용화할 수 있는지, 어떻게 효율적이고 안전하게 공장을 운전할 수 있는지까지를 탐구한다.

이렇게 광대한 범위를 다루는 만큼 화학생물공학부의 커리큘럼은 다른 공학부와 비교했을 때도 양이 많은 편이다. 우선 1학년 때에는 가장 기초적인 화학, 물리, 수학과 기초 프로그래밍을 다룬다. 이후로는 다양한 화학 분야와 함께 물질을 생산하는 데에 필수적으로 고려해야 하는 유체역학과 열, 물질의 이동 현상을 분석하는 방법에 대해서 배우게 되며, 이 부분에서 화학생물공학부가 다른 공학부나 화학부 등과 크게 차별화된다. 이외에도 각자 전산, 공정의 설계와 제어, 환경 공학 등의 다양한 과목을 선택하여 배울 수 있다.

가장 관련이 큰 고등학교 과목은 미적분과 화학, 특히 화학 II 다. 화학 II 에서 다루는 열역학과 화학평형 등의 내용이 화학공학에서 가장 중요하게 다루는 내용이며, 또한 많은 변수가 포함된 복잡한 미적분을 계속해서 다루기 때문에 기초가 되는 미적분을 확실하게 배워두는 것이 필수적이다.

학부 졸업 후 진학하지 않고 바로 취업을 하는 경우는 절반 정도이며 정유나 석유화학 기업, 플랜트를 설계하는 엔지니어링 기업 등 주로 전공과 관련된 다양한 분야로 진출하게 된다. 기술적 이해도가 높다는 장점을 활용하여 변리사의 길을 걷거나, 기술고시, 행정고시를 치는 경우도 볼 수 있다.

PART 1

공대에 오기 전
이렇게 공부했습니다

"내가 공부를 좋아하는 이유는 단순하다. 몰랐던 것들, 이해가 가지 않던 것들을 깨달아가며 나와의 승부에서 이겨나가는 것이 즐겁기 때문이다. 분명 처음에는 남들보다 성적을 잘 받고 싶어서 공부했고, 지금도 그러한 이유가 일부 남아 있다는 것을 부정할 수는 없다. 그러나 공부를 하면 할수록 세상에 대해 하나라도 더 이해하게 되고 어제보다 한 걸음 더 나아갔다는 그 행복한 성취감이 좋다."

바벨탑에 벽돌 쌓기

컴퓨터공학부 17학번 김도현

● 공부가 하고 싶은 이유

김도현
2018.11.24

인류 문명의 바벨탑에 벽돌 하나라도 쌓고 싶다...

서울대학교 대나무숲
2018.11.23

죽도록 힘들지만, 버텨야 한다.
난 세상을 바꿀 거니까.
그래서 오늘도 밤을 새우며 해야 할 일들을 한다.

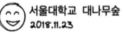

서울대학교 대나무숲의 게시글 (각색하여 재구성)

위의 게시물은 2018년 2학년 2학기가 끝나갈 때쯤 대나무숲 글을
공유하며 내가 작성한 것이다. 밤새 공부를 하다 새벽 감성에 취해

썼기 때문에 많이 오글거리긴 하지만 내 삶의 원동력을 가장 잘 표현하고 있는 것 같다. 스스로 그렇게 생각해본 적은 없지만 '열심히 산다'는 평가를 종종 주변에서 받곤 한다. 나보다 훨씬 더 노력하고 빛나는 성취를 이루는 사람들을 많이 알기에 이런 평가를 받을 때면 부끄럽긴 하지만 한편으로는 '그래도 이만하면 열심히 사는 축에 드는구나' 하고 안심이 된다. 그러고는 이런 생각도 든다. '안심이 된다니 이것도 집착이라면 집착이구나.' 요즘은 좀 나아졌지만, 시간을 낭비하지 않고 가치 있게 써야 한다는 생각이 머릿속에 너무 깊숙하게 자리한 나머지 열심히 살지 않는 것이 두려웠던 때가 있다. 심지어 자기 전에 하루를 낭비했다는 생각이 들면 후회로 잠을 설치고는 했고 취미 활동을 할 때도 이게 내 인생에 어떤 도움이 되는지 생각하곤 했다.

가치 있는 삶에 대한 욕구는 쉬고 싶고 또 놀고 싶은 욕구와 늘 충돌해왔고 서로 엎치락뒤치락하며 나의 삶을 이끌어왔다. 편안히 놀고 쉬는 것을 마음 한구석에서 끊임없이 방해하는 셈이니 힘들긴 했지만 덕분에 예상보다는 많은 것을 성취할 수 있었던 것 같다. 특히나 고등학교 시절 나의 성취는 대부분 이런 강박 덕분이었다. 그 시절 나에게 '시간을 가치 있게 쓰는 것'이란 곧 '공부하기'와 같은 말이었다. 쉬는 것조차 굉장히 죄책감이 느껴지는 일이었는데 대학생이 되고 체력이 열정을 따라가기 힘들 정도가 되고 나서야 휴식이 지속 가능한 성취에 가장 중요하다는 것을 깨달았다. 덕분에 이제 '시간을 가치 있게 쓰기'라는 나의 소신을 유지하면서도 더 이상 스스로를 혹사시키지는 않는다.

그럼에도 과거나 지금이나 나는 공부가 정말 가치 있는 일이라고 생각하고, 공부하지 않는 나의 인생은 상상할 수도 없다. 상대주의 (경험과 문화 등 여러 가지 조건의 차이에 따라 가치 판단 또는 진실의 기준이 달라진다는 사상)의 열렬한 지지자로서, 공부에 대한 내 생각이 절대적으로 옳다고 하고 싶지는 않다. 어차피 물리적 관점에서 보면 인간이 어떤 행동과 생각을 하더라도 그게 특별한 의미를 가지지는 않는다. 옳고 그름, 좋고 나쁨이 없는 자연현상의 일부일 뿐이다. 그러나 적어도 나에겐, 나의 세계에서는, 공부라는 것이 상당한 의미를 지닌다고 확실히 말할 수 있다. 나의 꿈은 '인류 문명의 바벨탑에 벽돌을 쌓는 것'이니까. 단순히 성공하여 안락하게 사는 것이 목표라면 인생이 너무 허무하지 않을까? 별다른 꿈이나 목표 없이 그냥 저냥 좋은 대학을 나와 안정적이고 좋은 직업을 가지고 계속 일해서 돈을 모으고…. 그렇게 사회적 기대에 따라 체제의 톱니바퀴로서의 역할을 성실히 수행하는, 반복적이고 예측 가능한 삶. 그런 삶은 상상하기만 해도 숨이 막히는 것 같다. 불확실성에서 오는 설렘으로 가득한, 동시에 더 나은 미래에 대한 기대와 믿음이 있는, 그런 낭만적인 삶을 살고 싶다. 그리고 그 미래를 내 힘으로 만들어갈 것이라는 각오는 늘 나의 가슴을 뛰게 만든다.

　사람들은 자신이 속한 특정 집단에 소속감과 자부심을 느끼는 경향이 있다. 누군가는 국가와 민족에 대한 자부심, 또 누군가는 출신 학교에 대한, 혹은 출신 지역이나 혈통에 대한 자부심을 가지고 있을 것이다. 나 또한 소속감과 자부심을 가지고 있는데 그 대상이 좀 특이하다. 난 인류라는 종에 대해 소속감과 자부심을 가진다. 우주 한 구석의 창백한 푸른 점(칼 세이건은 우주에서 바라본 지구를 '창백한 푸른 점'에 비유했다)에서 우연히 출현한 생명, 그 생명이 복잡한 진화의 과정을 통해 인류라는 종이 되었다는 사실만으로도 신비롭지만, 거기서 멈추지 않고 선사시대와 역사시대의 수많은 일들을 거치며 선조들의 지식을 계승하고 우주 문명으로 발전해가는 것은 경이로울 정도이다. 이제는 그간 신의 영역이라 여겨졌던 부분까지 그 비밀을 밝혀내고 있는 것을 보면 인류의 발전 과정이 바벨탑 신화(인간이 천국에 닿기 위해 탑을 쌓았다는 구약성경 속 이야기) 같다는 생각이 든다.

　물론 신화 속의 바벨탑은 실패로 돌아갔지만 현재 진행형인 인류 문명의 바벨탑은 꼭 성공하기를, 점점 더 지식의 경계를 확장하고 지속 가능한 공동체를 구성하여 카르다쇼프 척도(러시아의 천문학자인 니콜라이 카르다쇼프는 고도로 발전한 문명들의 수준을 총 에너지 사용량에 따라 구분했는데 1유형은 행성급, 2유형은 항성급, 3유형은 은하급이다)의 1,2,3 유형의 문명으로 점차 나아가기를 바라고 있다. 그래서 나도 뉴턴과 아인슈타인처럼 인류 문명의 획기적 발전에 중요한 발자취를 남기고 싶다. 물론 그 정도의 업적은 (높은 확률로) 못 쌓을 수도 있으나 나의 노력은 여전히 역사에 유의미한 결과를 남길 수 있을 것이라고 믿는다. 나의 성과 위에 다른 이의 성과가 얹히고 또 그 위에서 새로운 성과가 피어나고, 그렇게 세상을 바꾸고자 하는 노력들이 쌓여 인류는 발전하는 것이기에. 물방울이 바위를 뚫는 것처럼, 불가능해 보이는 일들에 대한 수많은 사람들의 지속적인 도전이 수억 명의 생명을 구하고, 사회 변혁을 일으키고, 지식의 경계를 확장해왔다. 나도 꾸준히 노력해서 언젠가는 인류 문명의 최전선에서 지식의 벽돌을 쌓아나갈 것이라고 각오했다. 이것이 내 꿈이자 인생의 소명이라고 느낀다. 그렇기에 난 공부를 하고 싶고, 또 해야 한다.

● 작은 목표가 더 좋다

구체적으로 기억은 안 나지만 이런 꿈을 키워나가게 된 건 중학교 무렵부터인 것 같다. 부끄럽게도 이 시기에 꿈을 이루기 위한 나의 노력이 꿈의 크기에 비례하지는 않았다. 꿈을 이루기 위해서는 공부를 해야 한다는 걸 분명히 알고 있긴 했다. 열심히 공부해서 기초를 튼튼하게 하고 최대한 좋은 대학에 진학해 좋은 환경에서 공부를 시작해야 한다는 걸. 그러기 위해서는 지금부터 열심히 공부해야 한다는 사실을 깨달았지만 공부가 너무 하기 싫었다. 대신 책, 영화, 게임 등의 취미 생활이 내 중학교 생활의 대부분을 차지했다. 세상에 재밌는 것이 이렇게나 많은데 가만히 앉아서 공부를 하려니 좀이 쑤셨다. 그렇다고 꿈을 포기한 건 또 아니었다. 이런 모순은 아마 고등학교 가서 노력하기만 하면 공부는 충분히 잘할 수 있을 거라는 막연한 자신감 때문이었던 것 같다. 다만 한 가지 다행인 건 그렇게 놀면서도 스스로 정했던 '수업 내용 따라가기'라는 마지노선을 필사적으로 지켰다는 점이다. 학문하는 것을 목표로 하는 사람으로서의 양심, 또는 알량한 자존심 때문이었는지 시험에서 80점 이상의 점수는 반드시 사수하려고 했고 좋아하는 과목들은 운 좋게 90점을 넘기기도 했다. 그 덕분에 늘 내 자신에 대해 현재의 성적보다는 훨씬 잘할 수 있는 사람이라고 생각했고, 이는 앞서 언급한 막연한 자신감의 근거가 되었다. 이렇게 중학교에서의 작은 성취로부터 비롯된 나의 자신감은 꿈을 포기하지 않고 키워나가는 데 중요한 역할을 했다.

꿈은 꾸기 쉬운 만큼 깨기도 쉽다. 아무리 거창한 포부라도 자그마한 좌절감에 집어삼켜지는 경우가 상당히 많다. 목표 의식을 보호하고 성장시키는 가장 중요한 방어막은 강력한 자기 신뢰이고 이러한 자기 신뢰는 성취의 경험에서 온다. 이 단순한 인과관계는 공부에 있어서도 중요한 역할을 하는데, 단도직입적으로 말하자면 공부는 잘해본 사람이 잘한다. '공부 전문가'들이 으레 말하듯, 공부를 잘하기 위해선 동기 부여가 필요하다. 나의 경우 '학문적 기여'라는 꿈이 동기가 되어 열심히 공부하고 있는데, 이렇게 동기가 있어야 지속적으로 열정을 가지고 공부할 수 있다. 그런데 동기 부여에도 공부를 잘해본 경험이 필요하다. 정확히 표현하면 공부를 잘해본 경험이, 사소하게는 특정 과목에서 작은 성과라도 내본 경험이 자기 신뢰로, 그리고 다시 동기 부여로 이어진다. 가장 중요한 것은 아무리 사소하더라도 본인이 정한 목표를 달성해내는 것, 그렇게 하여 작은 성취라도 경험해보는 것이다.

목표가 반드시 거창할 필요는 없다. 오히려 작은 목표가 더 좋다. 시작부터 달성하기 힘든 거창한 목표를 세운다면 아무리 강한 동기 부여로 공부를 시작한다고 해도, 목표가 빨리 달성되지 않아 조급해지거나 좌절감을 느끼기 쉽다. 반대로 단 한 과목에서라도 스스로의 목표치를 넘겨본 경험이 생긴다면, 이것이 다시 공부를 더 잘해보고 싶다는 욕심으로, 그리고 더 큰 포부로 이어진다. 이렇듯 공부와 동기 부여는 순환 구조를 갖고 있다. 마치 닭이 먼저냐 달걀이 먼저냐 하는 문제처럼 무엇을 먼저 해야 한다고 딱 잘라 말할 수는 없지만 자연스레 이 둘은 함께하며 선순환 또는 악순환의 구조를 만들어낸다. 경사로에서 구르기 시작한 작은 눈덩이가 거대하게 불어나는 것처럼 작은 동기 부여, 그리고 조금씩 시작한 공부,

또 조금씩 오른 성적이 계속 되풀이되며 점점 큰 꿈을 꾸게 되고 공부를 잘하게 되는 것이다. 내 과거를 돌이켜보면 중학교 시절부터 작은 눈덩이를 굴리기 시작하다가 고등학교에 들어서 눈덩이를 급속도로 키울 수 있었는데 이 시기에 지금의 꿈과 공부 습관이 완성되었다.

● 해보자! 후회하지 말고

재밌었던 중학교 3년이 쏜살같이 지나가고 중학교 졸업, 고등학교 입학이 다가왔다. 집 근처의 일반 고등학교에 진학하게 되었는데, 중학교와 달리 학교생활과 성적이 대입과 직접적으로 연결되는 시기였기에 마음가짐이 남달랐다. '열심히 하면 훨씬 잘할 수 있어'라고 늘 해왔던 호언장담을 이제 증명해야 할 차례였다. 3년이라는, 길다면 길고 짧다면 짧은 시간을 내 꿈을 위한 발판으로 제대로 사용해보고 싶었다. 그러기 위해선 우선 중학교 때 열심히 논 데 대한 대가를 치러야 했다.

국어, 수학 그리고 여러 탐구 과목들에서는 딱히 뒤처진다는 느낌이 없었고 공부한 만큼 돌려받을 수 있었지만 진짜 문제는 영어였다. 중학교 때는 수업 시간에 다룬 내용과 교과서 지문에서 출제되는 시험에 대비해서 공부한 게 영어 공부의 전부였다. 단어장 하나 제대로 외우거나 독해 연습을 해본 적도 없는 나에게 고등학교 영어 모의고사는 두려움 그 자체였다. 이때 처음으로 공부 안 한 걸 후회했던 것 같다. 입학 직후에 본 3월 모의고사에서 내 영어 실력이 적나라하게 드러났다. 3교시 외국어 영역 시험이 시작되고 첫 번째 문제부터 망했다는 걸 느낄 수 있었다. 수능 필수 단어들도 거의 모르니 해석을 하려야 할 수가 없었고 가끔 쉬운 지문이 나와도 독해가 너무 느렸다. 결국 어떻게 손써볼 새도 없이 시험이 종료되었고 나중에 받아 본 시험 성적도 예상대로 처참했다. 시험이 끝나고 며칠 동안 고민한 결과, 나에게는 두 개의 선택지가 남았다는 걸 깨달았다. 영어를 포기하거나 남들보다 더 열심히 해보거나. 난 해보지도 않고 포기하기보단 후자를 시도해보기로 했다.

내가 상대적으로 잘 못 하고 공부하기 힘든 부분이 있다면 그것은 재능의 격차가 아니라 축적된 공부량의 격차 때문이었다. 남들보다 덜 공부해왔던 것이니 이제 남들보다 더 공부하면 되는 것이다. 남들이 공부하는 시간에는 당연히 공부를 했고, 남들이 공부 안 할 것 같은 시간을 찾아 그 시간 동안 영어 공부를 더 하기로 했다. 등굣길, 하굣길, 급식 기다리는 시간, 쉬는 시간 등 모든 자투리 시간을 짜내어 영단어를 외웠다. 영어 단어는 머릿속으로도 외울 수 있으니까 장소는 중요치 않았다. 야자가 끝난 후에는 밤잠을 줄여가며 독해 연습을 했다. 처음에는 잘 읽지도 못하는 수준이었으니 문제를 푸는 것보단 지문을 해석하는 것을 목표로 했다. 책상 위에는 영어 사전, 영어 지문, 지문 해석이 들어 있는 답지, 이렇게 딱 세 가지만을 놓아두고 모든 문장구조와 단어가 이해되고 술술 읽힐 때까지 반복해서 읽었다. 해석하기 힘들었던 문장과 몰랐던 단어는 모두 노트에 적어두고 자투리 시간에 외웠다. 자기 전에 단어 암기가 잘된다는 말을 듣고는 취침 전에 오늘 가장 안 외워졌던 영단어를 되뇌었다. 이런 피나는 노력 덕분에 몇 달 지나지 않아 영어 성적 향상이라는 결실을 얻었다. 고1 여름방학쯤에는 완전히 100점을 맞을 정도는 아니지만 어느 정도 다른 학생들과 동일 선상에 섰다는 느낌을 받을 수 있었다. 이를 계기로 난 성적 향상의 희열감과 '공부를 하면 성적은 반드시 오른다'라는 강한 신념을 가지게 되었다. 그리고 이 희열감과 신념은 내 고등학교 시절을 지탱하는 힘이었다.

성적이 잘 안 나오는 과목, 단원이 있으면 영어 성적을 올린 것처럼 미친 듯이 그 부분을 공부했고, 보완했다. 못 푸는 문제가 없을 때까지 개념을 공부하고 문제를 풀기도 했으며, 교과서에 흰 공간이 없어질 정도로 수업 내용을 필기하고, 그 내용들을 모두 외우기도 했다. 내 유일한 무기는 공부 시간이었다. 성적이 오르는 과정은 그다지 드라마틱하지 않다. 드라마처럼 전교 꼴등이 하루아침에 전교 1등이 되는 일은 거의 일어나기 힘들다. 성적은 연속적이고 부드러운 곡선을 그리며 상승한다. 그 상승 곡선에서 느끼는 짜릿함은 이런 미친 듯한 공부량을 버티게 해주며 상승 곡선을 유지하게 만들어준다.

그렇게 정신없이 공부하다 보면 어느새 곡선의 기울기가 완만해지고 결국에는 0에 수렴하게 된다. 더 이상 오를 자리가 없는 지점에 도달하는 것이다. 이전에는 상승에 대한 열망으로 공부를 해왔다면 이제는 추락에 대한 두려움에 필사적으로 공부하게 된다. 성적을 올리는 것보다 1등 자리를 유지하는 게 더욱 힘들고 괴롭다. 한 문제라도 더 맞히기 위한 공부보다 한 문제도 안 틀리기 위한 공부의 양이 압도적으로 많을 수밖에 없기 때문이다. 핵심적인 부분은 물론 다 공부했고, 정말 사소한 부분까지, 문제가 나올 가능성이 0.1% 라도 있으면 매의 눈으로 찾아내어 공부했다. 그렇게 3년이 지나가고 대입이 성공적으로 끝났다. 고등학교 시절은 내가 추구하는 '후회 없는 삶' 그 자체였다. 내가 할 수 있는 모든 것을 했기 때문에.

● 가슴 뛰게 하는 것을 찾다

고등학교는 꿈의 크기를 키우고 좀 더 구체화한 시기이기도 하다. 1학년 2학기 정도부터 전교 1등을 찍고 모의고사 성적도 잘 나오기 시작하자 굉장히 기고만장(?)해졌다. 내가 가장 똑똑한 것 같았고 뭐든지 할 수 있을 것 같았다. 자연스레 현실성이라는 제약 없이 나의 미래를 상상해볼 수 있었다. 앞서 말했던 것처럼 공부에서의 성취가 자기 신뢰로, 다시 더 큰 꿈으로 이어지게 된 것이다. 고1 때 난 다양한 분야에 관심이 많았다. 컴퓨터를 좋아했으며 수학과 과학도 재밌게 공부했고 성적이 잘 나왔다. 그리고 철학책과 역사책 읽는 것도 상당히 좋아했다. 특히 철학 중에서도 인간의 인식과 존재에 대해 관심이 갔고 역사에서는 빅 히스토리(역사의 범위를 빅뱅으로 확장시킨 역사관)에 큰 흥미가 있었다. 이런 성향은 자연스레 우주 속에서 인간 존재, 그리고 인간의 뇌와 정신에 대한 관심으로 이어졌다. 그 후 뇌에 대한 책들을 여러 개 찾아 보다 '나의 인생을 바쳐야 할 곳은 바로 여기다!'라는 결심을 했다.

이런 결심에는 다양한 이유가 있었는데 첫째는 자연과학적 궁금증이었다. 뇌의 작동 기전이 아직까지 명확하게 밝혀지지 않았다는 사실이 너무 신기했고 나의 순수한 정복 욕구와 궁금증을 자극했다. 둘째는 철학적으로도 정신에 대한 탐구가 중요하다고 느꼈다. 데카르트가 "나는 생각한다. 고로 존재한다"라고 말한 것처럼 인간의 존재는 사고로써 증명된다. 사고가 어떻게 이뤄지는지 밝혀내는 것은 인문학적으로도 상당히 중요한 일이라고 생각했다. 마지막은 공학적 이유였다. 뇌의 원리를 밝혀낸다면 이를 바탕으로 할 수 있는 일이 너무나도 많기 때문이다. 뇌와 컴퓨터를 연결해 유기체라는 한계에서 벗어나 우리의 지성을 확장할 수 있으며, 가상 세계에 접속하여 새로운 경험을 할 수도, 정신을 인공두뇌에 이식하는 과정을 통해 인류의 오랜 염원인 영생을 얻을 수도 있다. 또 뇌의 작동 원리를 바탕으로 하는 인공지능을 통해 더욱 수준 높은 과학기술 연구를 수행하고 폭발적인 문명의 발전을 이룰 수도 있다. 바벨탑에 벽돌 하나가 아니라 수천 개를 쌓을 수 있는 것이다. 상상만으로도 짜릿하지 않은가?

이렇게 다양한 측면에서 '뇌'라는 연구 분야는 나를 흥분시켰고 그때부터 '뇌의 비밀을 밝혀내고 이를 바탕으로 세상을 변화시키기'라는 좀 더 구체화된 꿈을 가지고 달리기 시작했다. 당시에는 알파고와 이세돌의 대국이 있기 전이어서 인공지능과 딥러닝이라는 개념이 지금만큼 대중화되지는 않았었다. 그래도 조금만 관심을 가지고 찾아보면 자료가 금세 나올 정도로 이미 학계와 산업계에서는 뜨거운 분야였다. 그래서 꽤 수월하게 관련 정보를 얻을 수 있었는데, 특히 고등학교 2학년 무렵 읽은 《생각하는 뇌, 생각하는 기계》라는 책이 나에게 큰 영감을 줬다. 이 책을 읽고서 '뇌의 원리는 밝혀내지 못할 미스터리가 아니라 우리 세대에 충분히 그 비밀을 밝혀낼 수 있고 그것을 바탕으로 인공지능을 구현할 수 있겠다'라는 확신이 들었고, 그 과정에서 주도적인 역할을 해내고 싶어졌다. 이런 생각으로 컴퓨터공학부라는 대입 목표를 세우고 의욕을 불태우게 되었다. 이후 종종 인공지능 기술의 파급력과 그 기술에 핵심적인 기여를 하는 나의 미래를 상상하고는 했고 이런 생각을 하면서 힘든 고등학교 시절을 버틸 수 있었다.

● 나는 어떤 인생을 살고 싶은가

공부가 싫은 학생들은 스스로에게 한번 물어보길 바란다. 나는 공부의 이유를 찾았는가? 만약 그저 해야 한다는 막연한 불안감과 압박감에 공부를 하고 있거나 누군가가 시켜서 공부하는 중이라면 잠시 펜을 놓고 생각해보자. 나는 어떤 인생을 살고 싶은가?

　'어떤 인생을 살고 싶은가?'라는 질문에는 정해진 모범 답안이 없다. 나의 경우에는 그 대답에 '공부'라는 키워드가 포함되겠지만, 꼭 '공부'가 포함되어야만 하는 것은 아니다. 각자의 지성으로 진지하게 고민하여 나온 대답이라면 모두 정답이다. 이렇게 삶에 대해 묻고 답하는 과정이 있어야만 우리는 인간다운 삶을 영위할 수 있다. 인생은 망망대해 위에 떠 있는 것과 같지만 그저 해류에 몸을 맡기고 표류하는 것과 목표를 향하여 항해하는 것은 전혀 다른 의미를 지닌다. 별생각 없이 하루하루를 욕구에 따라 수동적으로 살아가는 것이 아닌, 자신의 존재 의미에 대해 고찰하고 능동적으로 삶을 음미하며 이끌어나가는 것. 인생에 이보다 중요한 것은 없다. 이 글은 내가 삶의 의미를 찾아가는, 또 그것을 실현하기 위해 노력하는 과정의 일부를 서술한 것이다. 당연한 이야기지만, 여러분이 나의 이야기를 유일한 정답으로 받아들일 필요는 없다. 단지 '이런 사람도 있구나' 하고 참고 사항 정도로 여기고 스스로 치열하게 고민하길 바란다. 물론 고민의 결과 나와 같은 꿈을 가진 사람이 생긴다면 더할 나위 없이 기분 좋긴 하겠지만.

많은 학생들이 하는, '공부를 왜 해야 하는가?'라는 질문은 잘못되었다. 식사는 꼭 해야 하고 잠도 꼭 자야 하지만, 공부라는 건 꼭 해야 하는 일은 아니니까. 여러분의 답이 공부를 필요로 한다면 공부하는 것이고 그렇지 않다면 공부를 하지 않아도 좋다. 거듭 강조하지만 가장 중요한 것은 본인이 진정으로 바라는 삶의 형상, 그리고 그 형상을 시나브로 실현해나가는 것이다. 여러분이 삶을 꿈과 낭만으로, 자신에 대한 믿음과 자신감으로 채워나가길, 그렇게 후회 없는 순간들을 만들어가길 바란다.

서울공대생에게 물었다!

고등학교 때 물리 공부를 하지 않으면 공대 입학 후 따라가기 힘든가요?

결론부터 이야기하자면 고등학교 때 물리를 공부하지 않았더라도 대학교에서 열심히 공부하면 충분히 따라갈 수 있습니다. 공대에서 배우는 내용에 물리와 관련한 내용이 많은 건 사실입니다. 그렇지만 서울대학교에는 물리 공부를 많이 하지 못한 학생들을 위한 '물리의 기본'이라는 강의도 있습니다. 과에 따라서 전공 수업에서 기존에 배웠던 물리와는 좀 다른, 새롭게 응용한 내용을 배우는 만큼 열심히 공부한다면 충분히 따라갈 수 있을 것입니다. 제 주변에도 물리 공부를 많이 하지 않고 대학에 들어온 친구들이 꽤 있지만 잘해내고 있습니다. 대학에 와서 어떻게 하는지가 더 중요하다고 생각합니다.

>> 화학생물공학부 19학번 임정욱

수능에서 꼭 물리를 선택할 필요는 없지만, 대부분의 과는 물리에 대한 지식이 있어야 합니다. 물리에 약하다면 수능 때 물리를 선택하지 않는 것이 하나의 전략이 될 수는 있으나, 물리 이론을 모르면 공대 전공 과목 수강 이전에 1학년 일반물리학 과목을 이해하는 데에서부터 어려움을 겪을 거라 생각합니다. 물리에 자신 없다면 복잡한 문제를 푸는 것보다는 물리 수업에 등장하는 여러 공식의 의미와 유도 과정, 원리 등을 정확하게 이해하는 것에 초점을 맞추는 것이 좋겠습니다. 저도 고등학교 때 물리 성적이 처참했고, 대학 와서 처음부터 다시 공부해 수업을 따라가고 있습니다. 대학에서 고생하지 않으려면 미리미리 공부해두는 것을 권장합니다.

>> 재료공학부 18학번 한승윤

개인적으로 물리를 못해도 크게 문제 되지 않는다고 생각합니다. 저는 중학교 때부터 물리가 싫어서 수능 과학탐구 영역에서 화학과 지구과학을 선택했었고, 고등학교 물리 내신 점수도 좋지 않은 편이었습니다. 하지만 1학년 필수 교양 수업에서 기초적인 물리를 자세히 다루기 때문에 입학 후 학업에 큰 어려움은 없습니다. 물리를 어려워하는 학생들을 위해 학교에서 마련한 장치(물리학의 기초, 기초교육원 멘토링 등)들도 있으니 크게 걱정하지 않아도 될 것 같습니다. 또 산업공학이나 건축학처럼 물리학을 상대적으로 덜 다루는 공대 내 학과들도 있으니 진학 시 고려하면 좋을 듯합니다.

>> 건축학과 18학번 박신우

50 / 51

'롤'보다 공부가 재미있는 이유

전기·정보공학부 16학번 강한림

● 게임에 지면 잠이 오지 않던 시절

게임을 하는 것이 세상에서 가장 좋았다. 본격적으로 게임에 취미를 붙인 것은 중학교 2학년 때였다. 그 당시에는 학교를 마치면 매번 친구들과 함께 PC방으로 달려갔다. 10년 전, 2010년대 초의 PC방은 지금보다 훨씬 어두웠고 시설은 열악했다. 구석에서는 아저씨들이 고스톱을 켜놓고 담배를 벅벅 피웠다. 먹을 것이라고는 컵라면이 다였고 기름때 쩐 마우스는 미끌미끌했다. 하지만 우리는 그곳에서 게임을 하는 것이 가장 좋았다. 게임에서 지면 함께 아쉬워하고 이기면 함께 시시덕거렸다. 학원에 가기 전 1시간 동안 저녁도 먹지 않고 시간을 쪼개가며 게임을 돌렸다. 학원에서 내준 숙제는 당연히 문제집의 답지를 베껴서 해결했고 학교에서는 계속 게임 생각만 했다.

　게임에 처음 끌렸던 이유는 간단하다. 게임은 그 전까지 내가 해왔던 모든 일들 중에서 가장 짜릿하고 자극적이었다. 영어 단어 암기하기, 수학 문제 풀기, 피아노 연습하기 등은 금세 질렸지만 게임은 그렇지 않았다. 게임의 세계는 항상 긴장감 넘치고 흥미진진했다. 지금 생각해보면 그래픽도 별로고 완성도도 떨어지는 게임이 많았지만, 그 당시에는 너무나도 혁신적이었다. 나에게 게임은 지루한 현실보다 더 와닿는 현실이었다.

　하지만 그러한 이유만으로 게임을 좋아했던 건 아니다. 만약 게임하는 것 자체만 즐겼다면 그 정도로 열정을 쏟지는 않았을 것이다. 나는 이기는 게 좋았다. 승부의 세계에서 승리하는 것이 좋았다. 하루하루 늘어가는 내 실력과 등급, 점수를 보면 뿌듯했다. 오랫동안 이기지 못했던 친구를 상대로 승리했을 때 '최근 전적 1승 0패'라고 놀릴 수 있게 되어 기분이 좋았다. 친구들이 나의 실력을 인정할 때 내가 대단한 사람이 된 것 같았다. 중학교 1학년 말 처음으로 갔던 PC방에서 '서든 어택' 실력의 한계를 느꼈을 때의 좌절감보다 중학교 3학년 때 반 대표로 반 대항 '리그 오브 레전드' 게임에서 승리했을 때의 짜릿함이 더 컸다.

　나는 패배하는 것이 싫었다. 승리했을 때의 성취감이 너무 좋았기 때문에 상대가 나 대신 그것을 누리는 게 억울했다. 지고는 못

살았기 때문에 항상 나의 실수를 자책했고, 실수를 한 다음 날에 다시 PC방에 가서 같은 실수를 하지 않으려 노력했다. 항상 어제보다 더 완벽하고 우수한 게이머가 되고 싶었다. 그러나 불행히도 나는 게임에는 그다지 재능이 없었다. 나보다 훨씬 덜 노력한 친구들이 게임을 시작한 지 얼마 안 되어 나의 등급을 추월하고 나아가 그 지역에서 고수로 이름을 날릴 때 나는 제자리걸음을 하고 있었다. 나는 그들만큼의 순발력과 게임에 대한 통찰력을 가지고 있지 않았다. 재능이 없다는 사실을 부정하고 싶었으나 중학교를 졸업할 즈음에는 어쩔 수 없이 인정해야만 했다.

다행히도 공부머리는 썩 괜찮은 편이었다. 게임을 하고 남는 자투리 시간에 투자했던 공부가 생각보다 좋은 성과를 냈다. 무엇보다도 2학년 때 PC방과 게임에 본격적으로 입문했던 터라 1학년 때 쌓아놓은 성적이 있었다. 2013년 2월, 나는 턱걸이로 민족사관고등학교라는 기숙학교에 입학할 수 있었다. 그 당시 민족사관고등학교, 줄여서 민사고는 전국의 영재들이 모이는 학교라는 대내외적 평가를 받고 있었다. 정말 그런지는 몇 년이 지난 지금도 잘 모르겠다. 다만 중학교 때 열심히 살았던 친구들이 꽤 많았다는 것 정도는 자신 있게 말할 수 있다. 누구는 경시대회에서 입상을 했고, 누구는 대학교 과정까지 선행을 하였고, 누구는 영어 토론 대회에서 이름을 날렸다 하는 이야기들이 수도 없이 들려왔다.

그리고 그러한 영웅담을 더욱 돋보이게 만들어주는 나와 같은 학생들이 있었다. 단지 중학교 때 성적이 남들보다 조금 좋았기 때문에 입학한 것뿐이라 이미 엄청난 성취를 이룬 친구들을 따라가는 건 불가능해 보였다. 수업은 그들에 맞추어 정규 교육 과정에 비해 어렵게 진행되었고, 당연히 나는 대부분의 수업 내용을 이해하지 못했다.

더 정확히는, 수업 내용을 이해하고 싶지 않았다. 말 그대로 어쩌다가 입학한 학교였고 공부에 대한 흥미가 딱히 없었기 때문에 구태여 외계어처럼 들리는 수업 내용을 이해하고 싶지 않았다. 대신 나의 열정은 리그 오브 레전드, 줄여서 '롤'로 향했다. 고등학교 1학년 시절은 중학교 때의 연장선이었다. 지켜보는 부모님도 없고, 각자 노트북이 한 대씩 있었으니 어찌 보면 당연한 결과였다. 주말에 일어나자마자 하루 종일 게임만 해서 거의 10시간을 채우는 게 일상이었다. 중학교 때와 달라진 점은, 친구들에 비해 게임을 더 잘하게 되었지만 그만큼 성적은 떨어졌다는 것이다. 그럼에도 불구하고 나는 하루가 다르게 올라가는 게임 등급과 점수에 보람을 느꼈다. 롤을 잘한다는 것은 내 자존심이었다. 게임을 통해 내가 우수하다는 것을 인정받고자 한 것이다.

● 자존심을 챙기기 위해 시작한 공부

나는 게임을 통하여 내 자신을 증명해내고자 했다. 그리고 얼마 지나지 않아 그 목표가 허무하다는 걸 깨닫게 되었다. 입학한 지 몇 달 만에 대부분의 친구들이 중학교 동창들과 달리 게임에 관심이 없다는 것을 알게 되었다. 학교 애들은 머리가 비상하거나, 성적이 좋거나, 운동을 잘하거나, 노래를 잘 부르거나, 친화력이 매우 좋거나, 마음이 아주 넓은 사람들을 대단하다고 생각하였으나, 게임을 잘하는 사람을 보고는 그런가 보다 하고 넘길 뿐이었다.

1년도 지나지 않아 게임에 흥미가 많이 떨어졌다. 여전히 게임이 주는 원초적인 자극은 좋았지만 게임에 이기고 점수가 올라도 예전만큼 즐겁지 않았다. 동떨어진 느낌이었고 공허했다. 그래서 고등학교 2학년이 시작될 무렵 자존심을 챙기기 위하여 공부하기 시작했다. 운동, 노래, 친화력과 배려심 모두 내가 두각을 보일 수 있는 분야가 아니라고 생각했기 때문에 중학교 친구들 사이에서나마 잘했던 공부로 주목을 받고 싶었다.

한동안 공부를 손에서 놓았었기 때문에 적응하기 쉽지는 않았다. 무엇을 해야 할지, 어느 것이 중요한지 잘 알지 못했다. 이해만 하고 넘어가도 될 사소한 부분에 집착했고 꼼꼼히 봐야 할 부분은 그냥 넘겼다. 하지만 단순히 눈앞에 주어진 것만 하는 것이 아니라 최적화된 나만의 공부 방식 자체를 세우려고 노력하다 보니 점차 효율이 올라갔다. 게임에서 이기기 위해 전략을 짜듯이 과목마다 그 과목의 특성, 선생님의 교육 및 문제 출제 방식, 그리고 나의 습관과 부족한 점 등을 객관적으로 파악하려고 했다.

생각 외로 성과는 금방 나타났다. 2학년 1학기에 나는 처음으로 상위권 성적을 받았다. 2학년 2학기에는 학교에서 주는 장학금을 받았다. 비록 금액 자체는 얼마 되지 않았지만 내 위치가 조금은 달라진 것을 느꼈다. 모르는 문제에 대해 나한테 질문하는 사람들이 많아졌다. 어머니도 학부모 모임에서 내가 어느 학원을 다녔는지 질문을 받기 시작했다. 수업 시간에 고개를 숙이고 졸던 학생에서 수업의 흐름을 정확히 짚고 질문을 하는 학생이 되니 선생님들도 나를 달리 보는 것 같았다. 학업에서 내 재능과 노력을 인정받는다는 느낌이 들었다.

물론 성적이 많이 오르긴 했지만 여전히 학년에서 최상위권은 아니었다. 나보다 더 대단한 성과를 낸 친구들도 많았다. 성적으로 다 드러나지 않는, 특정 분야에 번뜩이는 영재성을 가진 친구들도 많았다. 하지만 나는 지는 것이 싫었다. 게임에서 지는 걸 인정하지 못했던 이유와 정확히 같은 이유로 나는 내가 생각한 경쟁자들보다 대단한 사람이 되고 싶었다. 내 자신이 부족함을 인정하지 못했기에 그들과의 비교에서 항상 공격적인 태도를 취했고 그러한 나의 태도는 차츰 주변 사람들에게 거부감을 불러일으켰다. 몇몇 아이들은 나를 재수 없다고 생각했고, 공공연하게 내 험담을 하였다. 난 '너희가 나에 대해 뭘 안다고'라고 생각하며 그들이 하는 말을 귀 담아듣지 않으려 했으나 자존심은 깎여만 갔다. 얄궂게도 남들보 다 뛰어나고자 한 욕구가 너무나 컸기에 그들의 인정을 못 받게 된 것이다.

요컨대 나는 이룰 수 없는 목표를 이루려 했다. 게임에서든 공부 에서든 최고가 되어 인정을 받고 싶었지만 그럴 수 없었다. 쫓기며 살면서 마음엔 여유가 없었고 항상 스트레스를 받으며 잠자리에 들곤 했다.

● '공부'라는 승부의 세계

그러던 중 2학년 2학기에 한 과목을 듣게 되었다. 'AP Physics C'라 는, 대학교 1학년 난이도의 일반물리학을 두 학기에 걸쳐서 배우는 과목이었다. 학기가 시작한 지 얼마 되지 않아 선생님께서 문제 하 나를 내셨다. 중력과 좌표계에 관한 문제였다. 이에 대한 기본적인 문제들은 연립방정식으로도 풀 수 있는 것이었지만 선생님이 낸 문제는 꽤나 복잡해서 매우 헷갈렸다. 문제 풀 시간이 조금 주어진 후 선생님이 답을 알려주셨는데, 무언가 이상했다. 선생님이 알려 준 답이 틀린 전제에서 출발하고 있다는 생각이 들었다. 단순히 그 답이 맞겠거니 하고 넘어가기에는 내 자존심이 허락하지 않았다.

수업이 끝난 후 기숙사에 돌아가서 인터넷 검색도 해보고, 책도 다시 읽으면서 생각을 정리했다. 그리고 그다음 날 수업 시작 전에 조금 일찍 선생님을 찾아뵙고 왜 선생님의 답이 틀린 것 같은지 설명 드렸다. 선생님께서는 이의 제기를 수용했고 수업 시간에 자신의 실수를 인정하고 답을 정정하셨다. 그때의 성취감은 전에는 느껴보지 못한 것이었다. 어렵게만 보였던 문제를 마침내 정복했다는 것에, 그 싸움에서 승리했다는 것에 내 자신이 자랑스러웠다. 비록 문제 하나였지만 그것을 풀어냄으로써 더 대단한 사람이 된 듯했다.

그리고 그날, 원래부터 승부에서 자웅을 겨루고 무언가를 성취하는 것을 좋아했던 내게 새로운 승부의 세계가 열렸다. 중학교 때나 고등학교 1학년 때에는 승부의 대상이 다른 게이머들이었다. 공부에 있어서는 혼나거나 감점을 당하지 않기 위해 시키는 것만 했다. 고등학교 2학년 초에 처음 제대로 공부를 시작했을 때는 승부의 대상이 같은 수업을 듣는 친구들이었다. 나의 목표는 남들보다 시험에서 더 많은 문제를 맞히는 것이었다. 당장 시험에 나올 것 같은 문제들과 개념들 위주로 반복해서 복습하고, 출제자의 의도를 파악하려 애썼다.

하지만 공부의 즐거움을 깨달은 2학년 2학기 무렵부터는 눈앞의 시험이나 주변의 경쟁자들이 아닌 '앎 자체'를 바라보게 되었다. 이해가 가지 않는 내용이 있으면 설사 시험에 나오지 않을 것 같거나 선생님이 중요하게 언급하지 않고 넘어가더라도 수업 끝나고 질문하거나 인터넷 검색을 해보며 내가 만족할 때까지 이해와 납득을 하려는 태도를 가지게 되었다. 승부욕이 강했던 나에겐 그것이 축구나 농구 경기에서 승리하거나 게임에서 점수를 올리는 것만큼 즐거웠기 때문이다. 단순히 미분을 반대로 하면 적분이구나 하고 넘어가는 것이 아니라, 부정적분과 정적분이 왜 연관을 가지고 있는지, 구분구적법과 무한소의 개념이 어떻게 되는지 교과서에서 찾아보며 더 깊게 이해하고 알아가는 것이 즐거웠다. 국어 시간에 김승옥 작가의 《무진기행》을 읽었는데, 분위기가 너무 좋았다. 그 작가의 문학관을 더 알기 위해, 그 작가에 대해 더 이해하기 위해 《생명연습》이나 《서울, 1964년 겨울》 등 다른 작품들을 찾아 읽어보기도 했다.

이렇게 공부하는 방식에 변화가 있었지만 성적이 떨어지지는 않았다. 공부가 재밌어지니 이전보다 공부량이 늘기도 했고, 시험에 나올 만한 부분들을 아예 등한시한 건 아니기 때문이다. 시험에 나올 만한 부분들은 워낙 중요한 내용이다 보니 자연스럽게 나의 관심을 끌었고, 기초를 탄탄하게 다지니 어려운 문제나 심화 과목에서 더 두각을 보이기도 했다. 더군다나 나는 대입에 있어서 애초에 수능을 보는 정시를 생각하지 않았고, 학생부 종합 전형을 목표로 했다. 기초를 탄탄하게 하고 원리를 철저히 이해하고자 한 내 방식은 대입 수시 전형의 일부인 수리나 과학 면접에서 도움이 많이 되었다. 결국 지원했던 대학 모두에 합격을 하였고, 그중 가장 관심이 갔던 서울대학교 전기·정보공학부 16학번으로 입학했다. 그리고 고등학교 때 깨달은 공부의 목표를 대학에 와서도 지키고 있는 중이다.

● 어제의 나와 승부하기

내가 공부를 좋아하는 이유는 단순하다. 몰랐던 것들, 이해가 가지 않던 것들을 깨달아가며 나와의 승부에서 이겨나가는 것이 즐겁기 때문이다. 분명 처음에는 성적을 남들보다 잘 받고 싶어서 공부를 했고, 지금까지도 그러한 이유가 일부 남아 있다는 것을 부정할 마음은 없다. 그러나 공부를 하면 할수록 세상에 대해 하나라도 더 이해하며 어제보다 한 걸음 더 나아간 사람이 되었다는 그 행복한 성취감을 느끼는 것이 더 좋아졌다. 물론 이러한 성취감은 공부 외의 다른 분야에서도 충분히 얻을 수 있다. 예를 들어, 피아노곡을 완주하기 위해 하루에 몇 시간씩 노력하며 그 곡을 알아가는 과정도 내게 건강한 보람을 준다. 야구 배팅장에서 헛스윙만 하다가 정타로 야구공을 제대로 칠 수 있게 됐을 때도 자부심을 느낀다. 이렇게 자신이 목표로 한 분야에서 자신이 되고 싶은 사람이 되는 기분은 무언가를 제대로 성취해본 사람만이 누릴 수 있는 행복한 특권이다.

이러한 승부욕을 건강하게 유지하기 위한 핵심은 승부의 대상을 다른 사람으로 정하지 않는 것이다. 세상에는 정말 많은 사람들이 있고 나보다 뛰어난 사람은 어디에나 있다. 대학교에 와서 좋은 시험 성적을 받다가도, 선배 연구자들이 이룬 성취를 배우면 그 통찰력에 말문이 막힐 때가 많다. 그들을 이기려고 하면 불행해진다. 아무리 내가 피아노를 열심히 연습해도, 야구 배트를 휘둘러도, 당장 콩쿠르에 나가서 입상을 하거나 KBO 신인 드래프트에 참가할 수는 없는 거다. 다만 어제의 나보다는 한 음을 덜 틀리고, 공 하나를 더 제대로 칠 수 있을 뿐이다. 그러한 나 자신의 내적 성취에 집중하는 것이 바로 건강한 승부욕이다.

학문은 그러한 면에서 내가 가장 승부욕을 보이는 분야이다. 어느 정도의 재능을 발견했고, 지속적으로 관심이 가며, 무언가를 깨달았을 때 큰 보람을 느끼는 분야이다. 어렴풋이 알고만 있던 어떠한 현상이나 법칙에 대해 그 원리를 깨닫는 것이 즐겁다. 표면적으로만 알고 있던 것들을 제대로 공부를 하고 난 후에 더 큰 일반적인 원리로 깨달을 때, 한 걸음 더 나아갔다는 성취감을 느낀다. 그리고 그런 성취와 그렇게 성취감을 느끼는 내 자신 둘 다에 자부심을 가진다.

거창하게 말했지만 사실 나는 아직 아무것도 모른다. 연구라는 것을 경험해본지 몇 년 되지 않았다. 그러니 연구가 내 적성에 맞지 않는다는 것을 나중에 발견할 수도 있고, 10년 뒤, 20년 뒤에 학자로서의 삶이 아닌 완전히 다른 인생을 살 수도 있을 것이다. 그래도 지금 당장 뛰어들고 싶은 분야가 있다는 것만으로도 나는 행복한 사람이다. 내가 미래에 어떤 사람이 되든 간에 오늘 이룬 조그만 성과 하나에 만족하는 것으로 충분하다. 이 글을 읽는 독자들도 그러한 기쁨을 찾을 수 있으리라고 믿는다. 무언가를 이루어가며 행복을 느낄 수 있다면 그보다 즐거운 일은 없을 것이다. 최소한 나는 그랬다고, 감히 말하고 싶다.

공대에 진학하기 위해서는
어떤 준비를 해야 할까요?

고등학교 교과목 중 공대 공부를 위해 가장 필요한 것은 수학의 미적분과 물리의 역학 부분입니다. 해당 과목의 공부를 하지 않아도 입학할 수는 있지만, 공대 진학 후 어려움을 겪을 확률이 높습니다. 수학과 물리 과목 공부에 힘쓰고, 여유가 있다면 심화 학습을 진행하는 것도 공대 진학 후에 도움이 됩니다.

열린 사고를 가지고 다양한 경험을 하는 것 역시 공학을 전공하는 데 큰 도움이 됩니다. 실생활의 문제들은 정해진 답 대신 창의적인 해결책을 요하는 경우가 많습니다. 일상에서의 다양한 경험을 토대로 독창적인 아이디어를 공학에 접목한다면 공학의 매력을 한층 더 느낄 수 있을 것입니다.

>> 건설환경공학부 16학번 엄준용

이 질문의 의도를 크게 두 가지로 생각해볼 수 있을 것 같습니다. 먼저 '진학'에 초점을 두어 (내가 가고 싶은) 공대에 진학하기 위해 필요한 것들을 물어보는 경우입니다. 자신이 가고 싶은 대학의 전형과 학과의 성격에 따라 준비하는 것이 달라질 수밖에 없어서 공통적인 부분만 꼽아보겠습니다. 우선 수학 실력은 반드시 길러야 합니다. 주어진 공식을 암기하고 이용하는 연습만 하기보다는 기본적인 개념과 공식 유도 원리에 비중을 많이 두는 것이 좋습니다. 그래야 어려운 문제를 만났을 때 대처할 수 있기 때문입니다. 그다음으로 수시를 염두에 두고 있다면 내가 하는 활동들이 나에게 어떤 의미가 있었는지 생각하고 기록해두는 것이 좋습니다. 나중에 떠올려보면 기억이 잘 안 나는 경우가 많습니다. 자기소개서가 점차 폐지된다고 하지만 면접 등 자신의 이야기를 할 수 있는 자리에서 이런 생각의 흔적들을 충분히 보여줄 수 있을 것이라고 생각합니다.

둘째로 '공대'에 초점을 두고 대학생이 된 이후에 좋은 공대생이 되려면 어떻게 해야 할지 궁금하여 이런 질문을 할 수 있습니다. 사실은 저도 좋은 공대생이 무엇인지, 그리고 어떻게 해야 좋은 공대생이 되는지 잘 모르겠습니다. 다만 좋은 해결책을 찾는 것만큼 좋은 질문을 찾는 것도 중요하다고 생각합니다. 여러분 주변에 해결하고 싶거나 개선할 수 있는 것들이 있는지 고민해보면 좋겠습니다. 그리고 스마트폰, 전기차 등 과학기술과 관련된 주제들을 접할 때 화학공학, 전자공학, 기계공학 등 다양한 분야의 입장에서 이 제품과 기술을 위해 고려했을 법한 것들을 생각해보는 것도 생각을 넓히는 데 도움이 될 것 같습니다.

>> 화학생물공학부 16학번 임휘광

공부하기 전에 방법부터 찾자

화학생물공학부 16학번 임휘광

● 내가 혼자 공부한 이유

내가 3년을 보낸 고등학교는 농협과 하나로마트를 지나 논밭이 펼쳐질 때쯤 학교 교문이 보이기 시작하는, 시골의 기숙학교였다. 치킨이라도 한 마리 먹으려면 20~30분을 걸어가야 할 정도였으니 제대로 된 학원 하나 있을 리 없었고 공부에 대한 외부의 도움을 받기도 어려웠다. 게다가 나는 주로 독학으로 공부해왔기 때문에 자연스럽게 학교 수업과 자습으로 고등학교 공부를 시작하게 되었다.

하지만 독학을 한 이유는 그뿐만이 아니었다. 가장 중요한 이유는 내가 공부하는 속도에 딱 맞게 진도와 공부 방법을 정할 수 있다는 점이었다. 사실 나는 학습 속도가 빠른 편이 아니다. 그래서 친구들이 다른 곳에서 짜 온 커리큘럼들을 보았을 때 진도가 너무 빨라서 나와 맞지 않다고 느꼈다. 반면 스스로 계획을 짜면 나만의 속도에 맞추어 공부할 수 있었다. 두 번째 이유는 무언가를 이해했을 때의 성취감이다. 선생님이나 다른 사람들에게 들어서 이해할 때보다 혼자서 끙끙대다가 이해했을 때 훨씬 더 기분 좋고 뿌듯했다. 이런 감정이 학습의 원동력이 되기도 했다. 마지막으로 어차피 언젠가 혼자서 공부할 수밖에 없다고 생각했기 때문에 미리 습관을 기르기로 했다. 그리고 대학교에 와서 공부해보니 정말 그 생각이 맞았다. 지금 주변 친구들 중에서도 전공 공부를 할 때 학교 외의 다른 곳에서 도움을 받으면서 공부하는 사람은 없다. 더 깊이 공부할수록 나를 도와줄 수 있는 사람들은 점점 줄어들게 된다.

'독학'이나 '자습'이라는 단어를 보고 혼자서 책만 보면서 공부하는 것을 상상할지도 모른다. 하지만 사실 그런 경우뿐만 아니라 학원을 다니거나 인터넷 강의를 듣는 등 다른 방법들을 택하더라도 스스로 공부하는 시간은 꼭 필요하다. 결국 다른 사람이 가르쳐준 내용을 이해하고 적용하는 것은 나 자신이기 때문이다. 그래서 이 글을 읽고 그 내용을 각자 나름의 방법으로 실천한다면 어떤 방식으로 공부하더라도 도움이 될 것이다.

● 나의 상태 파악하기

내가 얼마나 잘하고 있는지를 판단해줄 사람이 없다는 것이 독학을 하면서 가장 힘들었던 점이다. 공부를 하면서 내가 제대로 이해하고 있는지 항상 스스로 되새겨봐야 했고, 계획을 짤 때에도 내가 어느 정도까지 할 수 있는지를 이전의 경험으로 미루어봐야 했다. 그렇기 때문에 내 상태를 구체적으로 인지하는 것으로부터 공부가 시작된다. 이것을 '자가 진단'이라고 부르겠다(비슷한 개념으로 '메타인지'라는 용어가 있다. 궁금한 분은 검색해보면 도움이 되는 자료들을 얻을 수 있을 것이다). 공부할 때 중요한 질문인 '내가 정말 이것을 아는 걸까?'와 '나에게 맞는 공부법은 무엇일까?'를 통해 이 자가 진단의 과정을 살펴보자.

내가 정말 이것을 아는 걸까?

분명 개념 설명을 읽을 때는 이해했다고 생각했는데 막상 문제를 풀어보면 틀린다. 그러고 답지를 보면 또 이해가 잘 되는데 비슷한 문제를 풀어보면 반복적으로 틀린다. 이는 이해했다고 생각은 했지만 사실은 개념을 적용할 만큼 완전히 이해하지 못했기 때문이다. 이런 경우 무엇이 잘못되었는지 처음에는 혼자서 알아내기가 힘들었다. 고등학교 1, 2학년 시절 특히 국어 문학 문제를 풀 때 이러한 느낌을 많이 받았는데, 문제를 맞혀도 찜찜했고 틀린 문제를 분석해도 실력이 는다는 느낌이 들지 않았다.

그래서 첫째로 결과보다는 과정에 초점을 맞추기로 했다. 내가 정답을 골랐다고 해서 관련된 내용을 완전히 이해한 것은 아니기 때문이다. 잘못된 사고방식으로 문제를 풀었지만 정답을 고를 수도 있고, 다른 보기가 명백하게 오답이라서 정답인 보기에 대해서는 제대로 알지 못한 채로 정답을 고르기도 한다. 그래서 채점 결과가 오답인지 정답인지에 상관없이 정확히 풀지 못한 문제들은 짚고 넘어가기로 했다.

그러려면 내가 이 문제를 정확히 알고 풀었는지 판단할 수 있어야 했다. 따라서 공부를 하고 문제를 푸는 동안 나 자신의 느낌을 세세하게 관찰하였다. 순간적으로 "음?" "어?" 하고 막히는 순간이나 "흠…" 하면서 고민하는 순간을 그냥 지나치지 않으려고 노력했다. 그러한 생각이 드는 순간 다음과 같은 질문들을 던졌다.

- 왜 이런 느낌이 들었을까?
- 이게 얼마나 중요할까? 꼭 짚고 넘어가야 할까? 아니면 한 번쓱 보고 넘어가도 될까?

이렇게 문제를 풀면서 어떤 선택지가 옳은지 아닌지 헷갈리거나 무엇인가 잘못된 듯한 느낌이 들 때, 내가 왜 옳다고 생각했는지 또는 왜 아니라고 생각했는지 끄집어내는 것이 처음에는 힘들었다. 그리고 시간도 오래 걸렸다. 하지만 여러 번 반복하면서 익숙해지다 보니 더 빨리 그 느낌을 구체화할 수 있었다.

그다음으로는 나중에 볼 수 있도록 해당하는 문제의 바로 옆 빈 공간에 떠올린 것들을 적었다. 공간을 많이 차지하지 않으면서 한눈에 볼 수 있도록 기호를 사용하였다. 나는 기호들을 다음과 같이 사용하고 있다.

- 체크(✓) : 단순히 내용을 잘못 읽었거나 계산이 많아서 실수할 것 같을 때

  ⇨ 중요성 낮음

- 세모(△) : 반 정도 확신이 있고 나의 사고방식이 올바른 것인지 잘 모르겠을 때

  ⇨ 중요성 보통

- 네모(□) : 세모보다 확신이 조금 더 있고 간단한 것만 확인하면 되는 경우

  ⇨ 중요성 보통

- 별(☆) : 풀이 과정을 전혀 모르겠거나 풀었더라도 확신이 없을 때

  ⇨ 중요성 높음

- 작은 별(✩) : 어렵지는 않지만 새롭거나 중요해서 다시 한 번 봐야 할 것 같을 때

  ⇨ 중요성 높음

- 물음표(?) : 내용 자체를 이해하지 못했을 때. 국어나 영어 제시문의 내용을 해석하지 못하거나 개념 설명에서 이해되지 않는 부분이 있을 때

  ⇨ 중요성 보통~높음

이러한 기호들 옆에 단서가 될 만한 단어 몇 개를 적어놓으면 나중에 다시 볼 때 어떤 점 때문에 표시했는지 더 잘 기억할 수 있었다. 또한 시간이 없을 때나 시험 직전에는 중요한 것들(별표나 물음표 표시한 것들)만 다시 보면서 시간을 절약할 수 있었다.

마지막으로 이렇게 표시한 것들을 보면서 반복되는 분야, 유형, 그리고 표시한 이유에 주목했다. 예전에 국어 문학 문제를 풀 때 어려움을 겪었다고 했었는데, 틀리거나 정확히 몰랐던 문제들을 모아놓고 살펴보니 그중에서도 많이 등장하는 분야가 시(詩)라는 걸 알 수 있었다. 그래서 표시된 문제들 중 시와 관련된 것들을 모아서 보았다. 그 문제들에서 내가 어떤 보기가 맞다고 생각한 이유와 틀렸다고 생각한 이유를 답지에 적혀 있는 해설과 비교하였다. 그 결과 내가 시를 감상하면서 받은 감정이나 느낌으로 화자의 의도를 추측한 경우 잘못된 선택을 하는 경우가 많음을 알 수 있었다. 그래서 감정을 배제하고 시의 내용이나 표현 방식에만 근거해서 사고하려는 시도를 계속했고 결국 더 이상 그런 문제를 겪지 않게 되었다.

정리하자면 과정에 초점을 맞추고, 순간적인 느낌을 구체화하여 기록하고, 전체적인 경향을 분석하게 되면 나의 상태를 정확히 알 수 있다. 그리고 그에 따른 피드백이 가능하다.

나에게 맞는 공부법은 무엇일까?

나에게 적합한 공부 방법을 찾는 것 또한 쉽지 않았다. 나 자신에게 맞는 공부법을 가지고 있어야 효율적으로 공부할 수 있기 때문에 그런 방법을 찾고자 이것저것 시도해보았다. 아마도 어떤 공부법이 좋을지 알아보기 위해서는 직접 그 공부법으로 한동안 공부를 해보는 게 가장 확실한 방법일 것이다. 하지만 우리에겐 시간이 충분하지 않기 때문에 공부법을 효율적으로 찾을 수 있는 방법을 고민하게 되었다.

　우선 지금 나의 학업 성취도에서 아쉬운 점이 있는지 살펴보았다. 앞에서 서술했던 자가 진단법을 충실히 수행한다면 자신에게 부족한 점들을 파악할 수 있을 것이다. 그리고 지금의 공부법을 바꿔서 부족한 점들을 해결할 수 있는지 생각해보았다. 예를 들어 영어 단어를 외울 때 나는 원래 그냥 교재의 순서대로 내용을 찬찬히 읽으면서 외우곤 했다. 그런데 고등학교 2학년 때 영어 선생님께서 부교재로 사용한 단어장이 상당히 어려워서 단어 외우는 것에 흥미를 잃고 자꾸 피하게 되었다. 그 이후로 다른 단어장을 사용해도 그런 습관은 고쳐지지 않았다. 그래서 학교 시험이나 모의고사를 볼 때 모르는 단어들 때문에 글을 이해하는 데 어려움을 겪기도 하고 어휘 문제들을 틀리기도 했다. 이런 상황에서 공부법을 바꾸면 영단어 암기에 흥미를 가질 수 있을 것 같았다.

　공부법을 바꾸기로 결심한 다음에는 주위 사람들에게서 조언을 얻거나 인터넷 검색을 해보면서 다양한 공부법을 알아보았다. 그 결과 다음과 같은 방법들을 찾았다.

플래시 카드를 사용한다 / 스마트폰 앱을 이용하여 외운다 /

글에서 모르는 단어가 등장하면 그때그때 찾아보며 외운다 /

예문과 함께 외운다 / 접두사, 접미사를 기준으로 외운다 등

그다음에는 내 성격이나 주위 환경을 고려해서 어떤 방법을 시도해볼지 결정했다. 찾은 방법이 내가 개선하고 싶었던 점과 관련이 있는지도 살펴보았다. 암기법들 중 첫 번째로 적혀 있는 플래시 카드는 단어장에서 뜻을 가리고 외우는 기존 방법과 큰 차이가 없어 보였다. 스마트폰 앱은 기숙학교에서 스마트폰을 사용할 수 없었기 때문에 불가능했다. 그래서 남은 세 가지 방법을 시도해보기로 하였다.

마지막으로 이 방법대로 공부하면서 정말 효과가 있는지 시험해보았다. 그 과정에서 자가 진단을 하여 나아진 점이 있는지 살펴보았는데, 예문과 함께 외우는 방법은 시간이 너무 많이 걸렸고, 접두사나 접미사를 공부하며 외우는 것은 오히려 비슷한 접두사를 가진 단어끼리 의미가 헷갈리기도 하였다. 반면 글에서 모르는 단어가 있을 때 찾아서 외우는 방법은 글을 읽는 도중에 의미가 궁금해진 상태에서 찾아보기 때문에 외우는 과정이 지루하지 않았다. 검색에 시간이 걸리긴 하지만 단어장의 단어들을 하나하나 외우는 것보다는 더 효율적이었다. 이런 방식으로 단어 암기법을 바꾼 후

에는 더 이상 단어 외우는 걸 피하지 않게 되었다.

　자신의 공부법에 문제가 있다는 생각이 들거나 공부법을 바꿔서 성취도를 높이고 싶다면 지금의 공부법에 어떤 문제가 있는지 살펴보고, 다양한 방법들을 모은 다음, 자신의 성격과 여건 등에 따라 후보들을 추린 뒤 테스트해보면 효율적으로 자신에게 맞는 공부법을 찾을 수 있을 것이다. 한 가지 주의할 점은 공부법을 너무 자주 바꾸는 건 좋지 않다는 것이다. 현재의 공부법에 적응하기도 전에 다른 방법으로 바꾸게 되면 집중하기 더 힘들어지기 때문이다.

● 시간이 아닌 '목표' 중심 계획

어떻게 공부할지 알고 있더라도 무엇을 할지 모른다면 무용지물이다. 고등학교에 입학하고 나서 오늘 어떤 것들을 공부할지, 진도는 얼마나 빨리 나갈지 매일 정하려면 막막했다. 처음에는 초등학교 방학 계획표를 짜듯이 12시부터 1시까지 점심시간, 1시부터 3시까지 국어 공부, 3시부터 4시까지 과학 공부, 이런 식으로 계획을 짰다. 이렇게 시간을 정하고 할 일을 배정하는 것을 '시간 중심적 계획'이라고 하자.

시간	할 일
19:00~20:20	수학 문제 풀이
20:40~21:00	영단어 외우기
21:00~22:00	국어 비문학 지문 분석
22:20~23:20	화학 I 2018년 9월 기출문제 풀기

　하지만 이런 방식으로 계획을 짜다 보니 장기적인 목표를 세우기가 어려웠다. 그래서 우선 한 학기 또는 방학 기간 동안 어떤 장기 목표를 이룰지부터 정했다. 이를 바탕으로 하루에 공부할 분량을 할당하였다. 이렇게 계획을 짜다 보니 자연스럽게 다음과 같은 계획을 세울 수 있었다. 이와 같이 목표를 먼저 정하고 계획을 세우는 것을 '목표 중심적 계획'이라고 하자.

할 일	예상 시간
수학 55~73쪽 문제 풀기, 분석하기	1시간 20분
영단어 day 2, 3 외우기	20분
비문학 지문 3개 분석하기	1시간
화학 I 2018년 9월 기출문제 풀기	40분

　언뜻 보기에는 같은 내용을 쓰는 순서만 다르게 한 것 같지만 목

표 중심적 계획에는 몇 가지 장점이 있었다.

첫째, 목표 의식이 뚜렷해졌다. 목표 중심적 계획표에는 할 일이 구체적으로 적혀 있지만 시간 중심적 계획표는 목표가 그다지 분명하지 않은 것을 볼 수 있다. 목표 중심적으로 계획을 세우면 목표를 기준으로 삼고 시간을 배분하지만, 시간 중심적으로 계획을 세우면 시간을 배정하고 지정된 일을 그 시간 동안 할 수 있는 만큼 하게 되기 때문이다. 목표가 분명히 제시되면 '오늘 이것들은 다 해야겠다'는 목표 의식이 생겨서 더 열심히 하게 됐다.

둘째, 목표 달성률을 쉽게 볼 수 있었다. 예를 들어 오늘 수학 문제를 15페이지밖에 풀지 못했다면 위 표에 적힌 목표의 75%만 완료했다는 것을 바로 알 수 있다. 게다가 목표를 이루지 못하는 일이 반복될 때 얼마나 못 했는지 객관적으로 볼 수 있기 때문에, 공부법 또는 시간 관리법을 개선하거나 목표 자체를 줄이는 등 개선하기가 쉬웠다.

마지막으로 시간 관리를 유연하게 할 수 있었다. 목표 달성에 예상보다 더 오래 걸렸을 때는 중요하지 않은 목표들을 조금씩 다음 날로 미루어 시간을 확보하였다. 반대로 생각보다 빨리 목표를 완료했다면 이전에 시간이 부족해서 못 했던 것들을 하거나 앞으로 할 것들을 당겨서 미리 할 수 있었다.

이렇게 목표 중심적으로 계획을 세우려면 가장 처음으로 한 학년 혹은 한 학기 정도의 장기적인 계획을 세워야 한다. '어학 시험에서 몇 점 이상 받기', '자격증 시험 통과하기', '수학 개념서 한 권 다 끝내기' 등의 목표들이다. 그다음으로 이 목표들을 이루기 위한 세부 과제 및 기간을 정했다. 예를 들어 어학 시험에 대한 목표를 이루기 위해서는 '단어장 2회독', '한 달 안에 독해 교재 한 권 풀기' 등의 과제를 정했다. 이런 세부 과제가 구체적일수록 할 일이 분명해지고 내가 어느 정도 했는지 알 수 있어서 좋았다.

그 후에 세부 과제를 그에 해당하는 기간으로 나누어서 하루에 할 분량을 정했다. 단순히 교재의 쪽수를 날짜 수로 나눌 때도 있고, 단원별로 배정할 때도 있었다. 난이도를 예측하기 어렵고 단원별로 분량이 다른 수학과 같은 분야는 일단 전체 쪽수를 날짜 수로 나누어 계획을 짠 뒤, 예상보다 쉬운 내용이면 하루에 이틀 분량을 하는 식으로 계획을 짰다. 단원별로 큰 차이가 없는 국어나 영어 같은 과목은 단원별로 배정했다.

이렇게 정한 하루 목표를 보고 내가 하루에 할 수 있는 양인지 점검했다. 자신이 할 수 있는 양에 비해 어느 정도로 목표를 잡아야 할지는 사람마다 생각이 다를 수 있지만, 나는 내가 할 수 있는 양의 80~90% 정도를 목표로 세우고 나머지 여유 시간에는 독서 등 학습 외적인 활동이나 미처 하지 못했던 일을 했다. 계획을 세울 때뿐만 아니라 계획대로 공부하는 도중에도 내가 원하는 정도로 목표

설정이 되고 있는지, 이렇게 단기 계획을 세워서 최종적인 목표를 이룰 수 있을지 점검했다. 실제로 해보았을 때 너무 어렵거나 쉽다면 목표를 수정했다.

목표를 달성하는 데 시간이 얼마나 걸릴지 몰라서 계획을 짜기 힘들 수 있다. 새로운 목표를 시작할 때 이런 어려움을 겪기도 한다. 그렇기 때문에 평소에 내가 짠 계획 중 얼마나 실제로 달성했는지 기록하는 것이 중요하다. 그리고 일주일에 한 번 정도 그 주의 기록을 살펴보면서 얼마나 계획을 달성했는지, 특별히 달성률이 높거나 낮은 분야가 있는지, 그 이유는 무엇인지 생각해보는 시간을 가지는 것이 좋다. 이때 가장 중요한 것은 계획과 달성률에 차이가 생기는 이유를 알아내는 것이다. 일시적 이유라면 목표를 그대로 두면 된다. 시간이 부족해서 한두 가지 목표의 달성률이 꾸준히 낮다면, 여러 목표들의 중요도에 따라 계획을 수정하여 균형을 맞춰야 한다. 흥미가 부족해서 자꾸 목표를 달성하지 못한다면 계획보다는 공부법을 바꾸는 것이 낫다.

● 마음을 다잡는 멘탈 관리법

내가 갈 길을 내가 정한다는 건 같은 길을 가는 사람이 없다는 것이다. 그래서 불안하고 외롭다. 옆자리 친구는 잘해내고 있는 것처럼 보이는데, 지금 내가 옳은 길로 가고 있는지 의심이 들기도 한다.

이 글을 읽고 스스로 목표와 계획을 정하고 공부하게 된다면 반드시 그런 순간이 올 것이다. 사실 나도 항상 그런 생각을 한다. 그래서 멘탈 관리가 중요하다.

흔들리지 않기 위해서는 느긋한 마음을 갖는 게 가장 중요하다. 인생의 중요한 순간을 앞두고선 누구나 빨리 좋은 결과가 나오기를 바랄 수밖에 없다. 하지만 그렇게 조급한 마음을 가지게 되면 정작 목표는 잊고 이것저것 시도만 하다가 방향을 잃기 쉽다. 그럴 때는 마음을 가라앉히고 자신의 문제가 무엇인지, 해결할 수 있는 문제인지, 어떻게 해결할 수 있는지 생각해보자.

마음이 쉽게 가라앉지 않는다면 관심을 돌릴 만한 것을 찾아서 즐기는 것도 좋다. 나는 예전엔 좋아하는 음악을 집중해서 듣거나 소설을 읽으면서 기분 전환을 했었다. 요즘은 영화를 좋아해서 영화관에 가서 영화를 한 편 보곤 한다. 그래도 나아지지 않을 때는 한숨 푹 잔다! 자고 일어나면 컴퓨터를 재부팅하듯이 원래 걱정하던 것들이 지워지며 먼 일처럼 느껴지곤 한다. 여러분도 음악, 그림, 영화 등 스트레스 해소법 하나쯤 갖기를 바란다. 이렇게 혼자서 해결할 수 있는 방법들도 있지만, 나의 고민을 털어놓고 선의의 경쟁을 할 수 있는 친구가 있다면 그야말로 최고의 멘탈 관리법 중 하나가 아닐까 싶다.

큰 고민이 있는 것은 아니지만 그냥 집중이 잘 안 될 때도 있다.

그럴 때 나는 공부를 하는 것과 하지 않는 것의 중간 단계를 실행한다. 나에게는 음악을 듣는 것이 이 중간 단계이다. 공부에 집중할 때인데 자꾸 딴짓을 하게 된다면 이어폰을 귀에 꽂고 노래를 즐기면서 공부할 책을 펴는 거다. 처음에는 리듬을 타기도 하면서 책을 읽다 보면 점점 책의 내용에 집중하게 된다. 그러다가 노래가 오히려 집중하는 데에 방해가 된다는 생각이 드는 순간이 오는데 그때 노래를 끄면 온전히 공부에 집중할 수 있게 된다. 이렇게 정신이 산만할 때는 공부 외에 집중이 잘되는 것을 중간 단계로 정하고 그 단계에 집중한 다음 공부와 병행하면서 그 집중력을 공부로 옮겨 오면, 바로 집중하려고 하는 것보다 더 쉽게 집중이 된다.

오늘도 나는 혼자서 교재를 붙잡고 낑낑대고 과제를 해결하기 위해서 고민한다. 딴짓을 하면서 시간을 보내다가 정신이 번쩍 들기도 하고, 옆에서 누가 이끌어주면 좋겠다는 생각이 들기도 한다. 그럼에도 불구하고 "내가 어디까지 할 수 있을까?", "어디까지 해볼까?"라는 마음으로 한 걸음씩 나아가고 있다. 여러분이 한 걸음씩 나아가서 꿈꾸는 목표에 다다를 수 있기를, 그리고 이 글이 그 길에 조금이나마 보탬이 되기를 바란다.

'을의 공부'에서 벗어나기

기계공학부 15학번 김찬교

● 을의 공부 탈출기

고등학생 시절 나는 걱정이 많고 이를 쉽게 잊지 못해 스트레스를 받는 편이었다. 과학이 좋아서 과학고등학교에 입학했지만, 고등학교 1학년 때는 즐거운 기억 한편에 순탄치 않았던 기억들도 많다. 1학년 중간고사를 얼마 앞둔 시점에 내신 공부와 수행평가, 과제, 학업 외 활동이 겹쳐 무엇부터 어떻게 해야 할지 몰라 완전히 멘탈이 붕괴됐었다. 내신 성적도 당연히 아쉬웠다. 마음을 다잡아 기말고사에서 나아진 결과를 얻었지만, 노력해서 얻은 결과에 만족하면서도 한편으로는 계속 쫓기는 듯한 기분을 느끼게 되었다. 처음 만난 '일상적인 불안감'이었다.

처음 이런 불안감을 만난 나는 이를 어떻게 없애야 할지 몰랐다.

그러다가 어느 순간 '내가 선택하지 않은' 하루를 살고 있는 게 원인임을 알게 되었다. 스스로 선택하고 그 과정에서 오는 즐거움을 느끼는 모습과는 거리가 먼, '을'의 삶을 살아가고 있었던 것이었다. 좋은 성적이 무조건적인 행복을 가져다준다는 식의 생각과는 거리가 먼 환경에서 자라왔지만, 고등학생인 나는 어느새 좋은 성적, 좋은 대학을 좇고 있었다. 그때 나는 적잖이 당혹스러웠다. 내 생각과 다른 삶을 살며 공부에 끌려 다녔기 때문에 알 수 없는 불안감을 느끼고 있었다는 생각에 이르자, 이 불안을 해결하기 위한 고민이 필요하다는 생각이 들었다. 또 멘탈 붕괴를 겪더라도 이런 상황을 최대한 빨리 벗어날 수 있는 방법이 필요하다는 것도 느끼게 되었다. 이후 1학년 겨울방학 내내 이 두 고민에 대한 해답을 만들어갔다.

많은 부담과 스트레스에 시달릴 때 어떻게 이를 다스릴 수 있을까? 공부가 싫어지고 정신적으로 힘들 때 어떻게 다시 의지를 다질 수 있을까? 공부라는 마라톤의 긴 여정 중간중간 멘탈 붕괴나 자존감 하락 같은 내면의 위기들은 필연적으로 찾아온다. 이를 잘 다스리고 꾸준히 오래 공부를 해나가기 위해 나는 이제 이야기하게 될 방법들을 사용했다. 나처럼 다른 사람보다 멘탈이 약하고 좌절감에서 벗어나는 데 오랜 시간이 걸리는 사람들에게 이 글이 도움이 됐으면 좋겠다.

내가 공부를 하며 했던 고민과 그 해답을 세 부분, '공부 왜 하지?',

'정말 공부를 해야 하는 게 맞아?', '멘탈 지키기는 생각보다 어렵지 않다'로 나눠 얘기해보고자 한다. 혹시 공부 외에 다른 목표를 이루기 위해 최선을 다해야 하는 상황이라면, '공부'를 자신의 '목표'로 바꿔 생각하면 도움이 될 것이다.

● 공부 왜 하지?

무엇인가 하기 싫어지는 순간이 오면 당연히 이런 생각이 든다. 이거 왜 해야 되지?

만약 누가 나에게 "공부하는 게 좋아?" 하고 물어본다면 나는 그렇다고 답할 것이다. 그렇다고 해서 공부만 좋은 것은 아니다. 당연히 공부보다 좋은 것이 더 많다. 그럼 이런 질문이 이어질 수 있다. "그럼 넌 왜 (좋아하는 것들 중에) 공부를 하는 거야?"

사람들마다 공부하는 이유가 다르다. 그럼에도 내가 느낀 건, 모든 사람이 다 자신만의 특별한 신념을 가지고 공부하는 건 아니라는 것이다. 학교 내신에서 최상위권에 위치한 친구들에게 물어보았을 때 생각보다 특별하지 않은 목적을 갖고 공부하는 친구들이 많음을 알고 놀랐던 적이 있다. 이 이야기를 하는 이유는 공부를 잘하는 것과 공부해야 하는 이유를 갖는 것에는 큰 상관관계가 없음을 말하기 위해서이다. 공부를 잘하지 못하는 사람이라도 공부해야 한다고 생각할 수 있고, 남들보다 공부를 잘하는 사람이라도 공부해야 한다는 생각을 하지 않을 수도 있다.

다시 첫 번째 질문으로 돌아가서 맨 처음 '왜 공부를 해야 하지?'라는 질문을 나에게 해보았더니 막막한 기분이 들었다. 말로 표현하려고 하니 두서없고 피상적이었다. 여러분도 한번 공부해야 하는 이유를 글로 적어보거나 말로 표현해보길 바란다. 어떠한 답도 괜찮다.

'부자로 살고 싶다', '좋은 대학에 입학해 부모님께 효도하고 싶다', '공부하는 것이 너무 즐겁다', '공부가 가장 쉽다' 등 각자의 답이 있을 것이다. 처음 내가 찾은 답은, '나는 수학과 물리를 잘하는 편이고 꽤 좋아하기 때문에 일단은 이렇게 쭉 공부를 하면 내가 계속 즐거울 수 있겠다'였다.

자기만의 정답을 찾았다면, 이젠 그게 정말 공부하는 이유가 될 수 있을지 생각해보자. 일종의 연속되는 사고 실험을 진행하는 중이라고 생각하고 시도해보는 것이다.

내 얘기를 해보자면, 초등학교, 중학교 시절 내가 하던 공부는 게임에 좀 더 가까웠다. 당시에 나는 좋은 일을 하거나 부모님의 심부름을 하면 보너스 용돈을 받았는데, 시험 성적이 좋으면 받게 될 보상(용돈, 게임기, 혹은 부모님의 칭찬) 때문에 공부를 열심히 했던 것 같다. 부모님은 성실함을 중요하게 생각하셨고 나는 용돈을 받으면서 자연스럽게 성실하게 공부하는 습관을 들일 수 있었다. 내가 받는 보상은 부모님과 대화로 합의했는데, '합의 - 공부 - 보상'의 세 단계를 거치며 성실함을 통해 얻은 보상의 가치를 알고 동시에 공부를 좋아하게 되었다. 돌이켜보면 용돈이 필요한 어린 학생의 눈높이에 맞춰 성실함이라는 습관을 만들어주신 부모님의 방법이 주효했던 것 같다. 어린 내게 보상은 달콤했고 이 보상을 가져다주는 공부 역시 꽤나 즐거운 활동이었다.

이렇듯 내가 공부를 처음 시작한 이유는 '노벨상을 받겠어!'나 '지적 목마름을 채우지 않고 나는 살아갈 수 없어!' 같은 건 아니었다. 보상이 주는 즐거움, 다시 이러한 혜택을 얻기 위한 욕심 때문에 공부를 좋아하게 됐고, 공부 자체가 주는 맛은 한참 뒤에 알게 되었다. 내겐 스스로 납득할 수 있는 공부의 이유가 있었고, 덕분에 나는 공부를 '싫어하지 않을 수' 있었다.

시간이 지나 고등학교 내신, 대학 입시 등을 마주하게 되면서 '공부해야 할 이유'에 대한 협상 테이블의 규모는 커졌다. 공부량은 많아졌고 분야도 다양해졌다. 시간적, 체력적 한계(시험까지 남은 시간이 고작 일주일이라든가, 하루에 적어도 7시간은 꼭 자야 한다 등)와 정신적인 부담감(시험을 앞두고 흔들리기 시작하는 불안정한 멘탈)도 고려해야 했다. 보상을 위해 포기해야 하는 것들도 조금씩 생기기 시작했다.

협상 상대 역시 시간이 흐르면서 '부모님'에서 점차 '내가 중요시하는 가치관'으로 변화해갔다. 내가 중요시하는 가치관이 '반 5등이 가져다주는 주는 기쁨'이라면 이를 위해 며칠 동안 자유로운 저녁 시간은 포기하게 되었고, '물리학을 이해함으로써 얻는 지적 만족감과 더불어 좋은 물리 시험 성적'을 위해 개념을 이해하고 이를 완전히 연습하는 데 시간을 투자할 수 있었다. 이렇듯 중요하게 생각하는 가치는 때때로 변했지만 내가 납득할 수 있는 이유를 갖고 공부를 한다는 사실은 변하지 않았다. 성인이 된 지금은 공부를 한다고 해서 부모님이 기타나 게임기를 사주시진 않지만, 나는 공부를 통해 내가 실현하고 싶어하는 삶의 가치와 모습에 조금씩 다가가는 데서 충만감을 느끼게 되었다.

● 정말 공부를 해야 하는 게 맞아?

아래 질문은 내가 그동안 진로 멘토링이나 과외를 하면서 수험생들과 대화를 나눌 때 자주 등장했던 것들이다. 나라면 각 상황에서 어떠한 판단을 내릴까 고민한 결과를 정리해보았다.

나는 공부를 좋아하지 않는데?

공부를 좋아하지 않는다면? 해답은 간단하다. 공부하지 않으면 된다. 부모님이 공부하라고 압박을 가한다면? 어려운 길이겠지만 공부하지 않는 것을 추천한다. 싫은 감정을 마음에 담아둔 채 인생을 허비하기에 나의 삶은 소중하고 대단하다. 다소 자극적으로 들릴 수 있는 말이지만, 이것이야말로 어떻게 살아야 행복할 수 있는지를 명료하게 알려주는 힌트라고 생각한다.

공부를 좋아하거나 잘하지 않더라도 일단은 해야 하는 것 아냐?

공부하지 않아도 행복할 수 있고 충분히 잘살 수 있다. 사회와 문화는 빠르게 변화하고 공부만이 안정적인 직장을 보장한다는 생각은 이미 과거의 통념이 되었다. 진정 좋아하는 것을 찾고 그것에 빠지기 바란다. 공부를 좋아하지 않고, 공부를 해야 할 이유도 없고, 공부를 잘하는 것도 아니라면 굳이 공부할 필요가 없다.

반면 공부를 굉장히 잘하거나, 좋아하진 않아도 어느 정도 할 수 있거나, 공부할 이유가 있다면 상황은 달라진다. 협상하면 된다. 수험생들은 협상이 필요한 상황을 많이 맞닥뜨리게 된다. 대학 입시를 앞두고 얼마큼 어떻게 공부해야 할지, 그 과정에서 무엇을 포기할지 고민하게 된다. 이때 무엇을 포기할 것인지에 집중하기보다는 내가 중요하게 생각하는 가치가 무엇인지, 그 공부가 내 가치에 부합하는지에 집중하는 것이 후회 없는 삶을 사는 길이다.

만약 공부하는 이유에 대한 답을 찾았다면 정말 그런 이유로 공부를 하는 게 맞는지 생각해보자.

내가 처음 생각한 공부하는 이유는 '내가 좋아하는 수학, 물리를 쭉 공부하면 계속 즐거울 수 있을 것 같아서'였다. 단순한 이유였지만 내게는 질리지 않고 공부를 계속할 수 있는 강한 동기 부여가 되었다.

완벽주의적 성향도 공부하는 이유 중 하나였다. 나는 모든 문제를 완벽히 풀어낼 때까지 공부를 멈추지 않는 성향이 있었다. 내 몸과 주변에 일어나는 현상을 이해하고 정리할 수 있게 해주는 물리나 생물 공부를 할 때면 그 자체의 즐거움과 경이로움이 다른 걱정이나 잡생각을 압도해 절로 몰입이 됐다. 이를 위해 스스로 납득할 수 있는 수준까지는 어느 정도 잠과 휴식도 포기할 수 있었다. 반면같은 공부를 하더라도 100점을 맞기 위해 공부를 할 때는 몰입을하면서도 한편으론 불안함을 느꼈다. 일주일 정도는 최선을 다해공부할 수 있었지만 공부가 부담스럽고 스트레스 주는 존재로 다가왔다.

정리하자면, 각자가 찾은 이유가 유일한 정답인지, 또 정말 정답이 맞긴 한지를 구체적으로 고민해보는 것이 이 단계의 핵심이다.예를 들어, 누군가 원하는 직장을 얻기 위해선 힘들더라도 공부가반드시 필요한 유일한 길이라고 결론을 내렸다면, 그리고 스스로이를 기꺼이 납득한다면 적절한 이유가 될 수 있다. 스스로 납득할수 있는 이유여야 한다는 게 가장 중요하다.

공부해야 하는 이유는 뭘까?

공부해야 하는 이유가 구체적이면 내가 중요시하는 삶의 가치나 내가 집중할 수 있는 부분도 어느 정도 명확해진다.

나는 물리와 생물을 통해 내가 좋아하는 내 삶의 모습, 이를 위해 집중하는 내 모습을 어느 정도 그릴 수 있었다. 그러고 나서 고민한 것은 이를 실현하기 위해 어떻게 멘탈을 오랫동안 안정적으로 유지할 것인가였다.

물리와 생물을 좋아하게 되면서 나는 이 과목들을 계속 공부하기 위해 기계공학부 진학을 목표로 삼게 되었다. 기계공학부에 진학하면 내가 배운 내용을 더욱 심화하여 인간 삶과 관련된 기계 장치 혹은 메커니즘을 만들 수 있을 것 같았다. 그래서 기계공학부 진학에 필요한 지식과 성적은 어느 정도일지 생각해보게 되었다.

미래에 대한 구체적인 목표가 세워지자 이를 위한 단기 계획도 적절하게 구성할 수 있게 되었고, 주먹구구식 공부에서도 벗어나게 되었다. 자연스럽게 내신 공부와 휴식, 수행평가, 학업 외 활동을 필요한 목적과 이유에 맞게 조정했다. 이렇게 구체적인 목표를 설정하고 이를 실천해나가자 그동안 나를 압박했던 막연한 불안함과 과한 부담에서 비롯된 멘붕에서 조금씩 벗어날 수 있었다. 시험을 예상보다 못 봤을 때도 목표에 꾸준히 가까워지고 있기 때문에, 오늘 하루 우울한 기분이 들어 공부하기 싫더라도 내일은 다시 활기차게 시작할 수 있었다. 그래서 대입을 앞두고 큰 부담감을 느낄 때에도 열정과 즐거움이 식지 않은 채로 공부했다. 입시를 두 달 앞두고 더 큰 체력적, 심리적인 어려움이 닥쳤을 때도 다시 협상을 시도하고 때론 과감히 포기하면서 충동이나 욕심을 조절했다. 꾸준히 납득할 수 있을 만한 합의를 이끌어내고 이를 실천해냄으로써 만족감을 느꼈다. 그 결과 자괴감, 멘붕으로부터 벗어나는 것은 물론 훨씬 더 만족스러운 성적을 얻었고, 무엇이든 하면 된다는 진취적인 사고 역시 자연스럽게 따라왔다.

나는 공부만을 해왔기 때문에 다른 진로에 대해선 잘 알지 못하지만, 스스로가 납득할 수 있는 판단을 내리고 이를 실천하다 보면 공부뿐만 아니라 어떤 일을 하든 내 삶을 주체적으로 살아가고 있다는 확신을 가질 수 있다고 생각한다. 이 과정을 거친다면 공부에 끌려다니는 '을의 공부'에서 벗어나 올바른 방향을 모색하고 적극적으로 지식을 습득해나가는 '갑의 공부'를 하고 있는 스스로를 어느 순간 만날 수 있을 것이다.

지금까지 내 고등학생 시절의 사고 실험 경험과 이를 극복한 과정을 이야기해보았다. 물론 이 질문들에 답한다고 해서 공부를 잘하게 되지는 않을 것이다. 하지만 적어도 이 과정을 통해 자신의 성향, 성격, 목표를 구체적으로 한번 들여다볼 수 있을 것이라고 생각한다.

공부에 대한 고민을 이것저것 하다 보면 여러 가지 의문들이 곁가지를 쳐서 떠오르기도 한다. 나는 공부를 그렇게 잘하거나 좋아하지 않는데? 나는 인생을 즐기며 살고 싶으니까 공부든 다른 무엇이든 내 삶을 유지할 수 있게 하는 수단으로서의 역할만 하면 충분한데? 나는 아무것도 잘하는 게 없으니까 그나마 공부를 해야 하는 건가? 이러한 의문과 함께 수많은 잡념이 머릿속을 스쳐 지나간다. 우리를 괴롭히기도 하는 이런 잡념이 머리에 똬리를 틀려 할 때 어떻게 행동하면 좋을까?

잡념에 흔들리지 않고 소신을 갖는 데 나에게 가장 도움이 된 방법은 '그 단계에서 내가 할 수 있는 일을 즉시 실천해보는 것'이었다. 사소한 것이라도 직접 경험을 통해 판단 내리기를 반복하면서 적극적으로 시행착오를 겪었다. 이 경험을 통해 합리적으로 혹은 메타적으로 잡념의 원인이 무엇인지 파악하게 되었고 내 자신을 제대로 아는 데도 도움이 됐다. 일례로 나는 주변을 도우며 살아야 한다는 이야기를 어릴 적부터 듣고 자랐는데, 고등학교 때 친구들과 멘토링 동아리를 만들어 서로 지식을 공유하고 이를 정리해서 후배들이나 친구들에게 알려주는 활동을 진행했었다. 이 경험을 통해 학업에서 파생된 활동으로 충분히 봉사의 가치를 실현할 수 있음을 깨달았다.

● 장기 레이스에 강한 과정 중심 공부법

목표를 이루기 위해 기나긴 과정을 성실히 지속하는 것은 나만의 전략이 있더라도 굉장히 어렵다. 마지막으로 걱정이나 부정적인 생각으로부터 벗어나 정신적 평온함을 유지하는 데 도움이 되었던 내 경험을 공유하려 한다.

공부하는 사람에는 크게 두 유형이 있다고 한다. 결과를 보고 공부하는 사람과 과정을 보고 공부하는 사람이 바로 그것이다. 이를 '성취적 목표'와 '숙달적 목표'로 구분하기도 한다. 대체로 완벽주의적 성향의 학생들은 자신이 설정한 완벽한 결과(성취)에만 집착하는 경향이 있다. 이 목표가 지나치게 높은 경우 최선을 다하더라도 하루가 초조하고 불만족스러운 경향이 있다고 한다. 이는 멘붕과 자기 모멸감, 부정적인 사고로 쉽게 이어진다. 그리고 시야가 좁아져 사소한 변화도 부정적으로 해석하고 우울한 사고로부터 벗어나기 어렵다. 반면 숙달적 목표를 갖고 있는 사람은 결과가 아닌 숙달하는 과정을 목표로 하기 때문에 과정 속에서 스스로 만족하며, 이는 긍정적인 자기 효능감과 자존감으로 이어진다.

멘붕에 빠지면 부정적인 사고가 꼬리에 꼬리를 물고 내 생각과 기분을 옭아매는 것을 자주 경험하면서도 그 원인을 몰랐는데 이 교육심리학 이론을 읽고서야 그 원인을 찾게 되었다. 장기 레이스에서 멘탈을 지키기 위해선 즐길 수 있어야 하고, 즐기기 위해선

'과정'에 중점을 두어야 한다. 바로 숙달적 목표를 갖고 살아가는 것이다. 그 목표를 설정하는 과정에 협상이 사용된다. 납득할 만한 이유와 목표를 갖고 공부하는 사람은 결과만을 바라보고 달려가는 사람에 비해 높은 자기 효능감을 느끼며 목표에 가까이 다가갈 수 있다. 앞으로 나의 목표는 스스로 선택하는 삶을 사는 것이고, 짧게는 순간순간 삶의 과정에 만족감을 느끼는 것이다. 어제의 나보다 조금 더 나아진 오늘의 나의 모습에 만족하고 즐거움을 느낀다면 어렵고 힘든 장기 레이스를 완주할 수 있을 것이다.

이 글이 사고방식에 사소한 차이를 만들어내고 내면의 불안함을 깊이 들여다보는 계기가 되기를 바란다. 끊임없이 자신과 대화하고 협상하여 행복해질 수 있는 가치관을 찾아내고 거기에 가까이 다가가기 위해 기꺼이 몰입해보자. 많은 사람들이 을의 공부에서 벗어나 능동적으로 공부하고 진취적인 삶을 살아가게 되길 바란다.

어느 학과를 선택해야 할지
모르겠어요

학과와 전공을 선택하는 기준은 사람마다 아주 다릅니다. 어떤 사람들은 자신이 가장 흥미를 느끼는 분야로 진학하고, 어떤 사람들은 취업이나 학계 등에서 전망이 가장 좋을 것 같은 분야로 진학하기도 하죠. 또 어떤 사람들은 지원 당시의 생활기록부, 내신, 수능 점수 등을 바탕으로 한 합격 확률을 가장 큰 기준으로 생각하기도 합니다. 하지만 모든 방법이 완벽하지는 않습니다. 흥미와 관심사는 대학 재학 중에도 여러 번 바뀌고, 전망이 아무리 좋다고 한들 적성에 안 맞으면 방황하게 될 수 있으며, 외적 조건과 무관하게 입시에는 운이 크게 작용하기도 합니다. 제가 조심스럽게 제안하는 것은, 어차피 확실하고 올바른 기준이 없다면 어느 기준을 택하든 간에 자신의 선택에 후회하지 않는 것입니다. 복수전공, 부전공, 전과 등의 선택지가 있어서 입학 이후 다시 생각해볼 기회도 있습니다. 어떤 선택을 하든 간에 4년간 열심히 즐겁게 생활한다면 대학 생활에서 많은 것을 얻을 수 있을 것이라 생각합니다.

>> 전기·정보공학부 16학번 강한림

전공 선택에 어려움을 겪고 있다면 가고 싶은 학과의 홈페이지를 방문해보는 것을 우선 권합니다. 최근에 학과 소개 발표 준비를 하다 보니 학과 홈페이지에 진로 결정에 도움이 되는 정보가 생각보다 많았습니다. 전체적인 소개부터 세부 분야, 배우는 과목, 연구실 정보, 진학 현황까지 학과에 대한 정보들을 얻을 수도 있고 공지 사항을 보면 교환 학생, 인턴, 장학금 등 대학 생활도 엿볼 수 있답니다. 저도 고등학생 때 어떤 학과를 선택할지 꽤나 고민했는데, 지금 생각해보면 이런 자세한 정보 없이 학과 이름에서 느껴지는 감으로 결정했던 것 같습니다. 선택하기 어렵다고 하면서도 막상 어떤 선택지들이 있는지, 그리고 각각의 선택지가 무엇인지조차 잘 모르는 경우가 생각보다 많습니다. 만약 잘 알고 있음에도 성적과 같은 현실적인 문제나 가치관 때문에 고민이라면 바로 앞 강한림 님의 답변이 도움이 될 것입니다.

>> 화학생물공학부 16학번 임휘광

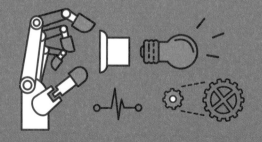

PART 2

공대생의 대학 생활은
이렇습니다

"고학년이 되면서 공부를 대하는 자세뿐만 아니라 미래에 대한 준비도 달라진다. 원하는 분야의 지식을 좀 더 쌓기 위해 복수전공이나 부전공을 선택하거나 원하는 회사 또는 연구실의 인턴으로서 경험을 쌓기도 한다. 방학을 통째로 투자하는 프로젝트에 뛰어들기도 하고, 배우고 있는 내용이 자신이 추구하는 바와 다름을 느끼고 완전히 다른 방향으로 진로를 재탐색하는 경우도 있다. 하지만 모두의 공통점은 각자의 미래를 위해 좀 더 진지하게 고민하고 그 결과를 행동으로 옮긴다는 것이다."

대학 가도 공부 많이 해요?

건설환경공학부 16학번 엄준용

● 대학교에서 학점의 의미

학교의 주목적은 학생들이 지식을 쌓는 기회를 제공하는 것이다. 대학교 역시 가장 중요한 존재 이유는 학문의 장으로서의 역할이다. 하지만 고등학교 시절처럼 모든 학생들에게 공부가 가장 큰 부분을 차지한다고 말하기는 어려울 것 같다.

고등학교와 비교했을 때 대학교의 가장 큰 특징은 모든 것이 스스로의 선택에 따라 좌우된다는 점이다. 동아리 활동 시간이 따로 있어 전교생이 각자 하나씩의 동아리 활동을 하는 고등학교와 달리, 대학교에서는 원하는 만큼 동아리에 가입해서 동시에 여러 곳에서 활동할 수도 있고, 원하지 않으면 동아리에 가입하지 않아도 무방하다. 인턴이나 봉사, 대외 활동 역시 오로지 자신의 선택에 달려 있다.

수업도 마찬가지다. 수업의 종류, 시간, 개수 모두 스스로 정한다. 각 과에서 추천하는 학기별 로드맵 정도는 제시되어 있지만, 시간표가 그것과 다르다고 해서 아무도 뭐라 하지 않는다. 일반적으로 대학생은 원하는 수업으로만 자신의 시간표를 완성할 수 있다.

공대 기준으로는 보통 한 학기에 15~18학점 정도 수강 신청을 한다. 학점에는 두 가지 의미가 있는데, 첫 번째는 수업 시간 이수 기준이라는 의미다. 정확한 기준은 아니지만, 수업 시간이 일주일에 3시간 정도인 과목은 3학점이라고 이해하면 편하다. 모든 수업은 1~4학점이며, 보통 3학점인 수업이 가장 많다. 따라서 공대생은 평균적으로 한 학기에 5~6과목을 수강한다. 학점의 두 번째 의미는 평점, 즉 성적이다. 만점인 A+를 4.3 또는 4.5로 두고 한 등급이 내려갈 때마다 0.3 또는 0.5만큼 차등을 두는 시스템이다. 이 숫자에 학점의 첫 번째 의미인 이수 기준만큼 가중치를 두어 모든 수업의 평균을 구하면 해당 학기의 평점이 계산된다. 4.3이 만점인 서울대학교 공과대학을 기준으로 앞자리가 4이면(흔히 말하는 4점대) 정말 공부를 잘하는 학생이다.

그렇다면 학점은 대학교에서 어떤 의미가 있을까? 고등학교의 내신 성적이라고 생각하면 맞을까? 이에 대한 답은 '각자 무엇을 추구하는지에 따라 다르다'라고 말할 수 있다. 예를 들어 대학 생활에서 춤 동아리 활동에 우선순위를 두고 있다면 중간고사, 기말고사 기간과 상관없이 열심히 춤 연습을 하고, 과제보다는 공연 준비를 하며 많은 시간을 보낼 수도 있을 것이다.

하지만 학점이 중요하게 쓰이는 부분도 꽤 많다. 우선 학점이 좋으면 장학금을 받을 수 있고, 공모전에 참여하거나 기숙사에 들어가고자 할 때 일정 학점 기준을 통과한 사람에게만 자격이 부여되는 경우도 있다. 기업 인턴에 지원할 때도 학점이 기준이 되는 경우가 많으며, 대학원 진학이나 연구실 인턴 선발도 마찬가지다(연구실 인턴의 경우 예외적으로 학점보다 그 분야에 대한 관심도 등 다른 기준을 더 중요시하는 경우도 많다).

학점은 졸업 후 진로와도 연관성이 크다. 취업 시장에 뛰어들 때 학점이 높으면 당연히 유리하다. 또한 학부를 졸업하고 진학할 수 있는 여러 전문대학원 중 대표적인 곳으로 법학, 의학, 치의학 전문대학원이 있는데, 전문대학원 진학 시에도 학점이 매우 중요하다.

이처럼 학점이 기준으로 쓰일 때 평점 이외의 요소가 고려되는 경우도 있다. 성적을 잘 주기로 유명한, 소위 '꿀강의'라고 불리는 과목을 골라서 수강해 높은 학점을 유지하는 경우와 그보다 학점은 다소 낮지만 성적도 잘 주지 않고 퀴즈나 과제 등 해야 할 일이 많기로 유명한 타과 전공을 수강하는 두 가지의 경우가 있다면, 정석적으로 평가할 때는 후자를 더 높게 쳐주기도 한다. 수능에 비유하자면, 응시 인원이 적고 내용도 어려운 물리Ⅱ, 화학Ⅱ, 또는 경제와 같은 탐구 과목을 선택한 학생에 대한 보정이 있는 것과 비슷하다.

동일 학부의 대학원에 진학할 때는 인턴 경험, 논문 등 학점 이외의 사항들이 더 중요하게 고려되기도 한다. 물론 기술고시, 행정고시 등 시험을 통해 공무원이 되는 경우, 자격증을 요구하는 변리사 같은 전문직을 꿈꾸는 경우, 창업을 염두에 두고 있는 경우에는 학점 자체가 큰 의미는 없다. 하지만 이 경우에도 전문성을 갖추기 위해 끊임없이 노력해야 하는 건 마찬가지다.

현실적인 필요 외에도 학점을 잘 받으면 스스로의 노력을 눈에 보이는 숫자로 인정받는 것 같아 뿌듯하다. 노력하면 어려운 일도 해낼 수 있다는 자신감을 갖게 되는 것도 의미 있는 부분이 아닐까 한다.

● 공부량과 학점은 비례할까?

여기서 의문이 든다. 과연 공부를 많이 하는 것이 곧 높은 학점이라는 결과로 이어질까? 공부를 해도 성적이 오르지 않는 것은 중·고등학교 시절부터 흔히 하는 고민 중 하나인데, 이는 유효 공부량이 부족했기 때문이라고 생각한다. 시간이나 노력 그 자체에 대해 이야기하는 것이 아니다. 하루 종일 공부하는데도 그다지 좋은 성적을 받지 못하는 사람과 하루에 2~3시간 정도만 공부에 투자하는데도 좋은 성적을 유지하는 사람의 차이점은 '실질적인 공부량'에 있다. 이는 대학교에서도 마찬가지이다. 그저 책을 펼쳐놓고 시간을 보내는 것이 아닌, 효율적으로 많은 양을 공부하는 사람의 성적이 높게 마련이다.

하지만 아무리 봐도 공부를 적게 하는 것처럼 보이는데도 성적이 좋은 친구들이 있다. 공대의 경우 1학년 때 주로 수강하는 미적분학과 일반물리학, 일반화학 등의 기초과학에서 과학고나 영재고를 졸업한 친구들이 그리 많이 공부하지 않고도 좋은 성적을 받는 경우를 자주 보았다. 이는 그 친구들이 똑똑한 것이 주된 이유라기보다(물론 이들이 머리가 좋은 것은 당연하다) 고등학교 시절에 이미 많은 양의 공부를 했기 때문이다. 대학교 수업 시간에 배우는 내용 중 많은 부분에 대한 공부량이 이미 완성되어 높은 수준에 올라 있기에, 현재 눈에 보이는 공부량으로만 그들을 판단할 수 없는 것이다. 고학년이 되어 모두가 처음 접하는 전공과목을 수강할 때부터는 많은 양을 제대로 공부하는 사람의 성적이 잘 나오기 마련이다. 과정 없는 결과는 없다.

서울대학교라는 집단 속에서 생활하면서 크게 와닿았던 점 중 하나는 다방면으로 재능이 있는 학생들이 많다는 점이다. 한동안 SNS에 떠돌았던 유명한 글이 있다. 서울대학교 학생의 익명 제보가 가능한 '서울대학교 대나무숲' 페이스북 페이지에 '서울대에 와서 보거나 만난 적 있는 사람들'이라는 제목의 글이 있었다. 글쓴이가 경험한, 천재적인 면모를 가진 서울대생에 관한 것으로, 전교 1등과 수능 만점은 흔하게 찾아볼 수 있고, 그리 큰 비중을 두지 않고 응시한 자격증 시험이나 영어 시험에서 손쉽게 좋은 결과를 얻으며, 답지 보는 것보다 암산이 빠르다는 등의 내용이었다. 과장이 어느 정도 섞여 있었을지 모르지만 그렇다고 없는 말을 지어낸 건 아니다.

물론 모든 학생이 천재성을 가지고 있는 건 아니고, 오히려 위의 내용에 해당되지 않는 사람이 훨씬 많다. 공부량과 학점이 상관관계가 있다고 했지만 한편으로는 그 연관성을 뛰어넘는 수재 중의 수재도 예외적으로 존재한다. 하지만 자신을 그들과 비교하는 것은 무의미하며 자존감만 깎일 뿐이다. 저마다의 개성이 있는 만큼 각자의 삶을 존중하는 게 정신 건강에 이롭다.

● 전공 공부만 해야 하는 걸까?

학점을 중요하게 생각하는 사람의 비율과 다른 것들에 가치를 두는 사람들의 비율은 학년이 올라가며 바뀌는 것 같다. 1학년 때는 공부보다 인간관계, 연애, 동아리, 대외 활동 등에 더 비중을 두는 경우가 많다. 나 역시도 사람 만나는 것을 좋아해서 교류 프로그램이나 동아리에서 열심히 활동하였다. 대학교에 입학해 설레는 마음에 방황하는 것이든, 본인에게 중요한 가치를 찾아 그것을 실천하는 것이든 공부보다 더 많은 비중을 두는 것을 누구나 하나씩은 가지고 있는 것 같다.

2학년부터 수강하는 과목의 성격이 바뀌면서 마음가짐도 점차 달라지기 시작한다. 본격적으로 전공 수업을 수강하면서 그간 공부에 크게 관심 없던 친구들도 하나둘 공부를 한다. 1학년 때와 달리 대다수의 학생들이 처음 접하는 내용을 수업에서 다루기 때문에 동등한 출발선에서 본격적인 학점 경쟁이 시작된다. 또한 다수의 남학생들이 병역의 의무를 다하기 위해 잠시 학업을 쉬는 시기이기도 하다. 군대를 언제 다녀올지는 전적으로 본인의 결정에 달려 있지만 경험적으로 상당수가 2학년 때 학교를 떠난다.

'군대에 갔다 오면 정신 차리고 공부한다'는 말이 있는데 그것은 군 복무 자체가 이유라기보다는 고학년이 되며 자연스레 공부에 더 많은 비중을 두게 되기 때문이라고 본다. 졸업이 가까워지며 학점의 의미가 점점 크게 다가오기 때문에 이때쯤이면 공부에 손놓고 사는 친구는 찾아보기 힘들다. 그래서 1학년 때 공부를 잘했던 친구가 고학년이 되어서는 성적을 유지하지 못하는 경우도 많고, 1학년 때는 학점이 낮았던 친구가 고학년 때는 가장 높은 학점을 받는 일도 생긴다.

고학년 때는 미래에 대한 준비도 달라진다. 원하는 분야의 지식을 좀 더 쌓기 위해 복수전공이나 부전공을 선택하거나 원하는 회사 또는 연구실의 인턴으로서 경험을 쌓기도 한다. 방학을 통째로 투자하는 프로젝트에 뛰어들기도 하고, 배우고 있는 내용이 자신이 추구하는 바와 다름을 느끼고 완전히 다른 방향으로 진로를 재탐색하는 경우도 있다. 하지만 모두의 공통점은 각자의 미래를 위해 좀 더 진지하게 고민하고 그 결론을 행동으로 옮긴다는 것이다.

대부분의 사람들은 주어진 과제를 헤쳐나갈 수 있는 잠재력을 지니고 있다고 생각한다. 실제로 입학 후 성적 때문에 힘들어하던 친구들도 고학년이 되고 나서는 좋은 성적을 받는 경우가 많았다. 단지 공부보다 다른 가치를 우선시하였기에 잠시 낮은 성적을 받았을 뿐 언제라도 공부한다면 만회할 수 있다. 그러니 타인과 굳이 성적을 비교하면서 고민할 필요는 없다.

학점 및 학과 공부를 중심으로 이야기를 했지만, 단순히 학교 공부만 보고 달리기에는 인생은 길고 빛나는 가치들이 너무나 많다. 현재 4학년인 나 역시 무엇을 인생의 우선순위로 두어야 할지 여전히 고민 중이다. 스노보드를 배우려고 겨울방학 두 달 내내 스키장에서 보내기도 하고, 통계학 공부가 재밌어서 부전공도 했고, 특별한 목적지 없이 전국을 돌아보는 여행을 하기도 했다. 학생 교류 프로그램을 통해 외국인 친구들과 어울려보기도 하였고, 기타가 배우고 싶어서 밴드 동아리에 들어가 공연을 성공적으로 끝마치기도 하였다.

계획 없이 그때그때 하고 싶은 대로 행동한 것으로 보일 수도 있지만 이 과정에서 크게 깨달은 것이 있다. 모든 상황, 그리고 모든 사람에게서 배울 점이 있다는 것이다. 어떤 경험을 하든 배울 점이 반드시 있고 그 과정에서 스스로 성장하는 걸 느낄 수 있다. 이렇게 쌓아놓은 인생의 경험치를 바탕으로 앞으로 선택의 기로에 섰을 때 후회 없는 선택을 할 수 있을 거라고 믿는다.

대학교 입학을 앞두고 있다면, 또는 대학생이 된 후에도 방황의 시간을 보내고 있다면, 꼭 공부가 아니더라도 본인에게 가장 중요한 가치를 찾아 그것을 탐색했으면 한다. 우리에게는 무한한 잠재력이 있으니 말이다.

공대는 학교생활이 힘들기로
악명 높은데, 실제로 그런가요?

정말 그렇습니다. 저는 시험 기간에 일주일 동안 학교에서 공부하느라 집에 못 간 적
도 있습니다. 캐리어에 옷과 세면도구를 챙겨 등교하던 기억이 아직도 생생합니다.
건축학과는 공대 중에서도 과제량이 많다고들 하는데, 도면을 만들고 건물 모형을
만들다 보면 밤을 새우기 일쑤입니다. 정규 수업이 평일 밤 10시를 넘어 끝나서 지하
철 막차를 못 탈 때도 많습니다. 다른 공대 친구는 하루치 수학 과제에 공책 한 권을
다 썼다고 합니다. 그래도 열심히 학교생활을 하는 만큼 얻는 것 또한 많고, 졸업 이
후 사회에서도 인정받는 것 같습니다.

>> 건축학과 18학번 박신우

물론 쉽다고는 말할 수 없습니다. 꾸준히 나오는 문제 풀이 과제와 보고서를 해결해
야 하고, 시험 기간 학습량도 꽤 많은 편입니다. 과제가 많은 기간이나 시험 기간에
는 저나 제 친구들, 다른 공대생들 모두 도서관에서 열심히 과제를 하고 공부를 합니
다. 하지만 이 기간 외에는 중·고등학교 시절보다 여유로울 때도 많습니다. 학교 수
업을 충실하게 따라가면서도 다양한 동아리 활동이나 취미 생활을 즐기고 친구들과
노는 시간을 가질 수 있는 거죠. 제 경우에도 평상시에는 친구들을 만나서 놀거나,
넷플릭스나 유튜브를 보면서 지내는 시간도 많은 것 같네요. 지금은 코로나19 때문

에 활동을 제대로 못 하지만, 그 전에는 일주일에 세 번씩 공연 연습도 했었어요. 대학에서는 자신이 원하기만 한다면 다양한 활동을 할 수 있는 시간도 충분히 주어진다고 생각합니다.

>> 화학생물공학부 19학번 임정욱

공대 커리큘럼에 난해한 과목이 많고 여러 실험 과목이 있어서 이런 얘기가 도는 게 아닌가 합니다. 특히 실험 과목은 자유 시간이 부족하게 느껴질 수도 있어요. 그러나 실험이 없는 과 역시 실습(간호대, 의대, 사범대 등), 실기(음대, 미대 등), 잦은 보고서와 발표(인문대 등) 등이 있는 만큼 공대가 특별히 힘들다고 보긴 어려울 것 같습니다. 저는 발표나 실기 시험처럼 많은 사람들 앞에서 뭔가 하는 걸 어려워하는 편이라 조용히 실험할 수 있는 공대가 오히려 적성에 맞는 것 같습니다.

>> 재료공학부 18학번 한승윤

공학, '함께'의 매력

기계공학부 18학번 유윤아

● 혼공을 즐기던 내게 생긴 변화

고등학교 때 나는 혼자 조용히 공부하는 것을 좋아했다. 기숙사 생활을 하는 고등학교에 다녔는데, 나의 주 공부 장소는 도서관, 독서실, 그리고 기숙사의 내 방이었다. 모두 혼자만의 공간이 보장되거나 조용하다는 공통점을 갖고 있다. 이 중에서도 도서관을 제일 선호했는데, 공간이 넓게 트여 있으면서도 공부에 몰두할 수 있는 조용한 환경이 좋았기 때문이다. 종종 도서관을 벗어나 어려운 문제에 대해 친구들과 토론하며 공부하기도 했지만, '공부는 결국 혼자 하는 것이다'라는 생각을 갖고 있었기에 대부분의 시간은 혼자 개념을 정리하고 문제를 풀면서 보냈다.

　이러한 성향은 대학교에 와서 꽤 바뀌었다. 친구들과 함께 학교

에서 과제를 하고, 카공(카페에서 공부하기)을 하기도 한다. 시험 전
날 친구의 자취방에서 함께 공부하며 밤을 새우기도 하고, 코로나
19 등으로 상황이 여의치 않을 때에는 카카오톡 채팅방에서 열띤
토론을 펼친다. 한 문제에 대한 여러 접근 방식을 이야기해보며 어
떤 방식이 효과적일지를 토론하거나 개념을 직관적으로 이해하는
방법에 대해 함께 고민하다 보면, 혼자 공부할 때보다 힘도 덜 들고
생각의 폭도 넓어지는 느낌이 든다. 이러한 변화는 예상치 못한 곳
에서 시작되었다. 주로 혼자 공부하던 내가 '함께하는 것'으로부터
오는 열정과 성취감을 처음 맛본 건 대학교 1학년 때의 한 수업에
서였다.

● 팀플레이의 즐거움을 느낀 로봇 프로젝트

기계공학부에는 '창의공학설계'라는 수업이 있다. 새내기 때 모든
기계공학부 학생이 듣는 수업으로, 다섯 명이 한 팀을 이루어 로봇
을 직접 제작하고 학기 말에 로봇 경기를 펼치는 수업이다. 이 수업
을 처음 알게 된 것은 고등학교 시절 서울대학교 공과대학의 한 동
아리에서 진행하는 '청소년 공학 프런티어 캠프'에 참여했을 때였
다. 서울대학교 공과대학에는 '아이디어 팩토리'라는 장소가 있는
데, 학생들이 원하는 것을 직접 만들어볼 수 있도록 다양한 기계와
공구가 비치되어 있다. 이곳을 견학하던 중 당시 멘토였던 기계공

학부 언니가 창의공학설계 수업에 대해 이야기해주었고, 로봇 경기가 펼쳐지는 경기장도 보게 되었다. 그 순간 내가 직접 만든 로봇으로 경기를 펼치는 장면이 머릿속에서 그려지며 흥미가 생겼다. 이전부터 어렴풋이 기계공학부에 진학하고 싶다는 생각은 갖고 있었지만, 그날 이후로 이 수업이 서울대학교 기계공학부 진학의 동기가 되었다.

시간이 지나 목표한 대로 서울대학교 기계공학부의 새내기가 되었고 기대하던 창의공학설계 수업을 실제로 듣게 되었다. 이런 팀 프로젝트의 경우 일단 주제가 가장 중요하다. 시작할 때 방향을 제대로 잡아야 좋은 결과를 낼 확률이 높기 때문이다. 그러나 내가 이보다 중요하게 여기는 것은 '팀'이다. 마음 맞는 사람들과 함께하면 여러 명의 생각이 모이는 데 그치지 않고, 새로운 생각들을 쌓아가며 혼자서는 절대 도달할 수 없는 결과를 만들어낼 수 있다. 다행히 나는 마음이 잘 맞는 친구들과 팀을 이루게 되었고, 우승을 다짐하며 팀 프로젝트를 시작하였다.

로봇 경기의 주제는 매년 바뀐다. 우리가 받은 주제는 그 당시 유행했던 영화의 제목에서 따온 '신과 함께'였다. 제한 시간 안에 다양한 모양의 블록을 정해진 위치로 더 많이 옮기는 팀이 이기는 경기로, 블록은 네 단계의 계단에 나뉘어 있었다. 더 높은 계단에 있을수록 더 높은 관문에 해당하며, 블록의 무게가 무거워지는 등 난이도가 상승하였다. 높은 관문의 블록일수록 로봇이 접근하기 어렵고, 집어 올리기도 어렵기 때문에 더 높은 점수가 부여되었다. 경기장에는 경사로와 계단뿐만 아니라 움직이기 어려운 무거운 벽과 상대편 로봇 등 다양한 장애물이 있기 때문에 여러 가지를 고려해 로봇을 설계해야 했다.

처음 우리에게는 플라스틱, 금속, 나무 세 종류의 판과 모터가 주어졌다. '수업 시간에는 종이를 접어 비행기를 날리는 것을 배웠는데, 과제로는 실제 비행기를 만드는 것이 나왔다'는, SNS에서 본 문구가 생각났다. 이제 막 물리학을 배우기 시작한 새내기들에게 이 프로젝트는 무에서 유를 창조하는 것처럼 막막했지만, 팀원들과 아이디어 팩토리에 자리잡고 화이트 보드에 로봇 설계안을 그려나가기 시작했다. 무거운 블록도 미끄러지지 않고 잘 집을 수 있는 집게, 계단과 경사로를 오를 수 있는 바퀴, 쉽게 방향을 전환하기 위한 뒷바퀴, 전체적인 균형을 잘 잡아줄 수 있는 몸통, 많은 블록을 수납할 수 있는 트렁크 등 로봇의 각 부분별로 여러 설계안을 생각하였다.

그중 가장 많은 공을 들였던 바퀴 부분을 제작할 때가 기억에 남는다. 바퀴가 너무 작으면 높은 계단을 오를 수 없어 바퀴를 크게 만들어야 했지만, 로봇 무게와 크기에 제한이 있었기 때문에 바퀴를 무작정 크게 만들 수도 없었다. 또 바퀴가 너무 크면 로봇이 자칫 중심을 잃고 앞으로 넘어질 위험도 있었다. 바퀴 크기뿐 아니라 재질도 중요한 변수였다. 바퀴의 마찰력이 너무 강하면 로봇이 제자리에서 회전을 하지 못해 비효율적이었으며, 반대로 표면이 미끄러우면 경사나 계단을 올라갈 수 없었다. 우리 팀은 처음에는 일반적인 사이즈의 바퀴로부터 시작해서 결국에 로봇 몸통만큼 큰 바퀴에 자동차 타이어로 쓰일 법한 고무판을 두른 바퀴까지 도달했는데, 이 과정에서 다양한 크기와 재질의 바퀴 수십 개를 제작하였다. 이렇게 열정적으로 작업했던 덕분에 우리는 모든 팀 중 거의 유일하게 가장 높은 계단까지 오를 수 있는 바퀴를 제작했다.

뒷바퀴를 설계할 때도 다양한 설계안들이 도출되었다. 초기에는 앞바퀴와 동일한 크기로 뒷바퀴를 만들었지만, 앞바퀴를 최대한 크게 만들기로 하면서 뒷바퀴는 로봇의 몸통을 지지해줄 수 있을 정도로 작게 설계하게 되었다. 한 친구는 로봇이 여러 방향으로 회전할 수 있도록 보조해주는 형태의 뒷바퀴를 제안하였는데, 계단을 오르기에는 적합한 구조가 아니었다. 이때 다른 친구가 이를 응용하여 작은 바퀴 세 개가 120도씩 간격을 두고 각각 축에 연결되어 있는 형태의 바퀴를 제안하였다. 실제로 이 바퀴를 제작해보니 로봇의 몸통을 지지해주면서도 계단을 쉽게 올라갈 수 있었다. 이처럼 톡톡 튀는 아이디어에 또 다른 팀원의 아이디어를 덧붙여 새로운 안을 만들어내고, 각 부분의 설계안들을 조합해 독창적인 로봇을 설계하였다. 우리는 함께일 때 최고의 열정을 가졌고, 이 과정에서 팀원들 간의 시너지가 너무 좋아 함께면 못 할 것이 없다는 생각이 들었다.

프로젝트는 약 두 달간 진행되었다. 지금껏 창의공학설계 수업만큼 열정을 쏟은 프로젝트가 없을 정도로 로봇 제작에 열심히 임했다. 프로젝트에 더 많은 시간을 투자하기 위해 다른 수업의 수강을 철회하고, 마감 기한이 다 됐을 즈음에는 새벽 2~3시에 집에 가서 잠깐 눈을 붙이고 아침 9시에 돌아와 아이디어 팩토리에서 살다시피 했다. 다른 팀 친구들이 힘들지도 않냐고 물어볼 정도였는데, 이상하게 힘들지가 않았다. 그냥 팀원들과 무언가를 직접 만들어보는 과정이 즐거웠다. 로봇이 무거운 블록을 들어 올리지 못하거나 계단을 오르지 못하는 등 무엇인가 문제가 생겼을 때 팀원들과 머리를 맞대고 고민하는 그 과정 자체가 재미있었다. 그리고 문제가 해결되면 묵은 피로가 싹 가실 만큼 짜릿했다.

사실 대회 전날까지도 우리는 내심 우승을 기대했다. 그러나 너무 자만했던 탓일까. 대회 당일 우리 팀은 8강에서 패배의 쓴잔을 마셨다. 경기가 시작되고 약 2분 만에 승부가 결정 나는데, 아직도 1점 차이로 패배했던 그 순간이 생생히 기억난다. 무척 아쉬웠지만 이 프로젝트로 얻은 것이 너무나도 많았기에, 생각보다 빨리 대회를 마무리하게 된 그 순간에도 난 뿌듯하고 행복했다.

한 프로젝트에 이렇게 깊게 매진해본 것도, 이렇게 밀도 있는 협업을 해본 것도 살면서 처음이었다. 이 프로젝트를 하면서 나는 '함께하면 못 할 것이 없다'는 걸 절감했다. 내가 절대 해결할 수 없을 것만 같은 문제에 빠져 있으면 어디선가 팀원들이 나타나 척척 해결해주었고, 함께 헤쳐나갈 동료가 있다는 것만으로도 큰 힘이 되었다. 함께할 때 열정과 아이디어가 훨씬 더 커진다는 것을 온몸으로 깨달았다. 만약 내가 혼자서 로봇을 만들었다면 바퀴를 수십 개까지 제작할 열정이 생기지 않았을지 모른다. 대회 당일 새벽에 갑자기 계단을 올라가지 못하는 로봇을 침착하게 수리하지 못했을 수도 있다. 팀의 중요성을 다시 한 번 느낀 순간들이었다.

● n명이 함께하면 가치는 n^n배

'함께'의 매력을 느꼈던 또 다른 경험이 있다. 서울대학교에는 '스누인(SNU in)'이라는 프로그램이 있다. 방학 때마다 진행되는 프로그램으로, 단기간 외국에서 공부하는 수업이다. 해외 대학교에서 계절학기를 듣는 수업이라고 생각하면 될 것 같다. 나는 2학년 여름방학 때 '스누인 실리콘밸리(SNU in Silicon Valley)' 프로그램에 참여했다. 실리콘밸리는 창업의 메카라고 불릴 만큼 창업이 활성화되어 있고 새로운 아이디어가 샘솟는 곳이다. 스누인 실리콘밸리는 실리콘밸리에 있는 스탠퍼드대학교에서 약 2주간 머무르며 창업과 디자인 싱킹(design thinking)에 대해 배우는 수업이었다. 디자인 싱킹이란 새로운 것을 개발할 때 사용자를 이해하고 문제를 정의함으로써 혁신적인 솔루션을 도출해내는 방법론이다.

본격적으로 스탠퍼드대학교에서 수업을 듣기 전 서울대학교에서도 일주일 간 특강 형식의 수업을 들었다. 첫 수업에서 각자 자기소개를 하는 시간을 가졌다. 공과대학과 자연과학대학부터 경영대학, 사범대학, 인문대학, 미술대학까지 다양한 단과대학의 학생들이 있었다. 평소에는 공과대학 사람들을 주로 접하기 때문에 다양한 사람들의 자기소개를 듣는 것이 흥미로웠다. 영어를 전공하지만 창업에 관심이 있는 사람, 인문대학에 재학 중이지만 군인의 꿈을 갖고 있는 사람 등 전공뿐만 아니라 나이대와 관심사도 각양각색이었다. 다양한 배경을 가진 새로운 사람들을 만나 함께할 기대감에 가슴이 설렜다.

자기소개 이후에는 '실리콘밸리식 팀 빌딩'을 하는 시간을 가졌다. 팀 빌딩을 하기 위해서 먼저 팀장이 되고 싶은 사람들이 자원을 해 하고 싶은 프로젝트 주제를 대략적으로 소개한다. 이야기를 들은 후 사람들이 함께 팀을 이루고 싶은 팀장에게 가서 이야기를 나눈다. 만약 한 팀장에게 너무 많은 사람이 모이면 팀장에게 팀원 선택권이 주어지고, 팀원이 되고 싶은 사람들은 팀장에게 본인을 잘어필해야 한다. 비슷한 전공과 관심사를 가진 팀원들이 모이는 것보다는 다양한 팀원이 있는 것이 다채로운 아이디어를 내는 데 도움이 되기 때문에 우리는 팀원을 다양하게 구성하였다. 나는 화학생물공학과 경영학을 복수전공하는 팀장, 그리고 디자인을 전공하는 다른 팀원과 함께 세 명이서 팀을 이루게 되었다.

스탠퍼드대학교로 가서 본격적으로 팀 프로젝트를 진행할 때 우리 팀은 'Handee'라는 전자 명함 서비스를 기획하였다. 과거 사용하던 전화번호부는 휴대폰의 연락처 목록으로 대체되고, 일일이 쓰던 손편지는 문자와 카톡으로 대체되었지만, 종이 명함만은 디지털화되지 않았다는 점에 착안하여 기획한 전자 명함 서비스이다. 다양한 전공과 관심사를 가진 팀원들 덕분에 기술적인 부분뿐만 아니라 경영학적인 관점으로 아이디어를 바라보기도 하고, 사용자가 이용하기 편리하면서도 예쁜 플랫폼을 디자인할 수도 있었다. 세 명이 모여 만들어낸 아이디어가 혼자 했을 때보다 세 배의 가치를 갖는 것이 아니라 3^3배의 가치를 갖는 것으로 느껴졌다.

이러한 경험이 더 잘 이루어질 수 있었던 것에는 스탠퍼드대학교의 분위기, 특히 디자인 싱킹을 주관하는 '디스쿨(D.School)'이 추구하는 가치가 한몫한 것 같다. 종종 교수님 두 분이 한 수업에 같이 들어오셔서 서로 이야기를 주고받거나 상황극을 보여주는 식으로 수업이 진행되기도 하였는데, 한국에서는 쉽게 볼 수 없는 장면이었다. 어떤 방식이 더 옳다고는 할 수 없지만 스탠퍼드대학교의 수업 방식은 다른 사람과의 소통을 중요시하는 문화를 보여주는 듯했다. 이와 더불어 네트워킹의 중요성도 배울 수 있었는데, 새로운 사람들을 만났을 때 명함을 주고받으며 자신을 각인시키고, 점심 시간을 이용해 사람들과 네트워킹을 하려고 애를 썼다. 이처럼 함께하는 것을 중요시하는 문화 속에서 보다 열린 마음으로 팀 프로젝트에 임할 수 있었다.

한편 디스쿨에는 "Yes, and…"를 추구하는 문화가 조성되어 있었다. 새로운 아이디어를 도출해내기 위해 다른 사람들과 이야기를 나눌 때 "아니, 근데 내 생각에는…" 대신 "맞아, 그리고…"로 말을 시작하면 듣는 이와 말하는 이 모두 좀 더 부드러운 분위기에서 생각을 주고받게 된다. 그러다 보면 아이디어를 내는 것을 주저하지 않게 되면서 더 새롭고 날것의, 혁신적인 아이디어들이 나올 수 있다. 디스쿨에서는 이러한 문화를 바탕으로 아이디어가 실현 가능한지와는 무관하게 머릿속에서 떠오르는 모든 아이디어를 포스트 잇에 써서 보드에 붙이고 이 모든 과정을 팀원들과 공유한다. 다른 팀원들의 아이디어를 보고 살을 덧붙이거나 이를 계기로 새로운 아이디어를 떠올리며 굳어 있던 사고를 유연하게 하고, 세상에 없던 혁신적인 아이디어를 만들어내게 된다. 디스쿨은 어떻게 하면 여러 사람과 함께 일을 할 때 그 효과를 극대화할 수 있는지를 항상 고민했다. 이러한 분위기 속에서 우리도 자신의 아이디어가 좀 이상하다고 생각되더라도 거리낌없이 이야기할 수 있었고, 상대방의 생각에도 진심으로 귀 기울일 수 있었다. 덕분에 다양한 사람들이 모인 융합의 효과가 극대화되었다.

● 함께이기에 더 매력적인 공학

한 달간의 짧은 경험이었지만 스누인 실리콘밸리에서 나는 무에서 유를 창조하는 융합의 힘을 느낄 수 있었다. 다양한 사람들이 모여 머리를 맞대고 합심하면 세상에 존재하지 않는 그 어떤 것도 만들어낼 수 있을 거라는 생각이 들었다. 또 새로운 환경에서 다양한 사람들과 함께한 경험은 긍정적인 에너지와 두려움 없이 도전하는 용기를 주었다. 이듬해에는 스탠퍼드대학교 디스쿨에서 배운 디자인 싱킹 경험을 살려 기업에서 인턴도 해보고, 친구들과 함께 공모전에 도전도 해보았다. 현재는 연구실 인턴을 하며 연구를 경험해보는 중이다.

공학은 함께이기에 더 매력적인 학문이다. 연구실 인턴을 하기 전에는 공학 논문의 저자가 왜 그렇게 많은지 항상 궁금했는데, 그만큼 연구원들이 서로 많이 교류하고 의견을 나누면서 프로젝트를 수행하기 때문이었다. 가끔 연구원들과 연구 주제에 대해 이야기를 나누다 보면 연구나 공부가 아니라 재밌는 이야기를 나누고 있는 것처럼 느껴질 때가 있다. 기업에서 인턴을 할 때나 공모전을 준비할 때도 마찬가지였다. 같이 함으로써 재미와 열정이 몇 배로 늘어나는 것, 그것이 공학의 매력이라고 생각한다.

여러분 중에도 분명 혼자 공부하고 고민하는 것을 좋아하는 사람이 있을 것이다. 개인적인 의견이지만, 한 번쯤은 다양한 사람들과 함께 하나가 되어 같은 목표를 향해 나아가는 도전을 해보았으면 좋겠다. 그것이 공부든, 프로젝트든, 대회 참여든 말이다. 새로운 세상을 두려워하기보다는 과감하게 도전하고, 그로부터 긍정적인 에너지를 얻길 바란다. 하나의 팀으로 활동했을 때 얻을 수 있는 열정과 성취감, 그리고 이뤄내는 가치는 기하급수적으로 증가하기 때문이다.

공대는 조별 과제나 발표 수업이
다른 과보다 훨씬 많나요?

공대는 다양한 학과가 있고 여러 분야로 구성되어 있기 때문에 한 사람이 모든 분야의 지식을 아는 건 불가능에 가까워요. 그래서 프로젝트나 연구를 진행할 때 다양한 지식을 가지고 있는 사람들이 모여서 협업하는 것이 일반적입니다. 조별 과제나 발표 수업은 협업하는 자세를 배울 수 있는 기회죠. 조별 과제를 통해 본인의 생각을 발표하고 이에 대한 피드백을 받아 더 좋은 아이디어로 발전시키는 경험도 할 수 있어요. 다른 학문 분야도 마찬가지지만, 특히 공대에서는 아이디어와 지식을 교류하고 서로 발전시켜 주는 커뮤니티가 활성화되어 있어요. 그래서 공대생이라면 조별 과제나 발표 수업을 두려워하면 안 된다고 생각합니다.

>> 전기·정보공학부 16학번 배재혁

아마 대학 생활을 다룬 여러 밈이나 대중매체에서 조별 과제나 발표 수업에서 일어나는 해프닝을 많이 다뤄 부정적인 선입견을 가지고 걱정하는 경우가 많을 것 같습니다. 그러나 생각하는 것만큼 극단적인 해프닝은 잘 벌어지지 않으니 조금 걱정을 덜어도 될 것 같습니다. 실험 과목 같은 경우 조별로 실험을 진행하고 그 결과를 바탕으로 발표를 해야 하는 만큼, 조별 과제와 발표 두 가지를 다 하게 됩니다. 다만 학과마다 달라서 저희 과는 커리큘럼상 실험 과목의 수가 그렇게 많지 않고, 대부분의 공대 과목은 공학도가 되기 위해 필요한 이론을 배우는 경우가 많습니다. 이런 과목들의 경우 시험 점수와 과제, 출석으로만 평가받기 때문에 성실히 수업과 과제에 임하고 열심히 시험 준비를 하면 좋은 성적을 받을 수 있을 것입니다.

>> **재료공학부 18학번 한승윤**

다른 단과대와 비교하면 확실히 많은 편입니다. 건축학과는 '크리틱' 시간이 있는데, 매학기 주 2회 수업마다 교수님 앞에서 자신의 건축설계 개념을 설명하고 토론을 합니다. 크리틱 문화에 적응하지 못해 중도에 다른 전공으로 전과하는 동기들도 적잖이 보았습니다. 조별 과제와 발표 수업이 많아 힘들기도 하지만 그 과정에서 마음 맞는 친구를 만나기도 하고, 앞으로의 삶에 도움 되는 경험을 쌓을 수도 있습니다. 또 긍정적으로 생각하면 강의식 수업보다 학생들이 주체적으로 참여할 여지가 많아 재미있기도 합니다.

>> **건축학과 18학번 박신우**

코딩, 나도 해볼까?

컴퓨터공학부 15학번 옥선교

코딩에 대해 들어봤는가? 인공지능이 세계를 휩쓸고 초등학교에서도 코딩을 가르치는 지경이라 한 번쯤은 들어보지 않았을까 싶다. 지금은 많은 사람이 코딩을 한다. 코딩은 말 그대로 코드를 짜는 것이다. 코드는 컴퓨터와 나누는 이야기다. 사람과의 소통을 위해 책을 쓰는 것은 저술이고 컴퓨터와의 소통을 위해 대화를 쓰는 것은 코딩이다. 하지만 우리는 코딩을 모르고도 컴퓨터를 잘 사용하고 있다. 그렇다면 왜 코딩을 배워야 한다고 하는 걸까? 그건 코딩을 알면 컴퓨터와 직접 대화할 수 있기 때문이다.

잠시 치킨집 사장님이 되었다고 상상해보자. 치킨이 잘 팔리지만, 더 팔고 싶어 전략을 짜보려고 한다. 그래서 시간대별로 치킨이 언제 많이 팔리는지 분석해보기로 했다. 지난달 매출 자료는 준비해뒀다. 하지만 특정 요일, 특정 시간대에 어떻게 팔리는지가 궁금해졌다. 어떻게 해야 할까? 물론 엑셀을 이용해서 할 수도 있겠지만, 코딩을 설명하기 위해 잠시 이런 건 배제하고 생각해보자.

이 시대가 어떤 시댄가. 바로 인공지능의 시대가 아닌가? 사장님은 이미 '애기'라는 이름도 지어뒀다. "애기야, 지난달 매출 요일별, 그리고 시간대별로 좀 보여줘"라고 하면 어떻게든 애기는 잘해보려고 하지만, 내일 날씨는 잘 알아도 아직 이런 문제까지 답할 준비는 안 되어 있어 "사장님, 이런 일은 아직 잘 못해요"라고 한다. 그런데 사람의 욕심은 끝이 없기에 사장님은 여기서 포기하지 않고 직접 키보드를 잡고 코딩을 시작한다.

사장님이 하게 될 코딩을 간단히 알아보자. 먼저 애기에게 자료가 어디 있는지를 알려준다. 그리고 매출 자료에서 어느 부분이 시간을 뜻하고, 어느 부분이 매출을 뜻하는지 알려줘야 한다. 그리고 우리 애기에게 그래프를 잘 그릴 수 있는 친구를 소개해줘야 한다. 이런 부분을 컴퓨터가 잘 알아들을 수 있게 알려줘야 하고 이를 위해 쓰는 언어를 컴퓨터 언어라고 부른다.

이전에는 프로그래밍 언어 하면 보통 C언어를 떠올렸지만 지금은 많은 사람이 파이선(Python)을 쓴다. 파이선은 C언어보다 직관적이고 쉽다. 그래서인지 요새는 다들 파이선으로 프로그래밍을 접한다. 간단한 작업의 경우 파이선으로 한 줄이면 충분하다. '1+1'이라고 치고 실행을 하면 계산기처럼 2가 나온다. 이제 좀 더 프로그래밍다운 걸 해보자. 치킨을 먹다가 홀수를 쭉 더해본다고 하자. 1과 3을 더하니 4가 나온다. 5까지 더하니 9가, 7과 9까지 더하니 25가 나오는 것을 깨달은 순간, 홀수의 합은 제곱수가 된다는 사실을 발견한 것 같다. 이를 증명하기 전에 두 자릿수 혹은 그 이상에서도 되는지 확인해보려고 한다.

계산기 프로그램을 켰다. 기본 모드, 어림도 없다. 과학 모드로 간다. n까지 곱하는 팩토리얼은 보이지만 아무리 찾아도 n까지 더하는 시그마는 없다. 놀라운 수학적 발견을 할 수 있었지만, 계산기가 도와주지 않아 포기했다고 하자. 위대한 수학자를 잃은 건 아쉽지만 계산기를 탓하기는 어렵다. 더하기 빼기 하라고 만든 애가 팩토리얼까지 해주는데 너무 큰 기대를 하는 건 무리다.

하지만 절망하긴 이르다. 직접 컴퓨터에게 시켜버리면 된다. 그전에 팩토리얼부터 어떻게 하는지 보자. 너는 1이야. 지금부터 2부터 n까지 너에게 곱해. 그리고 그 결과를 나한테 보여줘. 이렇게 해서 총 네 줄이다. 참고로 파이선으로 '지금부터 2부터 n까지 너에게 곱해'는 보통 두 줄이다. 이걸 홀수의 합으로 바꾸는 것은 간단하다. '곱해'를 '더해'로 바꾸고, '2부터 n까지'를 '3부터 n까지 간격을 2로 두고'로 바꾸면 된다.

이것뿐만이 아니다. 파이선에는 수많은 라이브러리가 존재한다.

라이브러리는 누군가가 이미 엑셀 같은 프로그램을 짜둔 걸 말하는데, 이를 이용하면 더욱 쉽게 뭔가를 할 수 있다. 딥러닝, 데이터 분석, 이미지 처리 등 분야를 가리지 않는다. 포토샵이나 엑셀이 있는데 굳이 코딩을 해야 할까 싶기도 하겠지만, 이는 앞서 계산기의 한계를 코딩으로 해결한 것을 생각해보면 된다. 직접 코딩을 하면 원하는 대로 컴퓨터에게 일을 시킬 수 있다. 기존 프로그램의 경우 제공하는 기능이 정해져 있지만 직접 프로그래밍을 한다면 한계가 없는 것이다. 또한 파이선은 공짜다. 게다가 1초면 켜진다. 꽤 유용한 도구다.

● How are you, 코딩?

IT 산업과 기술을 이끄는 미국에서는 어떻게 코딩을 하고 있을까? 나는 2019년에 진행된 조선일보 청년미래탐험대에 참여해 이를 살펴볼 기회를 가졌었다. 시애틀로 향한 탐험대는 'Code.org'라는 단체와 인근 교육청, 코딩 학원과 워싱턴대학교를 방문했다. Code. org는 모두에게 코딩을 배울 기회를 제공하기 위해 설립된 단체로 정기적으로 코딩 관련 프로그램을 진행한다. 워싱턴대학교의 한 연구팀은 시각장애인들도 코딩을 배울 수 있는 도구를 개발하고 있었다. 무엇보다 인상적이었던 건 이곳에서는 K-12, 즉 유치원생부터 고등학교 3학년까지 코딩을 배울 수 있다는 점이었다. 어릴 때부터 코딩 교육이 이뤄지면 좋겠다고 생각했던 터라 반가우면서도 한편으로는 우리나라의 부족한 실정에 아쉽기도 했었다.

또 시애틀 인근 도시 벨뷰의 교육청도 방문하였다. 이곳에서는 고등학교 때 건축, 컴퓨터 등 다양한 관심 분야에 대해 수업을 들을 수 있다. 12년 내내 국어, 수학, 영어, 과학, 사회만 배우다가 진로에 대한 경험과 계획 없이 성적에 맞춰 대학에 진학하는 것보다 나아 보였다.

● 생각보다 쉬운 딥러닝

요즘 많이 이야기되는 딥러닝이 뭘까? 단순히 깊게 배우는 걸까? 컴퓨터는 정해진 일을 하는 기계인데 어떻게 배운다는 것일까? 이는 사실 말장난에 불과하다. 컴퓨터에게 있어 배운다는 건 그저 또 다른 연산일 뿐이다. 예를 들어 컴퓨터가 사물 인식을 배우는 건 이런 식이다. 컴퓨터에게 강아지 사진을 보여주고 컴퓨터가 강아지라고 판단할 수 있도록 한다. 즉, 강아지 사진을 읽고 계산을 하면 사진 속 물체가 강아지라고 판단할 수 있도록 계산식을 수정하는 것이다. 적절한 모델을 만들고 컴퓨터가 잘 학습할 수 있게 여러 설정을 해주면 컴퓨터는 열심히 계산한다. 놀라운 건 이런 방식이 열심히 사진에서 특징을 찾고 무슨 사진인지 맞히려고 했던 기존 방식보다 더 빠르고 정확하다는 것이다.

딥러닝은 물체 인식을 넘어 글자 인식, 얼굴 인식, 음성 인식, 번역, 이미지 합성, 목소리 합성, 추천 알고리즘에 이르기까지 다양한 분야에서 가능성을 보여주고 있다. 의료도 예외가 아니다. 인공지능이 병도 진단할 수 있게 되었다. 물론 이전에도 가능하긴 했지만 기존 기술의 경우 속도 등의 문제가 있었는데 인공지능 덕분에 크게 개선된 것이다. 컴퓨터는 단지 계산을 한 것뿐이지만 세상을 변화시킬 정도로 놀라운 영향력을 발휘하고 있고, 우리는 이를 4차 산업혁명이라고 부른다.

자율주행을 한번 생각해보자. 자율주행이 가능하려면 사람의 도움 없이 도로가 어떤지, 주변에 어떤 사물이 있는지, 신호등에 어떤 색 불이 켜졌는지 인식해야 한다. 앞에 차가 없으면 달리고, 앞의 차가 멈추면 멈추고, 앞에 사람이 있으면 멈추고, 없으면 신호에 따라 차선에 맞춰서 잘 달려야 하기 때문이다. 무엇보다 주위 상황에 빠르게 대응하는 게 중요한데, 딥러닝을 통해 주위에 어떤 물체가 있는지 빠른 속도로 알 수 있게 되었다. 컴퓨터는 그저 빠르게 물체 인식을 한 것뿐이지만 그 영향으로 우리는 이제 운전대를 잡지 않아도 되니 혁신이라 부를 만하다.

그럼 도대체 딥러닝은 어떻게 하는 것일까? 이 역시 다른 걸 찾을 필요 없이 그냥 파이선으로 하면 된다. 물론 앞에서 예를 든 것처럼 한두 줄로 끝나진 않겠지만 기본 맥락은 역시 컴퓨터에게 어떻게 하겠다고 말해주는 것에 불과하다. 나는 이걸 넣을 거고 너는 이게 잘 나오도록 하면 돼. 몇 번 반복해서 학습하고 이 속도로 학습해. 물론 이게 가능한 건 이미 개발자들이 구체적인 부분을 다 구현해 놓았기 때문이긴 하다. 그래서 최신 기술임에도 누구나 쉽게 할 수 있게 되었다.

컴퓨터는 어떻게 우리가 하는 말을 알아들을까? 사실 프로그래 밍 언어도 컴퓨터가 바로 알아듣지는 못한다. 컴퓨터는 인스트럭 션(instruction)이라는 걸 수행하는데, 파이선과 같은 언어보다 하위 의 개념이고 CPU 같은 하드웨어마다 다른 모습이다. 계산기도 생 긴 게 다 다르지 않은가? 또한 공학용 계산기의 경우 더 많은 기능 을 제공하기도 한다. CPU도 마찬가지다. 그래서 프로그래밍 언어 로 똑같은 무언가를 쳐도 CPU를 고려해서 알맞게 번역하는 과정이 필요하다. 물론 이 역시도 누군가가 다 만들어놓았기 때문에 이 부 분까지 생각할 필요는 없다. 컴퓨터가 부팅될 때도 실은 여러 과정 이 필요하지만 우리는 버튼만 누르면 되는 것처럼 말이다.

이처럼 많은 부분이 이미 다 만들어져 있어 우리는 필요할 때 잘 쓰 기만 하면 된다. 그래서 코딩의 기초만 배워두면 이후로는 별로 어렵 지 않다. 그러니 시작하기도 전에 주눅 들 필요는 없다. 생각보다 재 밌는 게 많으니 한번 도전해보자. 컴퓨터가 소설을 쓰고 음악을 만들 게 할 수도 있다.

● 데이터가 재료가 될 때

우리는 SNS에 글이나 사진을 올리기도 하고 유튜브 같은 사이트에서 동영상을 찾아 보기도 한다. 그리고 우리가 한 모든 활동은 유용한 자료가 된다. 문자, 이미지, 동영상뿐 아니라 검색 그 자체로도 자료가 생성된다. 얼마나 많은 자료가 이미 쌓여 있고 또 얼마나 많은 자료가 지금 이 순간에도 새롭게 쌓이고 있을지 상상하기 어려울 정도다.

구글에서 사람들이 검색한 자료를 분석해본 결과, 국가 기관보다 더 빠르게 독감 발생 시기를 예측할 수 있었다고 한다. 넷플릭스 같은 기업에서는 이용자의 시청 기록을 분석해서 이용자와 비슷한 취향을 가진 사람들이 좋아하는 영화나 드라마를 추천해주기도 한다. 앞에서 예를 든 것처럼 치킨집의 매출 자료를 이용해 그래프를 그려 판매 추이를 분석할 수도 있고, 구내식당의 식단 자료를 수집해서 식단의 문제점을 찾아낼 수도 있다.

물론 식단 문제의 경우 해당 웹페이지에 들어가서 식단을 복사, 붙여넣기 해서 그래프를 잘 그리면 파악 가능하지만 수년에 걸친 데이터를 분석하는 건 쉬운 일이 아니다. 여기서 코딩의 힘이 발휘된다. 역시 라이브러리는 이미 준비되어 있다. 데이터가 많다고 길게 명령할 필요가 없다. 프로그래밍 언어로 간단하게 컴퓨터에게 시키면 쉽게 할 수 있다. 사이트에서 정보를 쓰기 쉽게 제공하지 않아도 자료를 가져올 수도 있다.

자료를 수집한 다음에는 목적에 맞게 잘 사용하면 된다. 그 과정에서 엑셀을 쓸 때처럼 라이브러리에서 제공하는 기능을 이용하여 자료를 정제한다. 치킨이 어떤 시간대에 가장 많이 팔렸는지를 보기 위해서 시간대별 총 주문 횟수를 구하고 시간대별 총매출액을 구할 수 있다. 품목별로 가격 대비 판매량을 알기 위해서 이를 가장 잘 나타내는 선을 그려볼 수도 있다. 그래프를 만들고 제목을 정한 다음 x축 값의 범위, y축 값의 범위도 정해줄 수 있다. 이렇듯 파이선이라는 도구로 자료 수집부터 처리, 시각화까지 많은 일을 할 수 있다.

서울대학교에서도 2020년 2학기에 '컴퓨팅 기초'라는 과목을 만들었다. 현직 교수까지 지원해서 화제가 되었던 데이터 사이언스 대학원도 같은 해에 생겼다. 컴퓨팅 기초 과목은 코딩 경험이 없는 학생이 코딩뿐만 아니라 데이터 분석까지 배울 수 있는 과목이다. 파이선의 기본 문법을 배운 뒤 앞에서 봤던 데이터 수집과 가공, 시각화가 가능한 라이브러리 사용법을 익힌 다음, 팀을 짜서 자유 주제로 데이터 분석 관련 프로젝트를 하며 마무리한다. 이 강좌에 튜터로 참여한 적이 있는데 인문대, 자연대, 음대, 미대 등 전공을 가리지 않고 다양한 전공을 가진 학생들이 강의를 수강했다. 이렇게 다양한 사람들이 컴퓨터를 자유롭게 활용하여 원하는 일을 하는 것이 굉장히 인상적이었다.

● 나도 개발자가 되어볼까?

개발자는 코딩을 하는 사람, 프로그래밍을 하는 사람이라고 보면 된다. 수많은 프로그래밍 언어를 이용해 단순한 계산기에 불과한 컴퓨터를 홈페이지나 인터넷뱅킹 시스템을 이용 가능한 기기 또는 스마트폰, 자율주행 자동차, 사물인터넷 기기로 만드는 사람이다.

이런 개발자들이 요새 인기다. IT 기업이 아닌 곳에서도 개발자를 뽑고 큰돈을 들여서라도 데려오려고 한다. 컴퓨터 분야의 일이라는 게 간단하지만은 않아서 어떤 서비스를 개발하기 위해서는 여러 측면에서의 작업이 필요하다. 예를 들어 어떤 사이트를 개발한다고 치면, 사이트의 얼굴이 되는 홈페이지를 꾸밀 사람이 필요하고 회원 가입 시 수집된 정보를 저장하고 관리할 사람도 필요하다. 그리고 인공지능 서비스를 제공하고자 한다면 이 일을 할 사람도 필요하다. 그래서인지 개발자 구인 열풍이 식지 않고 있다.

파이선에 관해서는 책도 많고 인터넷에 자료도 엄청 많다. 파이선을 설치하고 간단한 프로그램을 실행하는 데 1시간도 걸리지 않는다. 파이선은 깔끔해서 배우기도 쉽다. 언어를 익힌 다음에는 원하는 걸 하면 된다. 딥러닝을 하고 싶으면 관련 자료를 참고해서 훈련시켜 보고, 데이터 분석을 해보고 싶다면 자료를 이용해 시각화

해봐도 좋다. 이외에도 다양한 작업이 가능하니 한번 시도해보자. 혹시 모른다. 우리 '애기'가 주인님이 직접 말 걸어주기만을 기다리고 있을지도.

창업과 인턴 사이

컴퓨터공학부 18학번 이동현

이 글은 청년 창업을 열망하던 고등학생이 대학생이 되어 쓴 일종의 일기이다. 나의 이야기를 여러분과 공유하고자 한다.

● 난 해적왕이 되고 말 거야

중학교 3학년 겨울방학, 〈원피스〉라는 일본 애니메이션에 빠졌다. 〈짱구〉나 〈코난〉 등 TV에서 방영하는 애니메이션을 본 적은 있어도 직접 1화부터 찾아 작정하고 본 건 처음이었다. 〈원피스〉는 꽤 오랜 기간 방영된 애니메이션인데, 내가 태어나기도 전인 1999년부터 매주 한 편씩 방영되어 내가 중학교 3학년이었을 때는 700편 가까이 나와 있었다. 아침부터 밤까지 먹고 자는 시간을 빼고는 〈원피스〉만 봤다. 겨울방학을 온전히 바치고서도 700편을 다 못 봐서 영재 학교에 진학하고 나서도 보았다. 대학생이 된 지금은 매주 연재되는 회차를 실시간으로 챙겨 본다. 1000화를 보게 될 날이 머지않았다.

〈원피스〉는 소년 루피와 밀짚모자 해적단의 모험을 다룬 이야기다. 루피는 존재하는지도 모르는 보물 '원피스'를 손에 넣어 해적왕이 되기 위해 동료를 모아 바다를 탐험한다. 갖은 좌절을 겪으면서도 끈기와 의지를 잃지 않고 우정을 소중히 여기는 루피가 내겐 누구보다 인간적이고 강하게 느껴졌다. 루피의 모험담에 가슴이 두근거렸고 말과 행동 하나하나가 마음에 들었다. 루피의 모습을 보며 나도 저렇게 가슴 뛰는 일을 하며 멋있게 살고 싶다는 생각을 품게 되었다. 루피는 내게 동경의 대상이었다.

● 내 꿈은 창업

가슴이 뛰는 것, 멋있는 것을 향한 열망을 갖고 있던 영재 학교 시절에 내가 찾아낸 꿈은 바로 창업이었다. 마크 저커버그의 페이스북, 스티브 잡스의 애플 창업기는 내게 현실판 〈원피스〉처럼 느껴졌다. 온갖 역경을 딛고 영향력 있는 존재로 성장한 그들이 정말 대단해보였다. 그래서 창업을 소재로 한 〈소셜 네트워크〉나 〈파운더〉 같은 영화와 창업 관련 강연을 닥치는 대로 찾아 보며 꿈을 키웠다.

창업은 기반이 되는 아이템이나 아이디어가 있어야 하므로 매 순간의 발상을 메모하고 몇 번씩 곱씹어보곤 했다. 경험이 적고 지식이 부족했던 만큼 무모하거나 지금 보면 말도 안 되는 아이디어도 많이 떠올리고 진지하게 고민했다. 번개를 포획해 에너지를 생산한다든가, 물질마다 가지는 고유 진동 수의 차이와 공명을 이용해 핵 원료로 쓰이는 우라늄 농축 공정을 개선한다든가 하는 아이디어들이었다. 실현성 검증을 제대로 한 적은 없어 이것들이 얼마나 황당무계한지 자세히 설명할 수는 없지만, 적어도 대학생이 된 지금은 그런 아이디어를 생각하진 않을 것이다.

학교 친구들과 얘기하며 어떤 아이디어는 거르고 어떤 아이디어는 보완하며 계속 수정해나갔다. 홀로 전전긍긍하는 것보단 다수의 피드백을 들어 발전시키는 것이 동기 부여도 되고 효과적이었다. 전교생이 기숙사 생활을 했기에 일과 시간부터 자기 전 기숙사 방에서까지 토의를 이어나갔고, 새로이 드는 생각이 있으면 언제든 포문을 열 수 있었다.

● 창업 파트너 친구 A

어느 날 이런 식으로 아이디어를 적고 생각하는 게 나만이 아니라는 걸 알게 됐다. 당시 친해진 친구 A도 나와 같이 창업에 뜻이 있었고 끊임없이 아이디어를 구상 중이었다. 돌이켜보면 우리가 친해진 후에 창업 얘기를 했던 것인지, 창업 얘기가 서로 재밌고 잘 맞아 친해지게 된 것인지 선후 관계가 명확하지 않지만, 우리 사이엔 통하는 점이 참 많았다.

영재 학교 2학년 때였다. 자습 중 쉬는 시간에 A가 자신만만한 얼굴로 학습실의 내 자리로 와 싱글벙글했다. 딱 봐도 좋은 아이디어가 떠오른 것 같아서 물어봤더니 역시나였다. A와 나의 관계는 그간 액셀과 브레이크 같았다. A가 계속해서 아이디어를 내뱉으면 내가 현실성과 시장성을 따지며 제동을 거는 식이었다. A가 낸 아이디어에 처음부터 긍정적인 의견을 표출한 적은 한 번도 없었다.

그러나 그날은 달랐다. A가 대뜸 기사를 하나 보여줬는데, 기자 회견 때 찍은 독일 국방장관의 사진 속 손가락을 확대해 그의 지문을 재생했다는 내용이었다. 금융 거래나 휴대전화 잠금 등 일상 속에서 지문을 활용한 보안 장치가 널리 쓰이고 있는 현대 사회에서 사진 단 몇 장만으로 지문을 알아냈다니, 파급력이 상당히 클 것 같았다. 그 글을 서너 번 다시 읽고 나서 A를 쳐다봤다.

"무슨 생각 들어? 내가 이거 보고 무슨 생각을 했게?"

"거꾸로?"

"맞아. 정확해."

그의 말인즉슨, 기사 내용은 사진에서 지문을 해킹한 것인데 우리는 역으로 생각해 사진에서 지문을 자동으로 지워주는 보안 소프트웨어를 만들자는 것이었다. 더 나아가 향후 카메라 기술의 발전으로 사진 화질이 훨씬 좋아질 것을 고려해 지문뿐만 아니라 홍채나 맥박 등 기타 생체 정보의 보안도 모두 할 수 있으면 좋겠다 싶었다.

독립적인 소프트웨어로 제작해 개인 혹은 기업에 솔루션으로 제공하거나, 휴대전화 제작업체와 계약을 맺고 기본 카메라 기능에 내장함으로써 사진이나 영상 촬영 시 생체 정보를 지운 채 저장되도록 할 수 있을 것 같았다. 기기 한 대당 얼마씩 수수료를 받아 수익을 내면 꽤 좋은 수익 모델이 되리라는 생각이 들었다. 관련 이슈가 더 화제가 되어 법적으로 이미지 속의 생체 보안을 강제하게 된다면 보다 안정적인 운영이 가능할 터였다.

A가 찾은 기사는 그리 오래된 것이 아니었고 논문이나 특허, 인터넷을 뒤져도 아직 우리의 아이디어를 선점한 곳은 없었다. 다만 언제든 누구나 떠올릴 수 있을 만한 것이라는 데에는 둘 다 동의하였고, 그 때문에 서둘러 무언가를 해야 할 것만 같았다. 지금 뭔가를 해놓지 않으면 따라잡히는 건 한순간이었다.

● 특허 출원

시작은 특허였다. 당시 특허 교육을 받고 있었기 때문에 여기에 관심이 쏠려 있기도 했고 아이디어 선점의 우선 조건은 특허라는 생각도 들었다. 미성년자는 특허 출원에 금전적 부담이 덜하고 아이디어가 꽤 괜찮았기 때문에 관련 전문가들의 도움을 받을 수 있을 것 같았다.

출원 과정이 순탄치만은 않았지만 나름 잘 헤쳐나갔다. 참고할 만한 자료는 많았다. 모르는 부분은 각 분야 전문가에게 조언을 구하면 대부분 친절히 답해주었다. 시험 기간과 입시 준비 시기엔 일시 정지 했다가 다시 시작해야 했기에 속도가 빠르진 않았지만 나름의 노력을 기울였다. 그러나 진짜 문제는 그다지 절실하지 않은 스스로의 마음가짐이었다. 아이디어에 애정도 있고 이 아이디어로 잘되고 싶은 마음도 있었지만 그걸 내가 이루고 싶은 유일한 목표로 여기진 않은 것이다. 성공 가능성에 대한 의문이 온전히 해소되지 않은 것도 핑계로 작용했다. 이론적 토대를 준비하고 기술을 개발하고 특허 출원 이후의 계획을 세우며 스스로 턱없이 부족하다는 걸 실감했다. 확신 없이 달리고 싶지 않았다. 이렇게 많은 내적, 외적 갈등 속에 대입이 끝날 무렵 특허가 출원되었다.

● 더 비기닝

A와 나는 각각 건축학, 컴퓨터공학을 선택해 함께 서울대 공대에 진학했다. 입학 직후는 휴식기였다. A도 나도 개인적으로 좀 방황했었던 데다 대학이라는 낯선 환경에 적응하는 것만으로도 충분히

바빴다. 특허 등록까지는 적어도 2년은 걸릴 것으로 봤기 때문에 우리는 '일단 나중에 생각하자'라는 입장이었다.

창업에 대한 생각을 아예 접고 살았던 건 아니다. 각자 다른 곳에서 새로운 사람들과 새로운 형태로 창업 활동을 이어나갔고, 영재학교 때와 마찬가지로 서로 생각을 공유하고 자주 토의했다. 법인을 설립해보기도 했고, 미처 생각지 못했던 기업 윤리나 인적 관리에 대한 가치관도 생겼다. 창업 외적으로도 세부 전공을 탐색하고 흥미를 찾는, 짧지만 중요한 시간이었다.

우리의 창업 플랜에 다시 불을 지핀 건 A였다. 서울대에는 구성원의 창업을 지원하고 네트워킹을 주도하는 '서울대학교 창업지원단'이 있다. 대학교 첫 학기에 적응되어 갈 무렵, 창업지원단의 창업 동아리 지원 사업을 보고 A는 내게 신청을 제안했고, 난 큰 고민 없이 그러자고 했다. 고등학생 때에 비해 더 자신 있었다.

"까짓것, 해보지, 뭐."

우리는 'PlusIT'라는 이름의 단체로 신청했다. 창업 아이디어는 특허 출원을 했던 '촬영 영상 내의 생체 정보 보안 처리 방법 및 장치'였다. 부족한 점을 보완하고 실제 창업 플랜과 예산 계획서를 적어 신청한 결과 지원 대상으로 선정되었다. 사실 경쟁이 치열하지 않았기에 어렵지 않았다.

창업 지원 대상으로 일단 선정이 되고 지원을 받으니 진행에 가속이 붙었다. 곧바로 창업할 각오로 상세히 플랜을 세운 것이 한몫했다. 창업지원단에는 '더 비기닝(The Beginning)'과 '비 더 로켓(Be the Rocket)'이라는 두 가지 창업 경진 대회가 있는데, 우리는 여름에 진행되는 더 비기닝을 다음 목표로 삼았다. 더 비기닝은 단계별 심사를 거쳐 최종적으로 뽑힌 예비 창업 팀 혹은 기업에 리쿠르팅(인재 매칭)을 지원하고 기술 지주의 투자를 확약하는 경진 대회이다. 우리가 지원한 시즌에는 불가사리 추출 친환경 제설제로 현재 승승장구 중인 '스타스테크'와 같이 쟁쟁한 기업들도 지원하여 경쟁하였다.

창업 동아리 지원 사업을 준비한 것보다 배의 정성과 시간을 들여 경진 대회 준비를 했다. 경쟁 단계에서 심사위원들이 개선할 점에 대해 날카롭게 지적해준 내용을 바탕으로 최대한 발전시키고자 노력했지만 결과는 최종 단계 탈락이었다.

● 창업 말고 인턴

탈락의 고배를 마시고 얼마 지나지 않아 창업지원단에서 연락이 왔다. 지원단 사업에 선정됐던 팀들을 모아 네트워킹 행사를 기획했으니 참석하라는 것이었다. 행사 당일, 평소 연락을 주고받아 친분이 있던 지원단 직원 한 분이 더 비기닝 최종 우승팀 중에 우리 아이디어와 매우 유사한 아이디어를 가진 팀이 있으니 얘기해보라고 귀띔해주셨다. 이를 들은 A와 난 바로 그 팀 대표님을 찾아가 대화를 청했고, 어떤 기업인지, 아이디어와 수익 모델은 무엇인지, 앞으로의 계획은 뭔지 물었다.

아이디어가 정말 유사한 회사였는데, 사진이나 영상 속 개인 정보를 찾아 비식별화하는 솔루션을 가지고 있었다. 비식별화 대상이 생체 정보보다는 텍스트 정보 위주긴 했지만 맥락과 수익 모델은 크게 다르지 않았다. 기계의 시각, 즉 디지털 영상 처리를 통해 응용 연구를 하는 분야를 '컴퓨터 비전(computer vision)'이라고 한다. 우리가 만난 팀은 서울대학교 컴퓨터비전연구실에서 박사 과정을 밟은 세 분이 모여 창업한 팀이었다. 수년간 전문적으로 연구한 결과를 토대로 사업화 가능성을 믿고 창업을 결심했다고 했다.

그 팀과 우리 팀 사이엔 압도적 실력 차이가 있었다. 박사와 갓 입학한 새내기 사이에는 학문에 쏟은 절대적 시간 차이에서 비롯된, 결코 무시할 수 없는 격차가 있었다. 대화를 나누며 '어떡하지?' 란 생각이 머릿속에서 떠나질 않았다. 대표님이 우리 생각을 읽은 건지 생각지도 못한 제안을 하나 했다. A와 나 둘 다 대표님의 회사에서 인턴으로 일해보는 게 어떠냐는 거였다. 우리는 회사에서 일하며 기술과 경영을 배우고 방향성을 고민할 시간을 가지는 한편, 대표님은 회사를 공격적으로 키우기 위해 사업에 대해 충분히 이해하고 있는 인력이 필요했다. 윈윈할 수 있는 제안이었기에 얼마 뒤 두 번째 미팅에서 계약을 맺었다.

대학교 1학년에 맞이한 나의 첫 인턴 경험은 매일이 배움이었다. 사업의 극초창기부터 어떻게 성장해나가는지를 가장 가까이서 목격할 수 있었다. 투자를 받고, 수익을 올리고, 리쿠르팅을 해 창업 멤버와 인턴인 A와 나뿐이었던 사무실에 직원이 하나둘 늘고, 더 큰 사무실로 옮기는 과정을 모두 지켜볼 수 있었다. 대학원 연구실에서 연구하듯 팀원들의 지도 덕분에 학문적으로도 큰 성장을 이뤘다. 그리고 무엇보다 그간 갈피를 잡지 못했던 창업에 대한 생각을 정리할 수 있었다.

● 인턴을 하며 깨달은 것

창업은 실전이다. 창업 이전이 스스로 역량을 키우는 시간이라면, 창업 이후는 키워온 역량을 토대로 승부를 보는 시간이다. 일단 시작한 만큼 책임감을 갖고 '창업 초기는 가파른 성장 없이는 죽음'이라는 말마따나 앞만 보고 달려야 한다. 창업 전에는 여러 갈래의 가능성을 가진 사람이었다면 창업을 하고 나면 가능성에 제한이 생기고 역량 발전도 정지된다. 물론 창업 자체와 유관한 역량은 발전할 것이다. 그렇다면 공학도로서 학문적 발전은? 창업과 학문적 발전의 병행은 결코 만만치 않은 일이다. 적어도 내가 느낀 '청년 기술 창업'은 그러했다.

인턴을 끝내며 자아 성찰의 결과를 개괄적으로 적어봤다.

- 나는 늘 학문적 성장을 갈망했다.
- 나에겐 이른 영광보다 영광의 크기와 영속적 가치가 중요하다.
- 기술 창업을 할 거면 그에 걸맞은 최소한의 능력을 갖춘 후에 해도 괜찮다 (패기가 다가 아니다).
- 지금의 나는 한참 부족하고 학문에 몰두하는 절대적인 시간이 필요하다.

글로 적으며 정리해보니 그동안 너무 급하게 생각해왔음을 알 수 있었다. 패기 넘치는 창업자의 모습을 동경해 차안대로 좌우 시야를 가린 채 앞만 보고 달리는 경주마처럼 달리느라 정작 본질은 무엇인지, 내가 정말로 원하는 게 무엇인지를 외면하고 있었다. 내가 나를 객관화해보니 갈 길이 명확히 보였다.

A와 나의 처음 구상은 연쇄적으로 창업해 그 규모를 점진적으로 키우는 것이었다. 어떤 것이든 우선 창업을 한 후에 벌어들인 자본으로 두 번째 창업을 하고, 세 번째 창업을 하고, 이런 식의 계획을 세웠다. 그땐 그것이 유일한 방법인 줄 알았고 모든 사업가가 그렇게 하는 줄 알았다. 지금은 그게 단지 하나의 길에 불과하다는 걸 알게 됐다.

여전히 창업은 하고 싶다. 다만 목적이 창업인 삶은 내게 바람직하지 않다고 판단했다. 학문에 집중해 성장을 이룬 후 언젠가 창업의 기회나 아이디어가 찾아왔을 때 성숙한 자세로 임하고 싶었다. 한 분야에서 정상을 찍을 정도의 전문성을 갖춘 후에 창업에 뛰어들고 싶었다.

● 거인의 허리춤 혹은 발꿈치

A와 나는 언제까지나 한 팀일 줄 알았다. 명시적 약속은 없었지만 그래야만 할 것 같았다. 새내기를 벗어나 대학에서 두 번째 해를 맞이하면서 이제 각자의 길을 가기로 했다. PlusIT가 학창 시절의 추억과 경험이 될 거라고 말하는 게 왜 그렇게 비장했는지 모르겠다. A는 지금은 건축, IT, 예술 쪽으로 다양하게 관심사를 넓히며 융합을 꾀하고 있다. 얼마 전에는 AI와 예술을 결합한 전시회를 열기도 했고, 새로운 아이템으로 창업에도 계속 도전하고 있다. 나는 교수를 목표로 삼았다. 현재는 전공인 컴퓨터공학을 파고들며 대학원 진학 및 유학을 바라보고 필요한 역량을 키우는 중이다.

"거인의 어깨에 올라서서 더 넓은 세상을 바라보라"라는 문장을 좋아한다. 선대가 쌓은 지식을 딛고 서 있는 현시대 지식인들에 대한 말이다. 지난 시간 동안 나는 나보다 높은 곳에서 거인의 어깨에 가까이 오르는 이들을 보았다. 내가 지금 어디쯤에 있는지는 알 수 없다. 거인의 허리춤일까, 발꿈치일까. 아직은 성에 차지 않기에 좀 더 올라보려 한다. 유학을 꿈꾸는 것도, 교수를 목표로 삼은 것도 이런 내 욕심의 투영이다. 그간 느낀 나의 부족함을 채우고 넓은 시야를 가지기 위해, 지식의 소비자뿐만 아니라 적극적인 생산자의 능력까지 갖추기 위해.

대학생인 내가 교수를 동경하는 건 고등학생 때의 내가 창업을 동경했던 것과 같을지도 모른다. 그래도 뭐 어떤가. 매 순간 최선을 선택하기 위해 노력할 것이고, 그것이 설령 일전의 선택을 번복하는 것일지라도 현재의 나를 믿는다. 또 무얼 만나 어떠한 새로운 선택을 하게 될지가 기대될 따름이다. 그 과정에서 얼마나 성장할지는 나의 몫이다.

● 샤본디 제도에서

〈원피스〉에서 밀짚모자 해적단은 '정상 전쟁'이라는 대규모 전쟁을 치른다. 이 전쟁에서 해적단은 큰 피해를 입고, 루피는 포로로 잡힌 형의 죽음을 목격한다. 패인은 루피와 해적단의 능력 부족이었다. 원하는 바를 얻지 못하고 소중한 사람도 지키지 못한 것이 본인들의 능력 부족 때문이라는 것을 직시하게 된 루피는 큰 결단을 내리는데, 해적단을 해체하고 뿔뿔이 흩어져 각자 심신을 수련해 2년 뒤 샤본디 제도에서 만나자는 것이다.

우리에게 샤본디 제도는 어느 지점이 될까. 창업 팀을 해체하고 각자의 길을 걷다가 언제쯤 다시 마주치게 될지. 그땐 꼭 함께가 아니어도 좋다. 다만 언젠가 샤본디 제도에서 성장한 모습으로 마주하자, A야.

서울공대생들은 어떤 꿈을 갖고 공부하는지 궁금합니다

먼저 '공부하는 이유'의 측면에서 말하면, 저는 나중에도 공부하기 위해 공부합니다. 저에게도 공부는 어렵고 힘든 일이고, 포기하고 싶은 순간도 많습니다. 그러나 노력을 통해 한 발짝 나아가는 성취감과 앎의 기쁨은 분명히 존재한다고 봅니다. 그래서 저는 공부하지 않는 삶보다 공부하는 삶이 더 행복할 것이라고 생각합니다. 만약 제가 지금 공부하지 않으면, 시간이 흐른 후에 다시 공부할 용기를 내기 어려울 것 같습니다. 시간이 지날수록 알아야 할 지식의 양은 빠르게 늘어갈 테고, 천천히 공부할 수 있는 여유가 없다고 느낄 수도 있을 것입니다. 저는 미래의 제가 이러한 무기력감을 느끼기 전에, 공부를 하기 위해서는 큰 용기를 내야 하는 상황이 오기 전에, 미래의 저에게 공부할 수 있는 토대를 만들어주고 싶습니다.

'꿈'의 측면에서, 저는 '공학을 알고 공학에 대해 이야기하는 공학자'가 되고 싶습니다. 공학을 좋아하는 마음을 혼자 품고 있기보다는 공유하고 소통할 때 더 가치 있다고 생각합니다. 그리고 공학에 대해 이야기하기 위해서는 우선 공학이 어떤 존재인지에 대한 제 의견이 있어야 한다고 생각합니다. 공학에 대해 더 깊이 생각하고 싶기 때문에 다른 사람의 의견과 지금까지 논의된 것들이 궁금하고 알고 싶다는 마음으로 관심을 가지고 공부하고 있습니다.

>> **조선해양공학과 17학번 김예린**

공대에 가고 싶어졌습니다

작년의 저와 올해의 저는 다른 꿈을 가지고 공부하고 있습니다. 꿈이라는 것은 내가 처해 있는 상황에 따라 매 순간 달라지는 거 같아요.

지금 제가 꾸고 있는 꿈은, 동료 공학도들과 함께 세상을 바꾸는 것입니다. 공학에 열정이 있는 사람들이 모였을 때 만들어낼 수 있는 시너지는 매우 크다고 생각합니다. 세상을 이해하는 눈에 공학을 이해하는 눈을 겹쳐 봄으로써 만들어내는 서비스와 기술은 막대한 부가가치를 낼 수 있다고 확신합니다. 저는 이러한 일을 하는 게 자랑스럽고, 또 주변 사람들과 세상의 편익 증진에 조금이라도 기여하기 위해 토론하는 매 순간이 즐겁습니다. 더 다양한 시야를 가진 사람들과 이 일을 하고 싶어서 저는 계속 공부하는 거 같습니다. 제가 더 공부할수록 그러한 기회가 많아지고, 또 주변에 저와 비슷한 사람이 모일 거라 생각하기 때문입니다.

하지만 이러한 꿈도 어느 순간 또 방향이 바뀔지 모르겠습니다. 꿈이라는 게 반드시 견고하게 고정되어 있을 필요는 없으니까요.

>>기계공학부 16학번 정원석

내 자식들이여, 세상을 움직여라

기계공학부 16학번 정원석

대학교 4학년인 나에게는 한 명의 자식이 있다. 이 글은 작년 여름에 입양한 딸 '율이'와의 첫 만남부터 '율이'를 키우는 과정을 담은 이야기이다.

● 나는 공대생인 게 자랑스럽나?

"나는 내가 공대생인 게 자랑스럽다."

"나는 내가 엔지니어인 게 자랑스럽다."

대학교 2학년 때까지 전혀 와닿지 않던 말들이다. 로봇을 만들고 싶어서 온 기계과에는 4대 역학(동역학, 유체역학, 고체역학, 열역학. 기계과라면 반드시 수강해야 하는 과목)이라는 무시무시한 과목들만이 기다리고 있었고, 학기란 그저 시험과 과제의 반복에 불과하다고 느껴졌다. 잔인하게도, 서울대학교는 1학년 때 잠깐 맛보게 해준 달콤함으로 학생들을 유인하여 잡아먹는 거대한 파리지옥 같았다. 나 또한 그 파리지옥에 잡아먹혀 군대로 도망간 한 마리의 파리에 불과하였다. 그렇게 도망쳐 온 군대에서 지겹도록 들은 질문이 있다.

"야! 너 서울대 다닌다며? 무슨 과냐?"

"이병 정원석! 기계과입니다!"

"그래, 기계과 원석이. 거기서 뭐 하는데? 아이언맨 만드냐?"

어처구니없는 질문이지만, 기계과가 무엇을 하는 과냐고 묻는 선임의 질문에 나 역시 명확한 대답을 하지 못했다. 내가 2년 동안 배운 것이라곤 4대 역학, 그리고 내가 파리에 불과하다는 사실뿐이었기 때문이다. 그날 밤, 여느 날처럼 10시에 소등하고 누운 자리에서 나는 머릿속이 복잡해져서 강제 불침번을 서고 말았다. 과연 나는 무엇 때문에 공대에 진학하였으며, 무엇 때문에 시험과 과제에 치여 치열하게 살았던 것일까? 내가 가는 이 길이 옳은 길인가? 사회에 나가서도 여전히 공학도의 길을 걸으며 행복해할까?

아마 모든 공대생이 한 번쯤은 이런 질문들을 머리에 떠올려봤을 것이다. 이 글을 쓰고 있는 지금, 나는 자신 있게 위의 고민에 해답을 찾았다고 이야기할 수 있다. 내가 이 고민에 대한 해답을 어떻게 찾았는지, 그 답은 무엇인지 여러분과 공유하고자 한다.

● C-Lab의 인턴들

정답이 존재하지 않는 고민에 허덕이고 있던 나를 감지했는지, 학생행정실에서 고맙게도 내게 'C-Lab 인턴 채용 공고' 문자를 보내왔다(C-Lab이란 삼성 내 스핀오프(회사 내 창업)를 준비하는 부서로, 서울대에서는 C-Lab의 인턴으로 3개월 동안 근무하면 학점을 인정해주는 프로그램을 제공하고 있다). 공교롭게도 예정된 첫 출근일이 내 전역일과 일치하였다. 우습게 들리겠지만, 마치 나를 위해 준비된 프로그램 같았다. 망설일 필요 없이 바로 인턴을 준비하였다. 가슴 뛸 일 없던 군대에서 마침내 가슴 뛸 만한 일이 생겼다. 무슨 고민이 더 필요한가? 일주일 동안 연등 시간을 활용해 보잘 것 없는 나를 포장하는 서류를 준비하였고, 결과는 합격이었다. 문제는 대면 면접이었는데 혹시나 하는 마음에 채용 담당자에게 연락하여 사정을 이야기하였고, 너무 감사하게도 전화 면접이라는 특수한 기회를 허락해주었다. 15분 동안 면접관은 나에게 과거에 진행했던 프로젝트에 관해 자세하게 물어보았고 몸 조심히 전역하라는 말과 함께 전화 면접을 마쳤다. 최종 결과는 합격이었다. 최근에 육군 탄약 관리병에 합격한 후로 다시 맛본 합격의 맛. 말할 것도 없이 두 합격의 맛은 너무 달랐다.

2020년 1월 2일, 끝날 거 같지 않던 1년 9개월의 군 생활을 마치고 전역하는 날 나는 어머니에게 큰절을 올리기도 전에 삼성의 C-Lab으로 출근을 했다. 출근 첫날 인턴들은 자기소개를 하는 시간을 가졌는데 C-Lab의 자기소개 방식은 조금 특별했다. '나'를 주제로 PPT를 준비하여 5분 정도 자신을 마케팅하는 것이었다. 평소 발표라면 자신 있었지만, 막상 오로지 '나'에 대해서 발표하려 하니 5분이라는 시간은 결코 짧지 않았다. 전역한 지 반나절도 되지 않아서 '사회인'들 앞에 서서 발표하려니 민망하기도 하였다. 심지어 군에서는 파워포인트 라이선스를 제공하지 않기 때문에 나는 '한쇼'로 발표를 한 유일한 인턴이었다.

여러모로 쉽지 않은 시간이었지만 그날 다른 인턴들의 발표를 들으며 오랜만에 '살아 있음'을 느꼈다. 각자 자신이 경험한 것부터 수치스러웠던 이야기까지 너무나도 자신 있게 이야기하는 것을 보고 자신이 선택한 길에 대한 강한 확신이 생생하게 전해졌다. 그 이후로도 나는 살아 있음을 느끼고 싶을 때면 훌륭한 사람들을 만나고자 노력한다. 세계적인 학자든, 학교 동기든, 자신이 걷는 길에 확신을 가진 사람과의 만남은 항상 나에게 새로운 자극을 주고 그 자극은 나를 움직이는 원동력이 되기 때문이다. 괜히 워런 버핏과의 점심 식사가 54억 원에 낙찰된 것이 아니다. 내가 워런 버핏이 될 수 없음을 알면서도 그 가격을 주고 식사 자리를 사는 것은 그만한 이유가 있다는 것을 깨달았다. 자신의 길에 확신을 가진 사람들은 일하는 게 너무나도 행복해 보였다. 3개월이라는 짧은 기간 내내 야근을 자처하였고, 잠시 머물다 떠날 인턴 신분이지만 어떻게든 기업에 기여하고 싶어했다. 그러한 모습들을 보면서 나도 하루빨리 '이 길이 내가 가는 길'이라고 자신 있고 행복하게 이야기하고 싶어졌다.

● 자율주행 자동차 동아리에 들어가다

"우리의 여름은 뜨거웠다."

청춘 만화나 영화의 단골 문구이다. 2020년, 나의 3학년 여름도 정말 뜨거웠다. 그때 내 앞에 신이 나타나 너의 소원은 무엇이냐고 묻는다면 주저 없이 나는 첫째는 에어컨이요, 둘째는 선풍기요, 셋째는 아이스크림이라고 이야기했을 것이다. 여름 내내 자율주행 자동차와 함께 쨍쨍 내리쬐는 햇볕 아래에 있었기 때문이다. 서울대학교 자율주행 자동차 제작 동아리인 'ZERO'의 동아리원 열네 명과 함께한 여름은 정말 뜨거웠다. 이 동아리는 국제 대학생 창작 자동차 경진 대회를 준비하는 모임으로, 자율주행 자동차를 사랑하는 열네 명의 대학생이 모여 만든 팀이었다. 철학과, 기계과, 컴퓨터공학과, 국어교육과 등 정말 다양한 과의 사람들이 모였지만, 자율주행 자동차에 대한 열정이라는 교집합이 있었다. 대학교의 가장 큰 장점은 이런 것이 아닐까 싶다. 서로 다른 분야에서 공부하고 있고 향후 다른 분야로 진출할 거지만 같은 관심거리를 갖고 있으면 언제든지 소통하고 함께할 수 있다는 것.

우리 기수가 처음으로 모인 것은 학기 중이었다. 우리 동아리는 자율주행 자동차 경진 대회에 벌써 네 번째 출전하는 것이었는데, 그전까지는 이렇다 할 성적을 거두지 못했을 뿐 아니라 완주조차 하지 못하였다. 한번은 전년도의 패인을 분석하고자 동아리방에 다 같이 모여 전년도 주행 영상을 본 적이 있다. 자동차가 몸을 가누지 못하고 도로를 벗어나 잔디밭을 향해 돌진하는 프레임부터는 차마 끝까지 보지 못하고 동영상을 껐다. 대회의 특성상 해가 지나도 대회 측에서 요구하는 미션이나 주행 코스가 크게 바뀌지 않기에 전년도에 우수한 성적을 거둔 팀이 다음 해에도 좋은 성적을 거둘 확률이 높은 편이다. 전년 대회에서 선배들이 짰던 코드를 대대로 물려받기 때문이다. 바꾸어 말하면 전년도에 아쉬운 성적을 거둔 팀과 우수한 성적을 거둔 팀은 같은 출발선에서 시작할 수 없다는 얘기다. 하지만 'Rags to Rich(인생 역전)' 스토리의 애호가인 우리는 머릿속에서 같은 결심을 했다.

"올해는 무조건 1등 한다."

그렇게 우리의 여름방학이 시작되었다.

ZERO는 서울대학교 이경수 교수님의 연구실 산하에 있는 동아리다. 학생들의 연구에 관심이 많은 교수님 덕에 연구실로부터 지원을 받을 수 있었고 FMTC(서울대학교 미래모빌리티기술센터)에 있는 자율주행 시험장도 이용할 수 있었다. 자율주행 자동차가 전속력으로 8분 정도를 달려야 코스를 완주할 수 있을 만큼 넓은 시험장이었다. 처음 마주한 시험장의 모습은 마치 초짜 화가 앞에 주어진 커다란 흰 도화지 같았다. 어디서부터 채워나가야 할지 막막하지만, 마지막 붓질을 끝내고 자리에서 일어나는 그 순간은 분명 뿌듯하리라는 확신이 있었다. 화가와 우리가 다른 점이 있다면, 화가는 바로 붓질을 시작하면 되지만 우리는 붓 잡는 법을 알기까지 2주가 걸렸다는 것이다. 매일같이 동아리원들과 시험장이 있는 시흥에 모여 코드 짜는 법부터 배웠다. 회상해보면 세 달 동안의 프로젝트 동안 가장 정적이었고 한편으로는 좌절감을 느낀 기간이었다. 무작정 덤볐지만 내 실력으로는 자동차를 단 1mm도 움직일 수 없으리라는 사실을 자각했기 때문이다. 모든 일은 기초를 단단히 다지는 것이 가장 중요하고 잔뜩 웅크려야지 그만큼 도약할 수 있다는 건 잘 알고 있지만, 알고 있다고 해서 그 순간이 힘겹지 않은 건 아니다.

집에서 시흥까지 가는 데는 2시간 30분이 걸렸다. 아침 6시에 일어나서 붐비는 지하철 속 인파를 뚫고, 배차 간격이 30분인 3500번 버스를 타고 시흥에서 하차한 후, 20분을 더 걸어야 시험장에 도착할 수 있었다. 도착해서 해가 저물 때까지 C++ 언어 문법을 열심히 공부하다 다시 20분을 걸어 배차 간격이 30분인 버스를 탄 다음 지하철 막차를 타고 집에 도착하면 녹초가 되어 있었다. 마치 세상에서 가장 먼 유치원을 다니는 기분이었다. 그래도 유급하지 않으려면 어쩌겠는가. 열심히 배우는 수밖에. 나중에는 시간이 아까워 지하철과 버스에서도 노트북을 켜고 코딩 공부를 하였다. 들어는 보았는가, 2호선 코딩남. 그게 바로 나다.

사람은 동기 부여가 없으면 지치기 마련이다. 무엇을 위해 이러고 있는지 회의감이 들고 지칠 때 동아리원들이 자율주행 자동차를 운행하는 것을 보면 다시 힘을 낼 수 있었다. 저 혼자 알아서 달리는 자동차라니 얼마나 멋진가! 그런데 그 자동차를 달리게 만든 사람이, 내 앞에 펼쳐지는 멋진 결과물의 아버지가 나라고 상상해 보면 감격스럽지 않을 수 없다. 그런 상상에 빠질 때면 내가 무엇을 위해 달리는지 어렴풋이 보이는 것 같았다. 평소에도 나는 공부를 시작할 때마다 이것을 배우면 어떤 일을 해낼 수 있는지 탐색하는 데 많은 시간을 쏟고는 한다. 그러면 그 학문을 배워야 하는 이유가 생기고, 그 이유는 내가 지칠 때 뒤에서 등을 밀어주기 때문이다. 그래서 달리는 자율주행 자동차를 보는 것은 지쳐 있는 나에게 원동력이 되었으며, 다시 키보드를 두드리도록 만들었다. 그리고 마침내 끝나지 않을 것 같던 달리기도 끝이 났다.

● 자식이 생겼어요

나에게도 드디어 첫 현장 임무가 주어졌다. 자율주행 자동차는 탑재된 센서를 기반으로 주변의 모든 환경을 인식해야 한다. 사람의 눈 역할을 하는 카메라와 주변 물체의 정보를 포인트 클라우드 (point cloud) 형태로 받을 수 있는 라이다(LiDAR)가 대표적인 예이다. 포인트 클라우드란 3차원 공간에서의 물체들을 점으로 표현하는 데이터 형식이다. 내게 주어진 임무는 주변 물체를 인식해서 이를 2차원 지도상에 표시하는 것이었다. 자율주행 자동차는 달리는 동시에 주변 환경을 인식하여 이를 기반으로 지도를 만들어나간다. 그리고 그 지도 위에서 자신이 현재 어디 있는지를 파악하고, 목표 지점까지 가기 위한 경로를 계획하여 운행해나간다. 운전자가 운전할 때 내리는 의사 결정 과정을 자동차에 탑재된 소프트웨어가 그대로 모방하는 셈이다. 운전 중 갑자기 사람이 나타나면 바로 브레이크를 밟을 수 있도록, 그리고 주변의 달리는 차를 피해서 운전할 수 있도록 주변 물체의 정보를 주는 것이 나의 역할이었다.

매일같이 시흥에 모여서 개발을 진행한 지 한 달쯤 지났을까. 시간은 야속하게도 훌쩍 지나가버렸지만 우리 자동차는 여전히 갓 태어난 아기 사슴처럼 비틀거렸다. 대회가 한 달 정도 남은 시점이었는데 우리가 계획했던 타임라인에는 한참이나 뒤처져 있었다. 뭔가 전환점이 필요하다는 의견에 동아리원 모두가 동의했고 결국 합숙을 결정하였다. 모두 다 같이 한마음으로 자율주행에 완전히 집중하기 위해서는 합숙만 한 것이 없다는 생각에 내린 결정이다. 또 자율주행 자동차를 하나의 인격체로 대하기로 했다. 우리가 개발해야 할 '것'이 아니라 길러야 할 '자식'으로 대하면 자동차도 움직일 거라는 비과학적인 믿음이 우리 사이에 생겨났다. 그만큼 우리는 간절했다. 이름은 '자율주행 자동차'에서 따와, 요즘 트렌드에 맞게 외자로 '자 율'이라고 지었다. 그렇게 스물네 살의 나이에 내겐 '율이'라는 자식이 생겼다.

합숙을 시작하고 나서는 식사를 할 때나 잠을 잘 때나 시간과 장소를 가리지 않고 율이를 어떻게 올바른 아이로 키울까에 대한 생각으로 가득했다. 매일 저녁 다섯 평 남짓한 방 안에 열네 명이 옹기종기 모여 앉아 당일의 진행 사항에 대해 보고하고 개선 사항에 대해 2시간 정도 논의하였다. 이러한 우리의 노력에 율이가 감동하였는지 마음을 열기 시작했다. 여느 때와 다름없이 코드를 짜고 있을 때 바깥에서 흥분한 동아리원들의 목소리와 함성이 들려왔다. 한시라도 빨리 기쁜 소식을 전하려는 듯이 동아리 막내가 달려오면서 외쳤다.

"형, 누나들 빨리 나와봐! 율이가…."

드디어 율이가 걸음마를 내디딘 것이다. 시흥 캠퍼스의 주행장을 혼자 달리는 율이의 모습을 본 나는 미소를 숨길 수가 없었다. 아직은 많이 부족했지만 차선을 따라 달리는 단계까지는 성공한 것이다. 아직 나의 장애물 인식 코드는 반영되지 않았는데, 달리는 율이의 모습을 본 동아리원들의 눈에는 생기가 돌기 시작하였다.

시작이 반이라는 말이 있듯이, 특히 자율주행 자동차 개발의 경우 주행을 할 수 있다는 것은 이제 디버깅(프로그램이 오작동되는 현상을 찾아내기 위한 테스트 과정)이 가능하다는 말이기 때문에 아주 큰 난관을 넘은 것이었다.

일반적으로 프로그래밍 과정은 코드(code)를 짜고 이를 실행(run)하는 과정으로 나뉜다. 자율주행 자동차를 디버깅하는 과정도 크게 다르지 않다. 다만 한 가지 다른 점은 코드를 짜고 직접 달려야(run) 한다는 것이었다. 만에 하나라도 자동차를 움직이는 코드에 오류가 있어 펜스에 충돌하거나 웅덩이에 빠지게 되면 자동차에 큰 무리가 오기 때문에 항상 사정거리 안에서 사람이 급제동 버튼을 누를 준비를 하고 있어야 하기 때문이다. 저속 주행을 할 때는 괜찮지만 4m/s, 5m/s의 고속 주행을 할 때는 전속력으로 달려야 했다. 율이의 뒤를 졸졸 쫓아가는 우리의 모습을 누군가가 봤다면 우스꽝스럽기 짝이 없었을 테지만, 그때의 우리는 그저 율이가 달린다는 사실만으로도 기뻤다. 비 오는 날에는 율이 위에 천막을 씌우고 달렸고, 율이의 뒷바퀴가 고장 나서 주행이 불가능할 때는 뒤에서 손으로 밀면서 주행했다. 한여름에 매일같이 밖에 나가 주행을 하다 보니 얼굴은 점점 새까매졌다. 대회가 마무리되어 갈 즈음에는 옷에 가려진 부분을 제외한 모든 피부가 새까맣게 타서 옷을 벗어도 옷을 입고 있는 듯한 착각에 빠지기도 했다. 하지만 그런 건 아무래도 좋았다. 율이가 잘 달리기만 한다면 말이다.

● 내 자식들이여, 세상을 움직여라

나에게는 율이에게, 그리고 공학에 완전히 빠지게 된 결정적인 계기가 있었다. 주변의 장애물을 인식하여 지도로 만드는 임무를 맡았던 나는, 낮에는 율이와 함께 달리고 저녁에 숙소에 도착해서는 장애물 인식 코드를 짰다. 율이가 점점 발전할수록 그 위에 내 코드를 올리기 위해서 더욱 열심히 했다. 그리고 마침내 코드가 완성되었고 '정적 장애물 회피 주행'과 '동적 장애물 인식 주행' 시범 주행을 하는 결전의 날이 다가왔다. 기존에 수집한 데이터로 가상 환경에서 실험을 진행했을 때에는 이상 없이 돌아가는 것을 확인했지만, 실전에서는 언제 어떤 문제가 터질지 모르기 때문에 긴장의 끈을 놓을 수 없었다. 정적 장애물 실험은 간단하게 러버콘 여러 개를 깔아놓고 이를 회피하는 주행이다. 일정한 간격으로 배치된 러버콘 사이를 S자로 통과하는 주행이라고 생각하면 된다. 결과는 실패였다. 율이는 모든 러버콘을 즈려밟고 나아갔으며 심지어 어떤 러버콘은 율이 밑에 깔린 채로 끌려가기까지 했다. 이후에도 디버깅과 주행 실험을 반복하였지만 항상 새로운 곳에서 문제가 발생했다.

프로그램을 개발하다 보면 "아, 이제 됐다" 하는 확신이 강하게 드는 순간이 있다. 내게는 그날이 그런 날이었다. 실험에서 나온 모든 실패를 기반으로 디버깅을 끝마치고 자리에서 일어나는데 문득 이제 될 것 같다는 확신이 들었다. 다시 러버콘을 깔아놓고 율이로 하여금 그 러버콘을 피해 가게 지시하였다. 율이는 서커스단의 곡예사처럼 러버콘을 완벽하게 피해 갔다. 온몸에 전율이 느껴졌다. 러버콘 하나를 피해 갈 때마다 내 목소리는 한 옥타브씩 높아졌으며, 마지막 러버콘을 성공적으로 피했을 때에는 돌고래를 방불케 하는 고음을 냈다. 내 코드가 율이를 움직인 것이다. 어쩌면 모든 공학자는 이 순간을 위해서 밤을 새우며 공부하고 연구하는지도 모르겠다. 우리가 바라던 이상적인 결과를 눈앞에서 목격하였을 때의 성취감과 뿌듯함은 이루 말할 수 없을 정도이다.

그때 나는 내가 군대에서 내내 고민하던 것에 대한 해답을 찾을 수 있었다.

그렇다. 나는 공학자인 것이 자랑스럽다.

나의 고민의 흔적, 시간을 고스란히 기술이라는 매개체를 통해 세상에 증명하는 것이 공학자의 일이고 그것이 내가 평생 동안 할 수 있는 일이라면 나는 후회 없이 이 길을 계속 갈 것이다. 나의 고민의 흔적인 코드 한 줄, 아이디어 하나 모두 내 자식과도 같다. 내 자식들이 결국 자동차를 움직였다. 시흥의 시범 운행장에서 작은 자동차를 움직인 것에 불과했지만 언젠가 내 자식들이 세상을 움직이게 하고 싶었다. 그 성취감은 지금의 성취감에 비할 바 없이 크리라고 확신한다.

그날 이후로 프로그램 개발이 이전과는 사뭇 다른 느낌으로 다가왔다. 내 코드가 자동차를 움직이는 걸 목격한 후로 더욱 자극을 받았던 것 같다. 2020년 9월, 자율주행 자동차 대회 본선이 막을 올렸다. 대회는 세계 최고 수준의 국내 자율주행 자동차 실험 도시라고 불리는 화성의 '케이시티(k-city)'에서 진행되었으며, 전국의 대학생들이 그들의 자식과 함께 등장하여 약 1년 동안 쏟은 노력의 결과를 보여주었다. 코로나19 때문에 율이의 주행을 직접 보지는 못했지만, 다행히 대회는 유튜브를 통해 실시간으로 송출되었다. 나는 동아리방에서 동아리원들의 손을 붙잡고 떨리는 마음으로 화면 너머 율이의 주행을 봤다. 열심히 대회를 준비한 자식의 올림픽 경기를 보는 부모의 마음이 이럴까?

율이는 시작 신호와 함께 힘차게 출발하였다. 하지만 얼마 가지 않아 동아리방은 정적으로 가득 찼다. 대회 전날 마지막 리허설 주행에서 완벽하게 해냈던 주차 미션에 실패한 것이다. 이후 정적 장애물 회피 미션, 동적 장애물 미션에도 연달아 실패하면서 우리는 계속 고개를 숙이고 있을 수밖에 없었다. 달리다가 넘어진 자식을 보는 것처럼 가슴이 아팠고 한편으로는 이해가 되지 않았다. 나중에 현장에 있었던 친구들의 이야기를 들어보니 시험 주행에서 율이가 장애물에 충돌했으며, 그 때문에 라이다 연결에 이상이 생겼다고 한다. 한쪽 눈을 다친 셈이니 제대로 달릴 수가 없었던 것이다. 그래도 율이는 꿋꿋히 달려서 동아리 역대 최초로 완주에 성공하였다. 율이의 주행이 끝난 후 우리는 망연자실함과 아쉬움을 애써 감추고 서로를 격려해주며 동아리방을 나섰다.

쏟은 노력과 시간을 완벽하게 보상받지는 못했지만 그와 무관하게 우리는 분명히 한 단계 더 성장했다. 특히 나는 우승보다 더 값진 '비전'을 얻었다. 지금의 나는 당당하게 "내가 엔지니어인 것이 자랑스럽다"고 말할 수 있다. 무엇보다 꼭 이루고 싶은 목표가 생겼다. 그보다 더 값진 게 어디 있겠는가? 이 글을 쓰고 있는 지금 나에게는 율이 외에도 여러 명의 자식이 더 생겼다. 그리고 내 자식이 세상을 조금이라도 움직일 수 있을 때까지 계속 자식을 만들 생각이다.

내가 가고 있는 길이 무조건 옳다고 말하고 싶은 것은 아니다. 다만 살면서 사소한 경험이나 주변 사람과의 만남에서 '살아 있음'을 느끼는 찰나가 있다면 주저하지 말고 그곳으로 걸어가 보라고 말해주고 싶다. 그 매개체가 글이든, 기술이든, 그림이든 일단 걸어가 보자. 그 끝에 세상을 움직일 수 있는 자식이 기다리고 있을지는 그 길을 걸어가 봐야만 알 수 있다.

나를 쏟아부은 경험의 선순환

전기·정보공학부 17학번 황민영

● 메카넘 휠에 꽂히다

무언가에 꽂혀본 적 있는가?

떡볶이가 너무 맛있어서 3일 연속으로 먹는 것, 좋아하는 연예인이 나오는 영화나 드라마를 챙겨 보는 것, 어떤 가수에 꽂혀서 그가수의 노래로 플레이리스트를 꽉 채우는 것. 어떠한 분야에서든 몰입은 가능하다. 이런 다양한 몰입에는 한 가지 공통점이 있는데 바로 자발적으로 하는 행위라는 점이다. 우리는 스스로 만족할 때까지 그 몰입과 관련된 경험을 반복하고, 능동적으로 발전시킨다.

2019년 봄, 친구 따라 우연히 신청했던 한 수업은 내가 '바퀴'에 몰입하는 계기가 되었다. 바퀴라는 단어를 들었을 때 가장 먼저 떠오르는 모양은 어떤 것인가? 기원전 3500년경의 메소포타미아 유적에서 발견된 전차용 나무 바퀴부터 자동차 타이어, 의자나 캐리어 아래에 달린 바퀴 등 그 종류는 무궁무진하다. 내가 꽂힌 바퀴는 '메카넘 휠(mecanum wheel)'로, 조금 생소한 모양과 기능을 가진 바퀴다. 메카넘 휠에 대한 작은 몰입을 시작으로 나의 대학 3학년 생활이 어떻게 바뀌었는지를 소개해보려 한다. 직접 실물을 보여줄 수 없어 아쉽지만 여러분이 충분히 상상할 수 있도록 묘사할 테니 잘 따라와 주기를 바란다.

먼저 다음과 같은 상황을 상상해보자. 도로변이나 지상 주차장에서 자동차 평행 주차를 하는 모습을 머릿속으로 그려보자. 유튜브에 '평행 주차'라고 검색해보면 '평행 주차 꿀팁', '평행 주차 공식'과 같은 연관 검색어들이 나온다. 운전자들이 평행 주차 때문에 난감해하는 경우가 종종 있는데, 운전을 해봤다면 당연히 알 것이다. 직접 해보지 않았더라도 가족이나 지인의 차에 탔을 때 핸들을 이

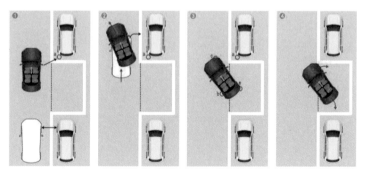

평행 주차 하는 방법 예시

리저리 꺾으며 전진과 후진을 반복해 평행 주차를 하는 모습을 보았을 것이다. 한 번에 후진 또는 전진만 해서 주차하지 못하는 이유는 바로 자동차의 바퀴 때문인데, 자동차의 핸들을 최대로 꺾더라도 바퀴가 45° 이상 회전할 수 없고, 이 때문에 자동차는 직진 또는 대각선 방향으로 움직일 수는 있지만 차의 왼쪽 또는 오른쪽으로 한 번에 평행이동을 할 수는 없다.

만약 자동차가 옆으로 평행이동을 할 수 있다면 어떨까? 자동차의 각 바퀴는 지면으로부터 바퀴가 움직이는 방향으로 마찰력을 받는데, 옆으로 이동하기 위해서는 말 그대로 바퀴가 옆으로 굴러가야 한다. 메카넘 휠은 이러한 평행이동을 가능하게 한다.

다음의 메카넘 휠 그림을 보면 바퀴의 표면에 작은 롤러들이 부착된 것을 볼 수 있다. 이 바퀴를 앞으로 굴리면 어떻게 될까? 놀랍

메카넘 휠의 생김새

게도 바퀴는 앞으로는 굴러가는 것이 아니라, 대각선 45° 방향, 즉 작은 롤러가 회전하는 방향으로 이동한다. 메카넘 휠 한 개로는 대각선으로만 움직이지만, 이 바퀴를 네 개 달면 앞쪽과 뒤쪽으로 작용하는 힘은 상쇄되고 옆으로 작용하는 힘만 남게 된다.

아직까지는 일상에서 많이 활용되지 않기 때문에 이 바퀴의 존재를 오늘 처음 접한 사람이 많을 것이다. 메카넘 휠의 작동 원리를 지금 당장 이해하지 못해도 괜찮다. 나 또한 메카넘 휠에 대해 전혀 몰랐는데, 2019년 1학기 로봇공학개론 수업에서 처음으로 접했었다. 실제로 이 바퀴를 사용하게 되면 로봇을 모든 방향으로 자유자재로 움직일 수 있다. 나는 한 학기 내내 이 바퀴를 활용할 수 있는 방안에 대해 고민하며 메카넘 휠을 비롯해 몇 가지 신기한 로봇 구동 방식을 아이디어 노트에 기록했고, 이것이 내가 1년간 경험한 선순환의 시작이었다.

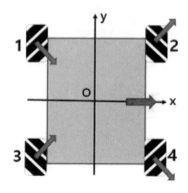

메카넘 로봇 도식도

● 로봇청소기로 얻은 미국 연수 기회

서울대학교 공과대학에서는 2012년도부터 매년 '창의설계축전'이라는 공모전을 진행하고 있다. 공과대학 학부생이라면 누구든지 지원할 수 있는 대회라 나도 1학년 때부터 마음이 맞는 팀원들을 모아 대회가 나가고 싶다는 생각을 해왔었다. 때마침 '공우'에서 활동하고 있던 터라 동아리의 선후배들끼리 팀을 짜서 창의설계축전에 나가게 되었다. 한참 주제 설정을 위한 아이디어를 구상하던 중, 팀원들에게 메카넘 휠 네 개를 달아 전후좌우, 대각선 방향으로 회전 없이 이동하는 로봇의 영상을 보여주었는데, 반응이 폭발적이었다.

우리 팀의 초기 주제는 선천적으로 몸이 불편한 아동의 물리치료와 관련된 것이었는데, 의학 전공자가 아닌 우리에게는 지식 자원이 부족하다는 판단에 따라 새로운 주제를 찾고 있는 중이었다. 한번 생각에 물꼬가 트이니 다들 눈을 반짝이며 의견을 쏟아냈다. 내가 메카넘 휠을 제안하자 로봇청소기에 적용하면 어떻겠냐는 아이디어가 나왔고, 바로 로봇청소기의 기본 모양, 목적 등에 대한 아이디어가 1~2시간 동안 집중적으로 도출되었다. 그날의 기억이 어찌나 인상적이었던지, 강남역 11번 출구 근처 카페의 2층에서 우리가 앉아 있었던 자리며 햇살이 내리쬐던 그날의 날씨까지 여전히 생생하다.

로봇청소기를 만들기로 정한 이후로는 각자 전공을 살릴 수 있는 방향으로 분담하여 프로젝트를 진행했다. 컴퓨터공학과 선배는 전반적인 소프트웨어를, 원자핵공학과 선배는 청소기의 흡입구를, 나를 포함한 전기·정보공학부 두 명은 전기회로를 설계하고 로봇이 언제, 어떻게, 어떤 경로로 움직일지에 대해 설계하기로 하였다.

언제나 그렇듯이, 모든 프로젝트는 한 번쯤 결정적인 난관에 부딪히게 된다. 우리 팀의 가장 큰 문제점은 기계공학부 학생이 없다는 것이었다. 기계공학 전공자가 없는 상태에서 기계를 만드는 것은 정말 힘든 일이다. 공과대학에 입학하고 싶은 학생이라면 이 말을 반드시 기억하기를 바란다. 기계공학부 학생 없이 완성도 높은 기계를 만드는 것은, 라면만 끓여본 사람이 똑같은 면 요리라며 해산물 토마토 파스타에 도전하는 것과 마찬가지이다. 로봇의 움직임이 아무리 이론적으로 완벽하더라도 우리는 '오차'가 존재하는 세계에서 살고 있기에 로봇을 실제 세계에서 구동시키는 순간부터 수많은 문제에 직면한다. 배터리가 부족해 속력이 낮아지고, 바퀴를 고정하는 나사가 풀어져 있는 등 실제 실험에서는 '이런 것이 문제가 된다고?' 싶을 정도의 사소한 이유로도 결과가 크게 달라진다. 결국 우리 팀원 네 명 모두 계획의 적어도 세 배 이상의 시간과 노력을 하드웨어에 투자해야 했다. 다행하게도 우리 중 일부는 대학교 실습 수업 시간에 아두이노 RC카(소형 무선조종 자동차)를 만들어본 경험이 있었다. 또한 기계적으로 복잡한 이론이 필요한 로봇은 아니어서, 우여곡절은 있었어도 집단 지성의 힘으로 대부분의 기계적인 문제를 해결할 수 있었다.

물론 하드웨어에 해박한 팀원이 있었다면 이상적이었겠지만, 한계를 경험하고 우리만의 방법으로 한계를 극복했던 것은 정말 값진 경험이었다. 우리가 사용한 아두이노는 공학에 관심 있는 학생이라면 한 번쯤 들어봤을 용어로, 외부로부터 입력받고, 또 연산을 통해 원하는 신호를 출력할 수 있는 작은 컴퓨터라고 할 수 있다. 최근 코딩 교육이 대두되면서 중학교나 고등학교에서도 직접 아두이노 실습을 하는 경우가 많다. 만약 아두이노 실습이 재밌었다면 대학에 와서 기계를 출품할 수 있는 공모전에 참여해보기를 권한다. 혹시 다루어본 적이 없더라도 공대, 특히 전기, 컴퓨터공학, 기계 관련 학과에 진학하면 한 번쯤은 다루게 될 가능성이 높으니 실망하지 말자. 어쨌든 가장 중요한 것은 '나의 아이디어를 실현하고 싶다'는 마음가짐이다.

대회를 준비하는 여름방학 동안 하드웨어를 몇 번이나 개조하고, 소프트웨어까지 오픈소스(소프트웨어 프로그램의 개발 과정에 필요한 설계도 및 소스 코드를 누구나 접근 가능하도록 공개하는 것으로, 개조 및 상업적 용도로 활용하는 것 또한 가능한 경우가 많다)를 직접 작성한 아두이노 코드에 연결했다. 시간이 흘러 대회 당일이 다가왔다. 제어 알고리즘부터 바퀴, 흡입구 등 하드웨어까지 하나하나 직접 설계했기에 "진짜 시간 많이 들었겠다. 직접 다 만든 거야?"라는 말을 많이 들었다. 사람들이 우리의 노력을 알아줄 때마다 뿌듯함을 감출 수가 없었고, 생명은 없지만 프로젝트의 주인공이었던 로봇청소기가 대견하게 느껴졌다. 다행히 심사위원들도 긍정적으로 평가해줘서 우수상을 받을 수 있었고, 수상자 특전으로 외부 대회 및 일주일 남짓의 CES(Consumer Electronics Show, 소비자 가전 전시회) 미국 연수에 참가할 수 있었다.

● CES에서 만난 첨단 스타트업 기술

2020년 1월, 드디어 기대하던 미국 연수를 시작하게 되었고, CES 2020 참관을 하기 위해 라스베이거스에 도착했다. CES는 세계 최대 규모의 가전제품 박람회이자 IT 관련 가장 큰 국제 행사로서 차세대 혁신 기술이 시장에 소개되는 글로벌한 행사이다. 삼성전자, LG디스플레이, 소니, 델타항공 등 규모가 큰 기업부터 각국의 스타트업까지 약 4,500개의 다양한 분야와 규모의 기업들이 참가하는 행사로, 우리는 창의적이고 혁신적인 기술들을 볼 수 있다는 생각에 한껏 들떴다.

전시회는 크게 세 개의 전시장으로 구성되어 있었고, 역대 최대 규모로 전체 면적이 축구장 33개(29만m²)에 해당될 정도였다. 규모가 워낙 커서 총 3일간 구경했음에도 불구하고 시간이 부족하다는 생각이 들었다. 각 전시장 간의 거리가 멀어 버스로 이동해야 했기에 하루 동안 가볼 전시장을 미리 정해놓고 구경했다. 우리 팀을 포함해 창의설계축전 상위 세 팀이 미국 연수를 오게 되었는데, 관심 분야가 비슷한 사람들끼리 함께 다니면서 전시를 보았다. 기억에 남는 전시장 중 하나는 테크 웨스트 전시장의 유레카관이었다. 이곳에서는 세계 각국의 스타트업 제품들을 중점적으로 볼 수 있었다. 회사를 운영하고 제품을 개발한 사람들이 직접 설명을 해주었기 때문에 제품을 제작하게 된 동기와 과정을 생생하게 들을 수 있었다. 짧은 영어 실력이지만 3일간 최대한 다양한 부스들을 찾아가 끊임없이 질문을 했고, 공학을 글이나 영상으로 접하는 것과 직접 만져보고 개발자와 소통하며 체험하는 것은 차이가 매우 크다는 것을 실감했다.

서울대학교 공과대학 연구실에서도 부스를 운영하고 있어 둘러보던 중 나의 눈길을 사로잡는 제품이 있었는데, 바로 다음 페이지 그림 속의 '종이접기 바퀴'였다. 이 종이접기 바퀴는 기계공학부 조규진 교수님의 바이오로보틱스 연구실에서 개발한 것으로, 바퀴의 모양과 크기를 변형할 수 있다. 이 로봇은 종이접기를 하듯이 바퀴를 접고 펴면서 크기를 조절하고, 계단이나 문턱 등을 자유자재로 이동할 수 있다. 종이접기 바퀴는 바퀴 형태에 대한 고정관념을 깨주었다.

종이접기 바퀴

CES의 가장 큰 장점은 내가 전공하는 분야가 아니더라도, 혹은 내가 공학과 아예 관련 없는 일반인이더라도 관심 가는 부스에 가서 얼마든지 질문할 수 있다는 점이 아닐까 싶다. 특히나 스타트업 또는 연구실 부스는 개발에 직접 참여한 연구원들이 있기 때문에 평소 궁금했지만 물어볼 데가 없었던 질문들을 신나게 할 수 있었다. 한국에서 참여한 스타트업이나 대학 연구실, 삼성 C-Lab 부스에서는 언어 제약이 없었기 때문에 제품의 목적성과 한계점까지 자세하게 물어볼 수 있었다. 종이접기 바퀴가 있는 부스에서는 일반 바퀴보다 구동 방식이 복잡한 메카넘 휠을 쓰면서 궁금했던 점들을 물어보았다. 바퀴의 복잡도가 증가할수록 더 제한된 환경에서만 완벽하게 움직일 수 있고 환경에 대한 적응도가 떨어지는데, 어떻게 이 두 가지를 모두 고려해서 바퀴 달린 로봇을 설계할 수 있는지 질문했다.

우리 팀이 사용한 저가의 메카넘 휠은 바퀴 표면에 달린 작은 롤러들이 굉장히 딱딱한 게 문제였다. 이처럼 바퀴 자체에 탄력성을 주기는 힘든 경우 로봇 내부에서 탄력성을 추가하는 방법이 가능하지 않을까 생각하며, 가능할 수도 불가능할 수도 있는 몇 가지 아이디어들을 메모장에 기록했다. 10년 후 여기에 적은 경험들 중 하나가 계기가 되어 연구를 하고 있을지도 모를 일이다.

미국 연수에 참여할 수 있게 해준 창의설계축전에 로봇청소기를 출품했기 때문에 나는 CES에서도 자연스레 로봇공학 분야에 가장 눈길이 갔다. 우리 팀의 로봇과 비슷하지만 거리 측정 센서의 종류나 기능적 디자인이 다른 경우도 많았고, 이미지와 영상에서 딥러닝을 활용해 필요한 정보를 추출하는 아이디어도 다양하게 있었다. '혁신적', '창의적'이라는 단어가 어울리는 기술들은 모두 한 가지 공통적인 특징이 있었는데, 바로 아주 간단한 아이디어로 생각지도 못한 효과를 냈다는 점이다. 매년 1월 CES에서 소개되는 최신 기술들은 한국에서도 뉴스로 접할 수 있다. 직접 전시를 보지는 못하더라도 검색을 통해 행사에서 소개되는 기술 트렌드를 찾아보면 도움이 될 것이다.

● 실리콘밸리에서 얻은 교훈

CES 미국 연수가 끝난 후에는 각자 일정에 따라 자유 여행을 하거나 한국으로 돌아갔고, 나는 캘리포니아의 산호세로 가서 약 2주간 '실리콘밸리 창업 연수'라는 새로운 프로그램에 참여했다.

실리콘밸리는 미국 캘리포니아 주에 있는 첨단 기술 연구 단지로, 면적이 1,854제곱마일에 이를 정도로 크다. 경기도 면적의 1/3이 넘는다고 하니 엄청난 규모다. 창업 연수를 위해 갔던 산호세 또한 실리콘밸리에 포함되는 지역이다. 전 세계의 첨단 산업, 특히 IT 및 벤처 기업들이 모여 있는 곳이라서 IT 기술에 관심 있는 사람이라면 누구라도 심장이 뛸 것이다.

내가 참여한 창업 연수는 전국적으로 대학생들을 모집했던 터라 여러 대학의 학생들이 모였고, 인문, 경영부터 공학까지 전공 역시 다양했다. 우리는 2주간 공통 과제를 수행하기 위해 수업을 듣고 팀끼리 모여 프로젝트를 진행했다. 프로젝트는 가상 창업을 하는 것으로, 팀별로 창업 아이디어를 짜고 핵심 기술에 대한 설명, 시장 조사, 경쟁 제품 분석 등 전반적인 사업 계획을 구상했다. 국내 대학의 창업 관련 수업에서도 일반적으로 등장하는 과제였지만, 실리콘밸리 특유의 벤처 생태계를 직접 체험하는 것만으로도 나에게 영감을 주었다. 전 세계의 기술 혁신을 선도하는 장소에서 현지의 창업 생태계에 몸담은 사람들과 직접 얘기를 나누고 교류할 수 있다는 점이 가장 차별화되는 부분이었다.

낮에는 수업을 듣고, 저녁에는 팀 프로젝트를 하거나 실리콘밸리에서 하는 네트워킹 행사(기술과 사회, 창업에 관심 있는 사람들이 모여 활발하게 교류하면서 유기적인 네트워크를 구성한다. 공통의 관심사로 연결된 네트워크는 스타트업의 성공에 있어 매우 중요하다)에 참여했다. 숙소에 돌아온 후에는 연수에 같이 참가하는 사람들과 창업 아이디어들을 솔직하게 공유하고 함께 상상의 나래를 펼쳤다. 그러다 보니 2주가 순식간에 지나갔다.

우리 팀은 안 쓰는 스마트폰을 재활용해 이미지·영상 분석 기술을 토대로 노인 헬스 케어를 해주는 애플리케이션을 구상했다. 전체 팀원 다섯 명 중 네 명이 공대생이라서 자연스레 IT 기술을 접목할 수 있는 아이디어가 떠올랐고, 저녁 늦게까지 회의를 할 정도로 다들 열심히 참여했다. 각자 프로젝트 경험이나 관심 분야에 따라 시장조사부터 기술 분석까지 분담했고, 나는 창의설계축전 참가 경험을 살려 팀장과 기술 분석을 맡았다.

팀 프로젝트를 하면서 나는 망치로 머리를 맞은 듯한 깨달음을 하나 얻었는데, 바로 능동적인 배려가 있어야만 성공적인 협업이 가능하다는 것이다. 능동적인 배려란 만났을 때만 발언 기회를 주고 배려를 하는 것이 아니라, 나의 시간과 노력을 적극적으로 할애해 상대방의 속도와 맞추어 의견을 묻고 같이 고민하는 것이다. 팀원들은 모두 성실했지만 각자 자신의 의견을 내세우는 정도가 달랐는데, 나는 의견을 내는 속도가 빠르고 적극적인 편이었다. 어느 날 회의를 하다가 다섯 명의 의견 중 하나를 골라야 하는 상황이 발생했었다. 회의가 끝나고 저녁이 되자 한 팀원으로부터 잠시 만날 수 있냐는 카톡이 왔다. 팀원을 만났더니 자신의 룸메이트가 말한 의견이 회의에서 채택되지는 않았지만 팀장인 나와 함께 셋이서 좀 더 고민을 해보고 싶다는 얘기를 하는 것이었다. 그 순간 '저 사람은 상대방을 진정으로 배려하기 때문에 이러한 자리를 마련한 거구나'라는 생각이 들었다. 값진 깨달음을 준 팀원에게 다시 한 번 감사를 표하고 싶다.

● '우리'로 협업하는 경험

앞서 1년간의 경험이라고 했지만, 이러한 1년이 시작되기 전에는 창의설계축전 팀원들 각자가 쌓아온 경험들이 있었다. 우리는 각각 제어 설계, 프로그래밍, 회로 설계, 물리적 분석 및 계산에 특화되어 있었고, 서로 다른 능력을 가진 네 명이 모여 하나의 프로젝트를 완성했다. 창업 연수에서는 나의 창의설계축전 경험을 살려 새로운 사람들과 만나 소통했고, 또 그들에게서 능동적인 배려의 필요성을 배웠다.

결국 '우리'의 구성원은 계속 변할지라도 매 순간 우리가 힘을 합치고 소통했기에 경험의 선순환이 가능했다. '현상에 다각도로 접근할 수 있는 입체적인 시각'을 직접 체험할 수 있었던 1년이었고,

이 1년간의 경험이 다시 앞으로 경험하게 될 새로운 선순환의 시작이 될 것이라고 믿는다.

우리 모두는 각자 강점을 가지고 있다. 나는 내 강점이 호기심이라고 생각한다. 그리고 이 호기심이 스쳐 지나가는 생각이 되지 않도록 기록하고, 또 이 호기심을 창의적인 아이디어로 발전시키고자 노력한다. 여러분은 각자의 강점이 무엇인지 생각해본 적 있는가? 지금 당장 생각나지 않더라도 강점이 없다고 단정하지는 말자. 남들이 감탄할 만한 거창한 강점을 억지로 만들 필요는 없다. 내가 이미 가지고 있는 특성을 긍정적으로 발전시키는 건 어떨까? 어차피 모든 일에는 양면성이 있게 마련이다. 나의 강점인 '호기심'에 대해서도 누군가는 나에게 쓸데없고 엉뚱하다고 말하고, 누군가는 나에게 상상력과 창의성이 많다고 말한다. 자신의 특성을 강점으로 개발하고 이를 바탕으로 각자의 분야에서 작은 것부터 도전하기 시작한다면, 작은 경험들이 모여 더 큰 변화와 도약의 계기가 되는 선순환을 체험할 수 있을 것이다.

복수전공, 부전공에 대해
알려주세요

문과 전공 중 경영학 같은 경우 워낙 복수전공이나 부전공을 하려는 학생들이 많아 학점의 커트라인이 굉장히 높은 걸로 알고 있습니다. 그러나 학생들이 많이 몰리는 몇몇 전공을 제외하고는 대부분의 경우 학생들이 원하기만 한다면 신청 가능합니다. 다만 복수전공이나 부전공을 하게 되면 당연히 들어야 하는 학점도 늘어납니다. 저는 재료공학이 주전공이었는데 '뇌 - 마음 - 행동'이라는 뇌과학 전공을 연계전공(부전공의 일종)으로 삼았습니다. 그런데 재료공학과의 내규상 부전공을 하더라도 주전공 이수를 위해 필요한 학점은 그대로 유지됩니다. 그래서 저는 재료공학 주전공을 위해 62학점을, 뇌 - 마음 - 행동 연계전공을 위해 21학점을 추가로 더 듣느라 졸업하는 데 조금 고생을 했습니다. 하지만 현재 대학원 과정에서 뇌과학과 유사한 전공을 공부하고 있는 만큼 아쉬움은 전혀 없습니다.

>> **재료공학부 14학번 안건**

3학기 36학점을 이수하면 복수전공이나 부전공을 신청할 수 있습니다(학기와 학점 기준은 바뀔 수 있습니다). 즉, 2학년 1학기를 마치면 신청이 가능한데, 합격 가능성은 희망하는 과에 따라 천차만별입니다. 복수전공이나 부전공 선발에서는 학점이 가장 중요한 평가 기준이고, 복수전공의 경우 과에 따라 자기소개서를 작성하는 경우도 있습니다. 경쟁률이 매우 높은 몇 개의 과를 제외하면 희망하는 과의 복수전공이나 부전공에 비교적 수월하게 합격할 수 있습니다. 자신의 주전공 학점과 별개로 복수전공은 해당 과의 전공을 39학점, 부전공은 21학점(숫자 변동 가능) 이수해야 하므로 부전공은 한 학기, 복수전공은 두 학기를 추가로 다니는 경우가 많습니다. 복수전공, 부전공 과가 주전공과 관련 있는 경우 주전공의 졸업 학점을 일부 감면해주기도 합니다.

>> 건설환경공학부 16학번 엄준용

PART 3

내가 전공을
잘 선택한 걸까요?

"처음부터 공학자가 되고 싶은 건 아니었다. 중학생 때 공학자라는 진로는 가짜 꿈이었다. 주변 어른들의 조언에 따라 물리학과가 아닌 기계공학부에 왔지만 막상 공부해보니 나는 공학 체질이었다. 가짜 꿈이었던 공학자가 어느새 진짜 꿈이 된 것이다. 지금 정하는 꿈은 나중에 바뀌어도 된다. 꿈이 바뀌어가는 것은 자연스러운 일이다. 살아갈수록 경험이 축적되고 아는 것이 많아지기 때문이다. 또한 꿈이 바뀐다는 건 그만큼 자신의 앞날에 대해 끊임없이 고민하고 있다는 방증이기도 하다."

꿈이 자주 바뀌어서 고민인가요?

기계공학부 18학번 김민재

● 꿈, 희망인가 스트레스인가

'꿈'이라는 단어에 사람들은 여러 가지 의미를 부여한다. 누군가는 꿈이란 자신이 미래에 갖고 싶은 직업이라고 생각한다. 또 누군가는 자신이 꼭 이루고 싶은 일을 꿈으로 삼는다. 꿈에 대해 수많은 해석이 존재하지만, 한 가지 공통점이 있다면 누구나 꿈을 정하는 과정에서 자신의 미래를 상상해보게 된다는 것이다. 30년 뒤에 누구와 어디에서 살고 있을지, 무슨 일을 하고 있을지 등 아직 다가오지 않은 미래를 떠올리는 것은 설레는 일이다.

'꿈'은 분명 희망찬 단어지만, 원래 의미와는 달리 많은 학생들이 꿈을 정하느라 스트레스를 받는다. 학교에서는 학기마다 생활기록부에 입력할 진로 희망을 써 오라고 한다. 이 숙제는 꿈이 뚜렷하지 않은 대다수의 학생들에게 어서 꿈을 결정하라고 재촉한다. 그래서 '꿈 적어 오기'는 내가 학창 시절 가장 싫어했던 숙제 중 하나다. 어른들, 더 나아가 우리 사회는 학생들에게 꿈에 대해 자꾸 묻고, 또 꿈을 가지라고 요구한다.

그래도 이러한 문화 덕분인지 우리는 주변에서 다양한 진로 관련 조언을 접할 수가 있다. 여러 조언을 듣고 읽다 보면 종종 등장하는 메시지가 있는데, 지금 정하는 꿈이 평생 유지될 필요는 없으며 나중에 바뀌어도 된다는 것이다. 이 말을 듣고 혹자는 '속 편한 소리 하네' 하고 생각했을지도 모르겠다. 나는 중학생 때 이런 생각을 했던 것 같다. '꿈이 바뀌게 되면 남들의 눈에 줏대 없는 사람으로 보이지 않을까?'

● **자동차 공학자라는 꿈의 발견**

나는 자동차 회사에 다니는 아버지를 따라 어릴 적부터 모터쇼에 자주 가봤다. 이곳에서 수백 대의 다양한 차들을 볼 수 있었는데, 특히 처음 세상에 공개되는 날렵한 콘셉트 카(concept car, 신기술이나 새로운 디자인 트렌드를 반영하여 시판 전에 미리 선보이는 자동차)들을 보고 있으면 마치 미래에 온 것 같은 기분이 들었다. 그리고 아버지에게서 자동차에 대한 이야기도 종종 들을 수 있었다. 아버지가 운전하는 모습을 유심히 지켜보다가 궁금한 걸 여쭤보면 뭐든지 척척 대답해주셨다. 그래서 나는 항상 자동차와 친숙했다.

그림 실력이 출중했던 아버지는 여가 시간에 다양한 그림을 그렸는데, 어느 날 아버지가 연필로 자동차 그림을 슥슥 그리는 모습을 보고 나도 옆에서 그림을 따라 그리기 시작했다. 그날 이후로 무언가에 홀린 듯 자동차 그리기에 빠져들었다. 모터쇼에서 본 콘셉트카 같은 멋진 차들을 내 손으로 그려보고 싶었고, 자투리 시간엔 항상 A4 용지를 꺼내서 자동차를 스케치하곤 했다. 수업 시간에도 틈만 나면 교과서나 학습지 구석에 자동차 그림을 그렸다. 항상 비슷한 모양의 차를 그리면서도 좀 더 멋들어지게 그리기 위해 애썼다. 남들이 스케치한 자동차 그림들을 찾아보고 그림의 구도에 대해 나름대로 연구도 하였다. 자동차 디자인 카페에 가입해 내가 스케치한 그림을 업로드하기도 했는데, 당시의 내겐 엄청난 용기가 필요한 일이었다. 그러면서 자연스럽게 자동차 디자이너라는 직업을 접하게 되었고, 자동차 디자이너가 된 미래의 내 모습을 상상하며 계속해서 자동차를 열심히 스케치했다.

어느덧 중학교 3학년이 되어 고등학교 진학에 대해 고민하기 시작했다. 자동차 디자이너가 되기 위해 디자인을 배울 수 있는 예술고등학교에 지원해볼까 생각도 했었다. 사실 나는 초등학교 때부터 수학 학원에서 많은 시간을 보내고 있었으며 주변으로부터 과학고등학교에 가는 게 어떻겠냐는 이야기를 들어왔었다. 주변의 기대와는 전혀 다른 방향으로 진로를 급선회하는 것이 두려웠기에 예술고등학교 진학에 대해선 아무에게도 이야기하지 않은 채 이내 그러한 생각을 접었다. 그리고 예정된 수순인 양 과학고등학교 지원서를 작성하기 시작했다.

과학고 자기소개서의 첫 번째 문항은 꿈에 관해 묻고 있었다. 나는 어떤 꿈을 갖고 있다고 써야 할지 고민에 빠졌다. 첫째, 자동차 디자이너가 꿈이라고 쓰기. 가장 갖고 싶은 직업인 건 분명했지만, 과학고 설립 취지와는 영 안 어울려 보였다. 나중에 "꿈이 자동차 디자이너인데 왜 예술고등학교가 아니라 과학고등학교에 지원했어요?"라고 면접관이 물어보면 말문이 턱 막힐 것 같았다. 둘째, 과학고라는 명칭에 맞춰 과학자가 되고 싶다고 쓰기. 과학고 지원자의 진로로서는 나무랄 데가 없었으나, 여태 과학자가 되겠다는 생각을 해본 적이 없었다. 또한 과학자가 정확히 무슨 일을 하는지도 전혀 모르는 상태였다. 내게 있어 과학자란 플라스크를 들고 실험에 집중하고 있는, 막연한 이미지에 지나지 않았다.

고민을 거듭하던 중 과학고를 나오면 과학 말고 공학 쪽으로 나아갈 수 있다는 것, 그리고 자동차에 대해 연구하는 사람을 자동차 공학자라고 칭한다는 사실을 알게 되었다. 공학이 무엇을 뜻하는지는 잘 와닿지 않았지만, '자동차 디자인'과 '공학' 두 가지를 합쳐 '디자인 역량을 갖춘 자동차 공학자'를 꿈으로 정하게 되었다. 사실이 또한 진짜 희망하는 진로는 아니었다. 자동차의 구성 요소나 작동 원리에 대한 호기심보다는 자동차 그림을 그리는 일에 대한 흥미가 더욱 컸기 때문이다. 하지만 '자동차 스케치는 그저 취미일 뿐이며, 나는 자동차 공학자가 되고 싶은 사람이다!'라고 생각하는 게 마음 편할 것 같았다.

● 기계공학부? 물리학과?

과학고에서는 수학과 과학 공부에 대부분의 시간을 들이게 된다. 나 역시 고등학교에 입학한 이후 줄곧 수학, 과학을 공부하느라 여념이 없었는데, 여러 과목 중에서도 물리학의 매력에 빠지게 되었다. 이 세상 모든 현상을 수식으로 설명할 수 있다는 점이 물리의 매력이었다. 물리 수업 시간에 유도 과정을 알려주지 않는 공식이 등장하면, 호기심에 도서관에서 전공 서적을 뒤져가며 혼자 공부를 하기도 하고, 물리를 좋아하는 친구들과 함께 모임을 꾸려서 활동하기도 했다. 물리와 함께 가장 좋아하는 과목이자 내가 가장 많이 시간을 투자한 과목은 수학이었다. 과학고가 아니라 수학고라고 불러야 한다는 말이 있을 정도로 과학고에서는 수학이 가장 중요했기 때문이다.

자동차 스케치도 여전히 재미있었다. 자동차 스케치와 관련해 고등학교 1학년 때 이런 일이 있었다. 어느 날 시험문제를 다 풀고 시간이 남아 시험지 여백에 자동차 한 대를 정성스럽게 그려놓았었는데, 시험이 끝나고 화장실에 다녀왔더니 친구들이 내 책상 근처에 모여 그림을 구경하고 있었다. 쑥스러우면서도 그림 실력을 인정받은 것 같아 내심 기분이 좋았다. 이렇게 고등학교에서도 시간이 남을 때면 종종 자동차를 그리곤 했다. 하지만 고등학교에서 공부를 하는 만큼 자동차 디자이너라는 진로와는 자연스레 멀어지고 있었다. 어느새 자동차 스케치는 진로가 아닌 취미의 영역이 되었고 과학이나 공학 분야로 나아가는 게 당연해져 있었다.

과학고의 빠른 수업 진도를 따라 정신없이 달리다 보니 어느덧 대학교 지원서를 넣는 시기가 되었다. 그동안 공부에만 매진한 탓에 꿈이나 학과 선택 등에 대해선 생각할 겨를이 없었다. 그래도 자동차 공학자가 되겠다고 하며 과학고에 들어왔으니, 대학 원서에도 같은 꿈을 쓰기로 했다. 자동차 공학자라는 직업에 가장 알맞은 학과는 기계공학부였으므로 거기에 지원해야겠다고 마음을 먹었다.

그러나 마감을 2주 앞두고 기계공학부가 아닌 물리학과에 지원하고 싶다는 생각이 들기 시작했다. 과학고에서 물리 공부를 하면서 물리학이 무엇인지를 잘 알고 있다고 자신하고 있었고, 모든 과목들 중에서 가장 좋아했다. 물리 성적도 좋은 편이었기에 물리학과가 내게 꼭 들어맞는 학과라는 확신이 들었던 것이다. 반면 기계공학이 어떤 학문인지는 잘 몰랐다. 기계에 관해 배운다는 것 정도는 짐작할 수 있었으나, 구체적으로 무엇을 배우게 되는지는 거의 몰랐다. 고등학교에서 물리는 가르치지만 공학에 대해서는 가르쳐주지 않기 때문이다.

학과를 한번 선택하면 되돌릴 수 없다는 생각에 두 학과를 놓고 치열하게 고민하기 시작했다. 원서 접수 마감까지 시간이 얼마 남지 않았기 때문에 기계공학부 지원용 자소서와 물리학과 지원용 자소서를 각각 써놓은 뒤 가능한 한 충분히 생각해보기로 했다. 또한 두 학과에 관련된 정보를 최대한 얻어내고자 하였다.

우선 기계공학부에서 무엇을 배우는지 조사하기 시작했다. 인터넷 검색을 통해 기계공학에 관한 글들을 닥치는 대로 모두 읽어보았다. 직접 겪어본 사람이 제일 잘 알 거라 생각하여 기계공학부에 다니고 있는 선배에게도 이것저것 물어보았다. 조사를 통해서 기계공학은 대부분 수학과 물리를 기반으로 한다는 것 등을 알게 되었다. 기계공학부 역시 내 성향에 꽤 잘 어울릴 것 같았다.

부모님, 선생님 등 주변 어른들의 조언도 최대한 들어보려 했는데, 하나같이 물리학과보다 기계공학부 지원을 추천하셨다. 내가 사고하는 방식이 공학과 잘 어울린다는 것, 그리고 공학이 자연과학보다 먹고살기 편하다는 것 등이 이유였다.

조사한 내용과 주변의 조언들을 종합했을 때, 둘 중 학문적으로 더 끌리는 쪽은 물리학과였지만 기계공학부에 지원하는 것이 나을 것이라 판단하였고, 결국 기계공학부에 지원하였다.

● 내 전공은 두 개

기계공학부에 입학한 지 2주쯤 지났을 때 지도 교수님과 면담을 하게 되었다. 교수님은 바짝 긴장해 있는 내게 피자를 건네며 반겨주셨다. 피자를 먹으며 교수님께 질문을 했다. 첫 번째 질문은 "학점이라는 거, 열심히 챙겨야 하나요?"였다. 교수님은 적어도 미래에 내 발목을 잡지 않을 정도로는 챙기는 게 좋다고 답해주셨다. 다음 질문은 "대학원은 어떻게 가는 건가요?"였다. 교수님은 신입생이 벌써부터 대학원 이야기를 꺼내는 것에 신기해하셨는데, 자세한 건 때가 되면 알게 될 거라는 두루뭉술한 대답이 돌아왔다. 그리고 2학년 때 4대 역학 수업을 모두 듣고 나면 구체적으로 어느 분야로 나아가야 할지 보일 거라는 조언을 덧붙이셨다.

이후 2년 동안은 적당히 놀고 적당히 공부하면서 살았다. 진로에 대한 고민도 거의 하지 않았다. 2학년 때 4대 역학 수업을 다 들으면 방향이 보일 것이라는 교수님 말씀을 은연중에 굳게 믿고 있었기 때문인지도 모르겠다. 4대 역학은 흥미로웠다. 막대가 휘어지는 정도나 물이 흘러가는 속도 같은, 눈에 보이는 현상들을 직접 계산해볼 수 있다는 점이 마음에 들었다. 그러나 이 4대 역학 중 하나를 전문 분야로 선택하는 건 조금 망설여졌다. 4대 역학을 배우는 것은 재미있었지만 연구하는 것까지 잘해낼 자신은 없었다.

2학년 2학기 때 '산업공학개론'을 수강했는데, 이름 그대로 산업공학과에서 배우는 내용을 훑어보는 수업이었다. 공대 다른 학과의 개론 수업을 들어야 졸업할 수 있다는 규정 때문에 듣게 된 수업이었지만, 이 수업 덕분에 산업공학이라는 새로운 분야에 눈을 뜨게 되었다. 지금껏 배운 기계공학이나 물리에서는 주로 사물(막대, 물, 전지 등)에 관심을 가졌다면, 산업공학에서는 배송 체계의 효율을 극대화하거나 서비스 예상 대기 시간을 정밀하게 예측하는 등 사회와 밀접한 부분에 초점을 맞추고 있다는 게 신선했다. 산업공학과의 전공 수업을 들으면서 산업공학을 깊게 파고들면 재미있을 것 같았다. 2학년 2학기를 마치고 난 뒤 산업공학과 복수전공을 신청했고, 3학년이 되면서 기계공학 전공 수업과 산업공학 전공 수업을 동시에 들었다.

3학년 이후 기계공학, 산업공학의 몇몇 분야에 관심을 갖게 되었다. 우선 기계공학에서는 로봇을 자동으로 설계하는 방법에 호기심이 생겼다. 특정 동작을 수행하는 로봇을 설계하기 위해서 기존에는 부품의 종류나 치수를 바꿔가며 시뮬레이션을 반복해야 했다면, 이제는 그 과정을 컴퓨터에게 시키는 것이다. 이 분야를 연구하는 교수님과 연구원 선배의 도움을 받아, 공을 던지는 동작을 보조하는 외골격 로봇(신체에 장착하는 로봇)을 코딩을 통해 자동으로 설계하는 프로젝트를 현재 진행하고 있다.

산업공학에서는 최적화 분야와 데이터 사이언스 분야에 관심이 있다. 최적화란 말 그대로 최적의 상태를 찾는 것이다. 앞서 소개했던 예시 중 하나인 배송 체계의 효율을 극대화하는 문제, 그리고 내비게이션에서 목적지까지 최단 경로를 찾는 문제 등이 여기에 해당한다. 어릴 적부터 어딘가를 오갈 때면 어느 길을 택해야 1초라도 더 아낄 수 있을지를 항상 고민해왔는데, 이러한 나의 성향은 최적화가 지향하는 바와 맞아떨어지는 것 같다. 다음으로 데이터 사이언스란 코딩을 통해 데이터를 가공하여 요긴한 지식을 창출해내는 과정 일체를 의미한다. 온라인 쇼핑몰에서 사용자에게 상품을 추천해주는 일, 발병 가능성이 높은 질병을 미리 알려주어 예방을 돕는 일 등 정말 다양한 분야에 데이터 사이언스를 적용할 수 있다. 나는 이러한 데이터 사이언스의 범용성에 매료되었으며, 3학년 겨울방학 때 반도체 기업에서 인턴 생활을 하면서 이를 적용해 반도체 공정의 불량률을 줄이는 작업을 수행했었다. 앞으로도 관심 분야를 깊이 공부하기 위해, 또 내 적성에 잘 맞는지 알아보기 위해 학교 수업 외의 다양한 활동들을 찾아서 참여해보려고 한다.

● 가짜 꿈이 진짜 꿈이 되다

대학교 졸업 후에는 대학원에 진학하려고 하는데, 역량을 살려 어느 한 분야의 전문가가 되고 싶기 때문이다. 그러나 기계공학부 대학원과 산업공학과 대학원 중 어디로 진학할지는 선택을 잠시 미뤄두고 싶다. 아직 듣지 않은 전공 수업들이 많은 만큼 두 분야 모두에 대해 잘 아는 상태에서 결정을 내려야 후회가 없을 것 같아서다. 또 군대 등의 이유로 대학원 진학까지 아직 3년가량 시간이 남아 있기도 하다. 3년 전엔 물리학과와 기계공학부를 두고 고민했지만 현재는 기계공학부와 산업공학과를 두고 고민하고 있다는 점으로 미루어 짐작할 때, 3년 뒤에 고민하게 될 선택지 역시 지금과 다를 수 있으리라 생각한다. 분야는 아직 못 정했지만 그래도 대학원에서 학업을 이어가겠다는 진로의 큰 틀은 정해졌다. 대학원 이후의 구체적인 진로는 대학원에 입학한 뒤에 생각해볼 문제지만 큰 틀에서 공학자가 될 것임은 분명하다.

처음부터 공학자가 되고 싶은 건 아니었다. 중학생 때 공학자라는 진로는 가짜 꿈이었다. 그러나 지금은 공학자가 되는 것이 싫지 않다. 아니, 오히려 공학자가 되어 멋진 연구 성과를 발표하는 내 모습이 기대된다. 공학자라는 직업이 내게 가짜 꿈이었던 건 어릴 적 내가 공학에 대해 잘 몰랐기 때문이다. 공학이 무엇인지 가르쳐 줄 사람 또한 만나지 못했다. 주변 어른들의 조언에 따라 물리학과가 아닌 기계공학부에 왔지만 막상 공부해보니 나는 공학 체질이었다. 가짜 꿈이었던 공학자가 어느새 진짜 꿈이 된 것이다. 지금 정하는 꿈은 나중에 바뀌어도 된다. 꿈이 바뀌어가는 것은 자연스러운 일이다. 살아갈수록 경험이 축적되고 아는 것이 많아지기 때문이다. 또한 꿈이 바뀐다는 건 그만큼 자신의 앞날에 대해 끊임없이 고민하고 있다는 방증이기도 하다.

자동차 디자이너라는 직업은 중학생 때는 진짜 꿈이었다. 대입을 목전에 둔 시점에는 기계공학부보다 물리학과에 더욱 끌렸다. 그러나 당시 자동차 디자이너의 길 혹은 물리학과를 선택했다면 어땠을까? 두 가지 경우의 수가 존재할 것이다. 그때의 선택에 만족하며 살고 있을 수도, 아니면 그때의 선택을 후회하고 있을 수도 있다. 모든 선택의 결과가 항상 만족스럽다면 정말 행복한 세상일 것이다. 그렇다면 내가 이렇게 꿈에 대한 글을 쓰고 있지도 않았을 것이다. 그저 자신이 그때그때 끌리는 것을 선택하면 만사형통일 테니까. 그러나 지금껏 접해온 사례들을 보다 보면, 좋아하는 것을 좇아 진로를 정했지만 예상과 달리 본인의 적성에 맞지 않을 가능성도 존재한다.

꿈을 어떻게 정하는 것이 최선일까? 사실 처음에는 이 문제에 대한 해답을 전하는 글을 써보려 했다. 그러나 글을 쓰기 위해 생각을 거듭하다 보니, 이 문제에는 정답이 존재하지 않는다는 생각이 들었다. 그렇지만 '꿈을 정할 때 고려할 점' 정도는 얘기해줄 수 있을 것 같다. 내가 지금껏 거쳐온 20여 년의 시간은 내게 한 가지 사실만은 명확하게 알려주고 있는 듯하다.

"뭐든 직접 겪어봐야 아는 것 아니겠어요?"

 **서울공대생에게 물었다!**

공학도로서 뿌듯하거나
보람을 느끼는 순간은 언제인가요?

저는 무언가를 만들 때 가장 보람을 느낍니다. 수업에서 습득한 다양한 지식을 활용해 내 손으로 실질적인 결과물을 만들어내는 과정은, 힘들지만 무척 재미있고 뿌듯합니다. 건축을 전공하는 저는 스스로 설계한 건축물의 모형과 컴퓨터그래픽을 만드는데 이것을 많은 사람들 앞에서 소개하고 의견을 나누는 과정이 무척 즐겁습니다. 기계공학과 친구들 이야기를 들어보니 자율주행 자동차나 로봇을 직접 만들고 정말 뿌듯해하던데 제가 느꼈던 즐거움과 비슷한 감정이 아닐까 싶습니다.

>> **건축학과 18학번 박신우**

운 좋게 잠깐 AI 교육 회사에서 일할 기회가 있었습니다. 당시 회사에서는 코로나로 인해 대다수의 요르단 학생들이 학교에 가지 못해 배움의 기회가 줄어들고 있는 문제를 해결하기 위한 일을 하고 있었습니다. 저는 이런 학생들이 집에서 컴퓨터를 이용해 혼자 학습이 가능하게끔 온라인 학습 플랫폼을 만들었는데, 사실 아직 학부도 졸업하지 않고 얕은 코딩 지식만 가지고 있던 제가 수만 명의 학생들이 쓸 교육 플랫폼을 만들 수 있을까 하는 고민과 두려움이 있었습니다. 정신없이 밤을 새우며 중동지역의 교사들, 지역 교육 회사 관계자들과 미팅을 가지며 플랫폼을 완성했고, 현재 요르단 학생들은 제가 만든 학습 알고리즘으로 공부하며 배움의 기회를 되찾았습니다. 예전에는 어려운 문제를 풀기 위해서는 그만큼 높은 수준의 기술력이 필요하다고 생각했습니다. 하지만 이제는 제가 가진 지식과 능력이 사소하더라도, 그런 제지식과 능력으로 해결할 수있는 문제가 이 세상 어딘가에 반드시 존재한다는 믿음을 갖게 되었습니다. 이것이 바로 공학의 매력인 것 같습니다.

사실 공학 공부는 끝이 없습니다. 하지만 분명 세상 어딘가 나의 지식을 필요로 하는 곳이 있을 거라는 믿음을 갖고 꾸준히 공부하고, 그리고 이를 찾아 새로운 가치를 창출하여 나의 존재 이유를 다시 한 번 느낄 수 있다면, 꽤 괜찮은 삶 아닐까요?

>> **기계공학부 15학번 이현인**

공대생으로서의 '뿌듯 모멘트'가 몇 개 있는 것 같아요. 첫 번째는 '내가 역사적인 인물들이 했던 것과 같은 고민을 하고 있구나'라고 생각하게 되는 순간이에요. 그들이 과거에 했던 고민을 나도 하고, 해법을 떠올리고, 이를 정석적인 해법과 비교해보는 과정을 겪을 때 뭔가 뿌듯하더라고요. 두 번째 모멘트는 공학을 전공하지 않는 사람들이 제가 만든 기술이나 제품에 대해서 긍정적인 피드백을 줄 때입니다. 사실 공학자의 목표는 공학을 모르는 사람들이 이 기술로 인해서 편리해질 수 있는 숨은 기술을 잘 만드는 것이라고 생각합니다.

>> **기계공학부 16학번 정원석**

최선은 언제나 바뀔 수 있다

기계공학부 16학번 김재환

● 그냥 수학이 좋았던 아이

어렸을 때부터 수학을 좋아했다. 숫자들 사이의 관계를 공부하는 게 재미있었고, 19단을 외우면서 숫자에 더 강한 관심을 가지게 되었던 것 같다. 초등학생 때 포털 사이트의 아이디를 만들 때에도 19단을 이용했다. 예를 들어, 13 곱하기 18이 234인 것을 이용해서 아이디를 '1318234' 같은 형태로 만드는 것이다.

수학을 더 공부하게 되면서 소수에 대해서도 관심을 가지게 되었고, 도형 문제를 풀 때면 어떤 각과 어떤 각이 같은지를 찾아내며 특별한 성질들을 뽑아내는 것이 재미있었다. 그래서 초등학교, 중학교 때는 매년 자신의 꿈을 발표할 때면 늘 수학자라고 이야기했었다.

수학을 깊게 공부하다 보니, 자연스레 수학을 조금 더 집중적으로 공부할 수 있는 영재고에도 관심이 생겼다. 하지만 영재고에 입학하려면 수학뿐만 아니라 과학에 대한 지식도 필요했고, 그래서 이전까지는 별로 흥미 없었던 과학 공부를 시작했다.

과학을 공부해보니 수학과는 정말 달랐다. 특히 물리가 너무 어려웠다. 수학은 식을 정리하고 값을 구하는 과정이 자연스럽게 물 흐르듯 이어졌는데, 과학은 문제를 푸는 중간중간 뭔가를 자꾸 생각해야 했다. 그렇지만 어찌어찌 과학 과목 공부를 이어나갔고, 중학교 2학년 때 영재고에 합격하게 되었다.

영재 학교에 입학한 뒤 사춘기가 찾아왔고 게임도 시작하게 되면서 공부에 점점 소홀해졌다. 저녁을 빨리 먹고 축구를 진탕 하다가 야간자율학습 5시간 동안 통째로 자는 일이 빈번했고, 시험 기간이 되어 같이 놀던 친구들이 대부분 공부를 한다 싶으면 그제야 나도 공부를 시작했다. 분명 이해가 안 되는 부분이 있음을 알면서도 애써 이해하려 하지 않았다. 그렇게 1년을 흘러보냈다.

어느덧 고등학교 2학년이 되었다. 고2 때의 담임 선생님은 아침마다 자기 계발, 공부 등과 관련된 짧은 스피치를 들려주셨는데, 그로 인해서 앞으로 열심히 살아야겠다는 생각이 서서히 자리잡게 되었다. 그러면서 공부를 다시 제대로 시작하기로 마음먹었는데, 막상 공부를 하려니 물리가 제일 걱정이었다. 이전부터 나는 내 물리 실력이 '문제 속 상황을 제대로 이해하지는 못하지만 답을 어찌

어찌 구해낼 줄 아는 정도'임을 알고 있었다. 하지만 수학과 달리 물리에는 흥미가 없었던 데다 잘하고 싶다는 욕심도 별로 없었기 때문에 열심히 공부하려고 하지 않았다. 이렇게 고등학교 1학년 내내 공부를 제대로 하지 않은 채로 2학년에 올라와 보니, '문제를 겨우겨우 풀 줄 아는 정도'라고 생각했던 내 물리 실력은 '수업이 무슨 내용인지 간신히 이해할 수 있는 정도'로 바뀌어 있었다. 이런 상태로 2학년 1학기를 보냈다.

조금 더 간절해진 마음가짐을 가지고 2학년 2학기를 시작했다. 그때부터는 알게 모르게 남아 있던 자존심도 버렸던 것 같다. 물리에 대한 나의 벽을 깨고 싶었기에 야간자율학습 시간에 물리를 잘하는 친구들에게 찾아가 모르는 문제와 이해되지 않는 개념에 대해 물어보기도 하고, 물리 경시대회를 준비하며 학원에 다니는 친구들이 학원에서 공부한 문제지를 빌려서 풀기도 했다.

물리는 문제를 풀면서도 문제 속 상황이 현실과 동떨어져 있다고 느껴져서 흥미가 생기지 않았다. 아무튼 나름대로 열심히 공부를 한 덕분에 성적 측면에서는 만족스러운 결과를 얻을 수 있었다. 그래도 마음먹고 공부를 해보니 내용이 어느 정도는 이해되었고, 기억 속에서도 조금은 괜찮은 과목으로 미화되었다. 무엇보다 고등학교 3학년 때는 물리를 공부하지 않아도 되었기 때문에 이것으로 물리와의 좋지 않았던 인연은 끝이라는 생각에 더욱 기뻤던 것 같

다(내가 졸업한 경기영재고의 경우, 수학을 전공하는 학생들은 2학년 때는 일반
물리학1·2, 일반생물학1·2, 일반화학1·2 등의 과학 과목 중 하나를 선택해서 필수
로 들어야 했고, 3학년 때는 심화 과정인 고급물리학, 고급생물학 등의 수업이 있
긴 하지만 듣지 않아도 졸업이 가능했다). 이렇게 물리라는 과목과 겉으로
만 훈훈해 보이는 작별을 하며 다시는 만나지 않기를 바랐다. 그렇
게 나는 고등학교 3학년이 되었고 대학 입시에 대해 조금씩 관심을
가지게 되었다.

● 평생 공부만 하고 싶진 않아

고등학교 2학년 때까지 나는 대학이나 이후의 진로에 대해 전혀 생
각하지 않았었다. 3학년이 되니 친구들은 모두 대학교에 가서 무엇
을 공부할지, 어떤 학교에 갈지를 고민했다. 3학년 때 나는 '당연히
수학을 가장 좋아하고 잘하니까 수학과로 가야겠다' 정도의 생각을
하고 있었다.

하지만 열심히 공부하지 않았던 지난날이 내 발목을 잡았다. 내
성적으로는 서울대학교 수리과학부에 입학하긴 힘들다고 판단되
었다. 전공들을 탐색하다 보니 통계학과에서도 수학을 공부할 수
있다는 것을 알게 되었지만, 통계학과 역시 내 성적으로는 입학하
기가 어려웠다. 현실을 파악하고 나니 떨어질 것이 너무나도 당연
해 보이는 수학과에 지원하는 대신, 적성과는 다르지만 합격 확률

이 높은 과에 지원해야겠다는 결론을 내리게 되었다.

수학을 제외하고 나니, 내가 그다음으로 깊이 있게 공부했던 과목은 아이러니하게도 물리였다. 당시 물리를 전공했던 학생들은 전기·정보공학부, 기계항공공학부(현 기계공학부)에 많이 지원했다. 나는 수학 이외의 다른 과학, 공학 분야와 관련된 활동이나 스펙이 거의 없었기 때문에 일반적으로 물리를 공부한 학생들이 지원하는 두 학과를 제외한 다른 학과에 지원하면 떨어질 것 같다고 판단했다. 전자기학보다는 역학이 그나마 이해가 잘되었기 때문에 나는 어쩔 수 없이 현실과 타협하여 적성과는 맞지 않는 기계항공공학부에 지원했다.

그리고 운 좋게도 서울대학교 기계항공공학부에 합격했다. 서울대에 불합격하면 일말의 고민 없이 다른 대학교의 수학과에 입학할 생각이었는데, 결국 서울대학교 기계공학부와 다른 학교의 수학과 중에서 행복한 고민을 하게 되었다. 지원 당시에는 당연히 물리와 관련된 과목들보다 수학을 공부하고 싶었다. 하지만 고민하는 과정 속에서, 대학교의 전공을 고르는 건 단순히 이후 4년 동안 공부할 과목을 정하는 것을 넘어 미래의 나의 직업으로도 직결되는 문제라는 생각이 들었고, 전공에 대한 나의 흥미를 포함하여 여러 장단점들을 비교해보았다.

사실 나는 '공부를 평생 하고 싶지는 않다'는 생각이 아주 강했다.

순수 과학, 순수 수학을 전공하게 된다면 학자의 길을 걷게 될 것만 같았다. 나에게 일평생 공부만 하는 학자의 삶은 하루 종일 의자에 앉아 별다른 여가 생활 없이 문제만을 풀어가는 단조로운 이미지였다. 나는 외향적이며 친구들과 같이 축구하는 것을 좋아하는 학생이었기 때문에 왠지 일평생 공부만 하는 학자로 살아간다면 행복하지 않을 것 같았다. 또한 고등학교 선생님들로부터 고등학교에서 배운 수학과 다르게 대학교에서의 수학은 증명으로 가득 차 있어 상상과는 다를 거라는 이야기도 들었다. '공대에 가면 취업 걱정은 없다더라'와 같은 현실적인 조언들 역시 접하긴 했지만, 당시 고등학교 3학년이었던 내게 취업과 같은 먼 미래는 그리 와닿지 않았기 때문에 그 말은 결정을 내리는 데 별로 영향을 주지는 않았다. 이런 관점에서 생각하니 고등학교 때까지 내가 가장 좋아했던 과목은 분명 수학이었지만, 대학교에서의 전공을 수학으로 선택한다면 그 이후의 삶은 뭔가 달갑지 않은 모습일 것 같다는 생각이 강해졌다. 최종적으로 나는 수학을 전공하지 않고 서울대학교 기계공학부에 입학하는 것이 내가 원하는 모습의 미래를 그려갈 수 있는 선택이라고 판단했다.

● 대학 와서 선택한 통계학

고등학교와 대학교의 대표적인 차이점 중 하나가 대학교에서는 희망하는 강의들을 선택해서 들을 수 있다는 것이다. 영재 학교의 특성상 고등학교에서도 수강의 자유가 조금은 주어졌지만 이것은 형식적인 자유에 가까웠고, 필수로 수강해야 하는 과목들을 수강 신청 하고 나면 선택의 폭은 그리 넓지 않았다. 하지만 대학교는 달랐다. 대학교에서도 필수로 들어야 하는 과목들이 있지만 언제 수강할지 선택할 수 있는 자유가 있었고, 필수 과목 외에는 듣고 싶은 수업을 얼마든지 추가적으로 들을 수 있다. 또한 학교 수업 이외에 다른 활동에 시간을 더 투자하고 싶다면 수업 자체를 조금만 들어도 되는 시스템이었다.

하지만 대학교에 입학한 직후에는 열심히 놀아야겠다는 생각 때문에 '앞으로 어떤 과목들을 공부할지'에 대해서는 관심이 거의 없었다. 또한 고등학교 동기들 중 나와 같은 전공으로 같은 학교에 입학한 친구들이 꽤 있었기 때문에 별다른 생각 없이 친구들이 듣는다는 과목들을 따라 듣게 되었다.

대학교 1, 2학년 동안에는 능동적으로 공부하지 않았고, 미래에 무슨 일을 할지에 대한 고민도 그다지 없었다. 그래도 다행이었던 건 대입을 거치며 '어떻게 되었든 일단 공부는 열심히 해보자'라는 마음가짐을 가지게 되었던 것이다. 대학교 입시를 겨우 마무리한 이후, 성적이 내 앞길의 걸림돌이 되지는 않게 하자는 생각으로 공부는 꾸준히 했다.

그렇게 미래에 어떤 공부를 할지에 대한 고민 없이, 흘러가는 대로 수업을 듣고 공부를 했다. 그러던 중 1학년 1학기 때 수강했던 통계학에서 좋은 성적을 받았는데, 통계학은 입시 당시 고민했던 전공 후보 중 하나였던 데다 수학이랑 비슷한 면이 많아 흥미가 생겼다. 그리고 1학년 2학기 때 우연히 수강했던 통계학과 관련된 세미나 과목에서 통계학을 전공하면 미래에 돈을 잘 벌 수 있다는 이야기를 듣게 되었고, 통계학을 복수전공 해보기로 마음먹었다. 바로 복수전공을 신청했고, 심사에 합격해 2학년 2학기 때부터 통계학 복수전공을 시작하게 되었다.

그러던 와중에 2학년 1학기 때부터 기계공학에도 조금씩 흥미가 생기기 시작했다. 고등학교 때에는 물리라는 과목 자체가 실생활과는 동떨어진 현상들을 다루는 것 같아 공부를 하면서도 별다른 감흥이 없었는데, 기계공학부에서 2학년 때 배우는 과목들은 실생활과 밀접한 내용들이 많았기 때문이다. 분필을 비틀어서 부러뜨리면 그 단면이 왜 45°로 비스듬하게 생기는지, 종이를 접고 나면 왜 접은 선이 남고 원래와 같은 상태로 돌아갈 수 없는지 등 실생활에서 일어나는 현상들을 설명할 수 있는 이론들을 많이 배우게 되었다. 자전거를 탈 때 왜 쓰러질 것 같은 방향으로 핸들을 돌려야 하는지 등에 대해서도 이론적으로 설명할 수 있게 되었다. 이렇게 실생활에 적용될 수 있는, '공학적 원리'라고 부를 만한 내용을 공부하고 나니 점점 물리가 재미있어졌다. 또한 전공 과목 중에서 흐르는 물체(물, 기름 등)의 움직임에 관해 다루는 유체역학을 듣고 나니, 수도꼭지에서 물을 틀었을 때 물의 단면적이 점점 좁아지는 이유, 바닥에 놓인 샤워기의 물을 틀면 샤워기가 반대로 움직이는 이유 등에 대한 이론적인 설명을 할 수 있게 되었다. 나는 점점 평소에도 수업 시간에 내가 배운 이론이 실생활에서 어떤 방식으로 이용될 수 있을지 고민하기 시작했다.

이렇게 통계학과 기계공학에 대한 흥미를 가진 채로 2학년을 마치고 군대에 다녀왔다. 대학교 3학년 때에는 기계공학보다는 상대적으로 많이 공부해보지 못했던 통계학을 중점적으로 공부했다. 그러면서 수식을 원 없이 다루어보기도 하고, 데이터를 통해서 유의미한 결과를 도출해내는 방법도 배우게 되었다. 이렇게 공부를 계속해나가며 통계학이 내가 생각했던 것보다 더 실용적이고 이용 범위가 넓은 학문임을 알게 되었다. 기계공학을 공부하면서 학문의 실용성, 이용 가능성의 측면에 대해 흥미를 느꼈는데, 통계학은 내가 생각했던 것보다 그 부분이 더 크다고 생각 되었다. 그래서 현재까지도 기계공학과 통계학에 모두 관심을 가지고 공부하고 있지만, 통계학에 더 큰 흥미를 느끼는 상태긴 하다. 데이터를 통해 그 속에 숨어 있는 사실들을 알아내는 기법을 더 깊이 있게 공부하고 연구해보고 싶어서 대학교 졸업 후에는 통계학 관련 대학원에 진학할 예정이다.

● 무엇을 하고 싶은지는 늘 변한다

지금까지의 과정을 되돌아보면 나는 수학, 기계공학, 통계학으로 관심이 옮겨왔고 이제는 세 과목 중 수학에 관한 흥미가 가장 덜하다. 대학에서 수학 전공 과목들을 공부해보니, 이론적으로 엄밀하게 증명을 하고 파고드는 방식이었다. 이 방식은 이해했을 때의 성취감보다는 이해하는 과정에서 요구되는 스트레스가 더 컸다. 대학 수학은 내게 그리 매력적이지 않았고, 더 실용적이면서 적용 가능한 영역이 넓은 기계공학과 통계학에 대한 관심이 더 커졌다.

지금 어떤 환경에 처해 있든 진로나 전공 등을 결정할 때 조금은 여유로운 마음으로 생각해도 좋을 것 같다. 중요한 사안을 대충 결정하라는 뜻은 절대 아니며, 오랜 시간 신중하게 장단점을 고려해야 한다는 데는 전적으로 동의한다. 그럼에도 내가 이렇게 이야기하는 건 두 가지 이유 때문이다. 모든 일이 내가 원하는 대로 이뤄지지는 않는다는 것, 또 무엇을 하고 싶은지는 늘 변한다는 것이다. 의도치 않게 원하지 않았던 길로 가게 될 수도 있고, 충분한 고민 끝에 선택한 길이었지만 머지않아 생각이 바뀔 수도 있다.

내가 무엇을 좋아하게 될지, 그리고 무엇을 하게 될지 단정 지을 수 없다. 그렇다고 계획 없이 막연하게 '어떻게든 되겠지' 하는 긍정적인 마음만을 가지고 있으라는 말은 아니다. 오히려 그렇기 때문에 내가 현재 무엇을 좋아하는지 수시로 고민해보아야 한다. 내가 무엇을 좋아하는지는 계속 변화하는 것처럼, 나는 지금 어떤 사람이며 어떤 일을 할 때 행복한지, 어떤 일을 할 때 시간 가는 줄 모르고 하게 되는지, 그리고 나중에 어떤 삶을 살고 싶은지에 대한 생각 역시 계속 변화한다. 이렇게 나의 생각, 기호, 가치관 등에 대해 수시로 생각한다면 진로 선택과 같은 중요한 갈림길에 서게 되었을 때, 그동안 누적되어 있던 생각과 고민이 밝은 등불이 되어줄 것이다.

나에게 가장 특별한 돌이 된 공학

조선해양공학과 17학번 김예린

어느 날 다큐멘터리 프로그램에서 우연히 돌 수집가를 보게 되었다. 수많은 돌을 가지고 있던 그분은 각각의 돌이 왜 특별한지 열심히 설명했다. 내가 보기에는 다 똑같은 돌인데 어떻게 저 사람에게는 하나하나 모두 아름다운 가치를 가지는 돌이 되었을까 곰곰이 생각하다가, '관심을 가졌기 때문'이라는 나름의 결론에 도달하게 되었다.

각각의 사람들이 좋아하는 것들은 모두 자신만의 돌이라 할 수 있다. 세상에는 수없이 많은 돌이 있지만 자세히 보지 않으면 그저 평범하고 재미없는 돌에 불과하다. 그러다 괜히 눈길을 끌어서, 또는 주변 사람들의 권유 등의 우연한 계기로 어느 돌을 줍게 되어 자세히 들여다보면 이내 그 돌이 가진 독특한 모양과 색깔을 볼 수 있다. 그렇게 그 돌에 대해 알게 될수록 특별함과 아름다움을 발견하게 되고, 어느덧 그 돌은 닦아주고 가꾸어주어야 할 소중한 존재로 바뀐다. 그렇게 나만이 볼 수 있는 가치를 알게 되고, 나의 돌을 '갖게' 되는 것이다.

우연한 계기로 줍게 되었고, 더 예쁜 돌을 찾겠다며 오랜 시간 무심했지만, 이제 공학은 나에게 가장 특별한 돌이 되었다. 지금부터 이 이야기를 해보려 한다.

● 공학의 '공'도 모르던 고등학생

나는 어릴 때부터 공학에 관심을 가진 건 아니었다. 뭘 만들어보는 것을 좋아하지도 않았고, 기계의 작동 원리가 궁금해 해체해보거나 하는 경험도 없었다. 초등학생 때 가장 싫어했던 과목은 과학이었고, 중학교 3학년 때는 자사고에 가면 1학년 때부터 과학을 안 배워도 된다는 이야기를 듣고 자사고 진학을 고민하기도 했다. 나에게 과학자는 아인슈타인이나 노벨처럼 위인전에나 나오는 사람이었다.

이랬던 내가 참 단순한 계기로 공대에 진학하게 됐다. 고등학교 1학년 여름 문·이과를 선택해야 하는 시점이었다. 이과에 가면 의사나 연구원이 되는 줄로만 알았던 탓에 병원에서 아픈 사람을 보며 살고 싶지 않고, 연구실에서 세포만 보며 살고 싶지 않다고 생각했다. 그래서 이과가 적성에 맞는다고 생각했음에도 문과를 희망하며 갈등했다.

　그 당시에 나는 막연하게 글 쓰는 사람이 되고 싶었다. 전문 분야에 대한 풍부한 지식을 바탕으로 나만의 통찰을 사람들에게 전하는 글을 쓰고 싶었다. 이런 일을 하기 위해서는 당연히 문과에 진학해야 한다고 생각했다. 이렇게 하고 싶은 일과 적성 사이에서 고민하던 중 우연히 동아리에서 진로 선택을 주제로 한 강연을 듣게 되었다. "잘하는 일로 돈을 벌고, 좋아하는 일은 취미로 해야 합니다"라는 이야기는 당시 문과와 이과 사이에서 고민하던 나에게 큰 영향을 주었다. 좋아하는 일은 잠시 접어두고, 적성에 맞는 이과로 진학해서 우선 돈을 벌어야겠다고 생각했다.

　그러던 중 공대라는 것을 처음 알게 되었다. 공대에서 무엇을 공부하는지는 잘 몰랐지만, 당시 나에게는 이과에서 선택할 수 있는 새로운 가능성이었다. "이과에 '공대'라는 게 있다고? 그럼 나 이과 가서도 의사 안 하고, 연구원 안 해도 돼?" 이렇게 단순한 이유로 공학을 향한 첫 발걸음을 내디뎠다. 그렇게 잘 알지도 못하면서 공대를 바라보고 이과 진학을 결정했다.

　시간이 흘러 고등학교 3학년이 되고, 대학 진학을 위해 학과를 선택해야 하는 순간이 왔다. 그때까지도 미래에 대해 깊이 생각해보지 않았던 나는 이과생이라면 특별한 꿈이 있는 것이 아닌 이상 당연히 공대에 가는 줄 알았다. 공대 진학에 고민은 없었다. 애초에 공대라는 것이 있었기 때문에 이과에 왔고, 친구들 사이에서도 공대에 가는 게 당연한 분위기였다. 공대에서 무슨 과를 갈지에 대한 선택이 존재할 뿐이었다.

학과를 선택하게 된 계기도 단순했다. 지금도 여전히 항구 도시에 살고 싶다는 로망을 가진 나는 고등학교 때에도 바다와 배를 막연하게 동경했었다. "너 바다 좋아하니까 선박 설계사는 어때?"라는 옆자리 짝꿍의 말에 나의 1학년 생활기록부에는 선박 설계사라는 장래 희망이 적히게 되었다.

그러나 '배 만들고 싶어요!', '선박 설계 할래요!' 했던 과거의 내가 상상했던 것은 주어진 규칙에 따라 설계 도면을 그리고 그걸 바탕으로 뚝딱뚝딱 하면 배가 만들어지는 그런 것이었다. 지금 생각하면 우습지만, 그때의 나는 어른이 되면 내가 배를 하나 만들 수 있을 줄 알았다. 배를 다룬다는 예상은 맞았지만, 그 바탕이 되는 공학에 대해서는 전혀 예상하지 못했다. 그때까지만 해도 배와 관련해서 이렇게 복잡하고 신기한 문제들이 존재하는 세상이 펼쳐질 줄은 상상도 하지 못했다.

● 가슴 설레는 일 찾기

'잘하는 일로 돈을 벌고 좋아하는 일은 취미로 해야 한다'는 말은 꽤 오래 내 마음속에 남아 있었다. 어쩌면 이과를 선택한 순간부터 직업을 통해 자아실현을 하겠다는 마음은 버렸던 것 같다. 먹고살려면 돈을 벌어야 하니 우선 공부를 하고, 직장을 가진 다음에는 좋아하는 것을 하면서 내가 원하는 삶을 찾을 수 있을 것이라고 생각했다. 어떤 직업을 선택하느냐보다 무얼 하면서 여가 시간을 행복하게 보낼 수 있을까가 미래에 대한 나의 주 관심사였다.

행복한 인생을 위해서는 진심으로 하고 싶은 일을 찾으라는 이야기를 많이 들었다. 다들 하나같이 자신이 진정으로 좋아하는 일을 하라고 말한다. 이런 말을 들으면 사람마다 좋아하는 일을 하나씩은 가지고 있을 것 같았다. 하지만 고등학교를 졸업할 때까지도 나는 내가 진심으로 좋아하는 것이 무엇인지 몰랐다. 책을 읽는 것도, 운동을 하는 것도, 그림을 그리는 것도, 친구들과 어울리는 것도 좋아했지만 모두 진심으로 하고 싶은 일이라기에는 무언가 부족했다. 대학에 가서 보다 자유를 누릴 수 있게 되면 지금껏 해보지 않은 것들을 해보며 내가 좋아하는 일을 찾고 싶었다. 2017년, 이런 기대를 안고 대학에 진학했다.

남들처럼 '대학에 왔으니 공부는 끝'이라고 생각했다. 무작정 놀고 싶었다기보다는, 세상에는 공부 외의 많은 것들이 있고 그것들을 경험하는 게 지식을 쌓는 것보다 중요하다고 생각했다. 이런 이유로 대학생이 된 나에게 공부는 1순위가 아니었다. 대신 흥미를 찾기 위한 다양한 활동을 했다. 수능이 끝나자마자 미술 학원에 등록했고, 첫 학기부터 필수 교양과목 대신 글쓰기 수업을 들었다. 학생회에 들어갔고, 농구를 시작했다. 악기도 배워보고, 정기 봉사활동도, 멘토링 활동도 해보았다. 각종 체육 수업을 포함하여 졸업에 필요한 과목 이외에 흥미를 끄는 수업을 먼저 찾아 들었다.

이렇게 여러 가지를 접하면서 내가 진심으로 좋아하고 열정을 쏟을 수 있는 무언가를 발견하기를 기대했다. 새로운 세상을 경험하다 보면 남들이 말하는 것처럼 나를 가슴 설레게 하는 일이 하나쯤은 있을 줄 알았다. 하지만 이런 시간을 보내면서도 내가 기다렸던, 무언가를 향한 강한 끌림과 열정이 느껴지는 순간은 오지 않았다.

'진짜' 흥미를 찾고자 했던 과거의 나에게, 전공 공부는 그저 의무에 지나지 않았다. 전공을 살려서 돈을 벌겠다는 마음에는 변화가 없었기에 남들처럼 공부를 했지만, 특별히 동기 부여가 되는 꿈도, 전공을 통해 이루고자 하는 큰 목표도 없었다. 공부를 하면서도 마음은 다른 곳에 있었고, 공학에서 내 삶을 찾을 수 있을 거라는 생각은 들지 않았다.

공부보다 중요한 것들이 생기면서 두 번째 학기부터는 적게 공부하고도 시험에서 점수를 받을 수 있는 나름의 요령을 찾아냈다. 그렇게 공부보다는 다른 일들에 신경을 쓰며 대학에서의 첫 1년을 보내고 2학년이 되었고, 전공 수업을 본격적으로 듣게 되자 어려움에 부딪히기 시작했다. 전공 과목들이 무엇을 위한 것인지 알 수 없었다. 강의 자료에 있는 수식들의 의미도, 그것의 존재 이유에 대해서도 알지 못했고, 알아야 한다고 생각조차 하지 않았다. 책을 펴도 이해할 수 있는 것이 없었기에 공부를 하려고 할 때마다 막막함이 먼저 나를 압도했다. 돌이켜보면 공학이 뭔지 몰랐기 때문에, 공학에서의 사고방식을 접해본 적이 없었기 때문에 내가 무슨 공부를 하는지 이해하지 못했던 것 같다.

그러나 이렇게 어려움을 느끼면서도 공부 방법을 바꾸지는 않았다. 여전히 이해보다는 점수를 위한 공부를 했다. 여전히 삶의 중심은 공부가 아니었고, 당시의 나는 뭘 공부하는지도 모른 채 공부했다. 예를 들어 응력과 변형률은 고체 물질이 받는 힘과 그로 인한 변형을 나타내는 개념으로, 기계 분야의 공대생이라면 가장 기본적으로 배우는 개념이다. 해당 개념을 배우며 나는 숫자들의 조합으로 문제는 풀었지만(못 풀었을 수도 있다) 1년 뒤인 3학년 때가 되어서야 그 정의를 알게 되었다. 그 의미를 이해하게 된 것은 부끄럽게도 4학년이 된 지금이다. 그동안 내가 풀었던 문제들의 의미조차 몰랐던 것이다. 공학에서는 복잡한 방정식을 풀기 위해 '라플라스 변환'이라는 방법을 종종 사용한다. 2학년 때 나는 공학수학을 배우며 라플라스 변환을 이해하지 못했다. 3학년이 되고 상위 과목을 배우며 라플라스 변환을 이용하는 풀이가 등장했지만, 당시 라플라스 변환이 무엇인지도 몰랐던 나는 풀이 과정을 이해할 수 없었기 때문에 그냥 풀이를 외워버렸다. 변환 방법도 모른 채, 사실 내가 하고 있는 것이 변환이라는 것도 모른 채, '첫 번째 계수를 여기에 쓴 다음 s를 붙이고…' 하는 식으로 말이다.

내가 했던 공부는 이런 식이었다. 조금만 관심을 가졌더라면 충분히 알 수 있었을 것들을 모른 채로 공부했다. 이렇게 공부를 하니 전공 공부가 재미있을 리 없었고, 그저 머리 아프고 한숨 나오게 하는 숫자들과 꼬부랑글씨들의 향연이었다. 이렇게 허술한 기초 지식 위에 모르는 것들이 쌓이고 쌓여갈수록 나는 점점 공학과 멀어져 가고 있었다.

결국 2학년 성적표를 받고 내 학점이 텅 빈 학점임을 깨달았다. 내가 배운 과목에 대해 나는 아무것도 말할 수 없었다. 한 학기 동안 무엇을 한 것인지 혼란스러웠다. 첫 전공 성적표를 들여다보던 그때의 멍한 기분을 아직도 잊을 수 없다. 분명 수업을 듣고 학기를 마쳤지만 '배움'이라는 것은 너무 멀리 있는 것 같았다.

● 새로운 세상을 보게 된 순간

그렇게 3학년 1학기를 마쳤지만, 지금까지 뭘 한 건지 알 수 없었다. 주위의 똑똑한 친구들에 비해 나는 할 줄 아는 것도 없고 아는 것도 없는 듯했다. 그러나 공부 이외의 분야에서는 달랐다. 특별히 가슴 뛰는 일을 찾지는 못했지만 내가 했던 모든 활동들을 좋아했다. 새로운 경험은 늘 재미있었고, 그 과정에서 만나게 되는 사람들도, 이따금씩 찾아오는 도전의 순간도 매력적이었다. 그렇게 5학기를 마친 시점에서도 여전히 하고 싶은 일들이 많아 휴학을 결심했다. 동아리 활동이나 새로운 봉사 활동도 하고 싶었고, 여행도 떠나고, 면허도 따고, 아르바이트도 시작했다. 내 머릿속은 새로운 경험에 대한 기대감으로 가득 차 있었다. 그러나 이렇게 시작한 휴학 생활에서 나는 뜻밖의 결과를 얻게 되었다.

다행히도 휴학 전에 나는 마음속에 공학에 대한 작은 불씨 하나를 품게 되었다. 3학년 1학기 때 진동학 수업을 들으며 처음 공학을 세상과 연결 지어 보면서 이 불씨가 생겨난 것이다. 진동학에서 '충격'이라는 개념을 이해하고 나니, 모든 힘을 단위 충격의 조합으로 표현하고 해석할 수 있다는 사실이 무척 신기하게 다가왔다. 어느 날 길을 걷다가 사범대에 세워진 입간판을 보고 (재료의 특성과 모양을 안다면) 저걸 뻥 차면 어떻게 진동할지를 알아낼 수 있다는 생각이 들었을 땐 멋지다는 생각마저 들었다.

새로운 세상을 볼 수 있게 된 느낌이었다. 그동안 내 주위 물건들이 흔들리는 현상, 예컨대 자동차의 진동, 세탁기의 진동 등은 내가 설명할 수 없는 영역의 것이었다. 그런데 이제 세상에 존재하는 '그냥 그런 것', '복잡한 것'이었던 현상을 제대로 볼 수 있게 된 것 같다. 같은 진동 현상이 진동학을 배우고 난 후에 더 선명하게 다가온 것이다. 이후로는 일상에서 책상의 떨림같이 비슷한 현상을 찾을 때마다 설레고 신났다.

하지만 이 경험은 단순히 '재미있다', '신기하다'는 감정에서 끝났을 뿐 공학에 대한 나의 마음가짐에 영향을 주지는 못했다. 여전히 나는 전공에 정을 붙이지 못하고 방황하고 있었다. 그러나 이렇게 처음으로 공학에 재미를 느낀 후, 학교를 떠나 있던 1년 동안의 다양한 경험은 이 작은 불씨에 지속적으로 산소를 공급해주고 있었던 모양이다. 특히 교환학생으로 미국에 머무르는 동안 친구와 함께 워싱턴의 항공우주박물관에 방문했다가 뜻밖에 아주 재미있고 신나는 경험을 했다.

박물관에는 여러 가지 체험을 할 수 있는 구역이 있었는데, 그곳에서 친구와 나는 초등학생들보다도 더 신이 나서 폴짝폴짝 뛰어다녔다. 여러 형상의 모형이 회전하는 모습에서는 유동장이 보였고, 다양한 재료와 형상을 가진 막대들의 굽힘에서는 막대 내부의 힘과 변형이 보였다. 비행기 날개 주위로는 받음각과 양력이 머릿속에 그려졌다. 원리를 알고 보니 모든 것들이 신기했다. 단순하고 당연하다고 생각했던 움직임들이 마치 체계적인 원리에 의해 작동하는 기계처럼 느껴졌다. 우리는 체험 버튼을 하나씩 눌러보고, 눈을 동그랗게 뜨고 마주 보며 "우와!" 하는 감탄사를 연발했다. 지금 생각해도 참 신기한 경험이었다. 어릴 땐 따분하기만 했던 과학관이 이렇게 놀라운 장소가 될 수 있다니.

이렇게 공학이 주는 관점의 변화를 실감한 후 공학을 공부한다는 사실에 큰 기쁨을 느끼게 되었다. 내가 배운 것들이 세상을 바라보는 방법을 변화시킨 것이다. 공학이 아닌 다른 전공도 마찬가지일 것이다. 무언가를 배우면 배울수록 전에는 알지 못했던, 그리고 가능하다고 생각조차 하지 못했던 것들이 눈에 들어오게 된다.

같은 시기에 수업도 점점 재미있어지기 시작했다. 교환학생 기간에는 공부보다는 새로운 경험을 하고 싶은 생각이 더 컸기에 전공과목은 딱 두 개만 수강했고, 그중에서도 공부를 해야 하는 과목은 하나뿐이었다. 한국에서는 항상 많은 공부량에 압도되어 허우적댔지만, 교환 학생 기간에는 한결 가벼운 마음으로 한 과목에만 집중하다 보니 새로운 것들을 배울 수 있었다.

마음의 여유를 가지고 하는 공부는 시험과 과제만 급급히 따라가며 하는 공부와는 달랐다. 세상에 존재하는 움직임들을 '시스템'으로 정의하여 수식으로 표현할 수 있고, 수학이라는 매개체를 통해 다른 차원으로 들어가 이런저런 해석을 거치고 나면 그것이 다시 실제 물체의 움직임으로 나타난다는 사실이 무척 흥미롭게 다가왔다. 하나의 현상을 보고서 눈에 보이지 않는 변수를 도입하고 평면을 그리고 해석할 수 있다는 것이 아주 멋지게 느껴졌다. 이전처럼 점수를 위한 공부를 했다면 생각해보지 못했을 관점이었다. 예전

같았으면 내가 하고 있는 것이 무엇인지도 모른 채 열심히 수식만을 풀었을 것이다.

이 수업이 끝난 후 나는 그 어느 때보다 진심으로 '잘 배웠다'고 말하는 마음의 소리를 들을 수 있었고, 처음으로 종강의 아쉬움을 느껴보았다. 수업을 잘 따라갔다는 기쁨에 '전공 수업 더 신청할걸' 하고 후회를 하기도 했다. 이렇게 타오르기 시작한 불씨는 공학적 지식을 이용해 처음 실제로 의미 있는 것을 만들어보면서 마침내 꽃을 피웠다.

귀국 후 여름방학 동안 조선·해양 분야 기업 연구소에서 짧은 인턴 생활을 했다. 이곳에서 사람의 조종 없이 스스로 운항하는 자율운항 선박의 경로 계획과 충돌 회피를 주제로 하는 간단한 과제를 부여받았다. 학교 과제와 달랐던 점은, 단순히 주어진 결과를 내는 프로그램만 만드는 것이 아니라, 활용할 자료를 선택하고 탐색하고 반영하여 실제 상황에 가까운 문제를 만들고 그에 맞는 해결 방법을 스스로 설정해야 한다는 것이었다. 이 과정에서 자율운항 선박 관련 지식과 기술 동향을 담은 자료를 많이 접하였고, 논문도 읽어보았다. 실제 기술과 해상 규칙 등을 이해하고 찾아가며 배우니 학교에서 공부하는 것과는 또 다른 느낌이었다. 이론으로만 존재하던 공학이 복잡한 현실화 과정을 거쳐 세상에서 유용하게 쓰이게 된다는 점이 신기하고 뿌듯했다.

최종적으로 그동안 사용해본 적 없던 플랫폼으로 두 개의 프로그램을 만들어냈다. 실행되는 프로그램을 보다가 문득 '과거의 나도 이런 것을 할 수 있었을까?'라는 생각이 들었다. 나는 달라져 있었다. 과거의 내가 실제로 할 수 있었을지, 없었을지는 알 수 없다. 다만 한 가지 분명한 것은, 지금의 나는 할 수 있다고 생각한 것을 겁먹지 않고 실행했다는 사실이다. 짧은 대학 생활 동안 공학에 대해 많은 지식을 쌓지는 못했지만 부족한 경험이라도 쌓이고 나니 내가 무엇을 할 수 있는지, 목적을 달성하기 위해 무엇이 중요하고 무엇이 중요하지 않은지 판단할 수 있는 감각을 익히게 됐다. 아무것도 못한다고 생각했던 내가 무언가 해내고 있음을 느끼자 나도 공학으로 무언가 할 수 있다는 자신감이 생겼다.

그제서야 내 마음속의 불꽃을 깨닫게 되었다. 어느새 나는 공학을 즐기고 있었다. 복학을 앞두고 다시 다양한 진로를 두고 고민해보았지만, 앞으로 어떤 일을 하든 공학과 동떨어진 삶은 상상할 수 없었다. 의무감에 힘겹게 전공의 끈을 붙잡고 있던 내가, 그 끝에서 새로운 미래를 발견하게 된 것이다. 휴학 기간은 다른 곳에서 삶을 찾겠다는 처음의 마음과는 달리 나의 삶을 공학으로 이끌었다.

● 좋아하는 만큼만 공대생으로 살아보기

이런저런 경험을 한 후 공학을 하겠다고 결심했을 때의 생각은 공학을 '해야 되겠다'가 아니라 공학을 '해도 되겠다'에 가까웠다. 인턴 생활이 끝난 후 어느 날 문득 TV를 보다가 촬영 현장에서 일하는 사람들을 생각해보게 되었다. 저 사람들은 자신이 하는 일에 대해 얼마나 많이 알고 있을까, 그리고 많은 것을 알고 하는 그 일이 얼마나 재미있을까 하는 생각이 들었다. 그 순간 세상의 모든 일은 가치 있고, 진짜 중요한 것은 내가 무엇을 하는지가 아니라는 생각이 들었다. 아직 내가 겪어보지 못한 세상에 나와 더 잘 맞는 일이 존재할지 모르지만, 그걸 찾는 게 꼭 가장 중요한 건 아닌 것 같았다. 보기만 해도 설레서 가슴이 뛰는 일은 아니더라도, 운명처럼 나에게 잘 맞는 일은 아니더라도, 공학을 해도 내가 행복할 수 있겠다는 생각이 들었다.

무엇이든 깊이 파고들어 보면 아름답지 않은 게 없다. 그리고 그 아름다움이야말로 그 길을 가본 사람만이 알 수 있다고 생각한다. 내가 공학의 길을 걷고 나서야 공학이 보여주는 세상을 볼 수 있었던 것처럼. 그동안 나는 현실과 타협하여 길 위를 걸어가면서도 '길가의 것'에서 나의 진짜 삶을 찾으려 했다. 그러나 길 위를 걷다 보니, 그 길을 걷는 것 자체가 행복한 일이 될 수도 있겠다는 생각이 들었다. 이제 막 공학에 첫 발걸음을 내디딘 나는 이 길을 조금 더 걸어가 보려고 한다. 이후에 내가 무엇을 보고 무엇을 느끼게 될지 지금의 나로서는 상상할 수 없지만, 지금까지 공학이 나에게 준 변화는 미래의 내가 보게 될 것에 대해 충분한 기대감을 주기 때문이다. 공부에 큰 뜻을 두지 않은 채 대학 생활의 반 이상을 이미 보내버렸지만, 늦었다고 생각하지 않고 다시 한 번 도전해보기로 다짐했다. 아무짝에도 쓸모없다고 생각했던 나의 텅 빈 학점은 학교로 돌아왔을 때 나에게 '다시 할 수 있다'는 용기를 주었다.

가끔은 착실하게 공부해온 주변 친구들을 보며 나도 '그냥 1학년 때부터 공부 열심히 할걸' 싶을 때도 있었다. 그러나 여기저기 기웃거리고 돌아다니는 과정 속에서, 무언가에 공을 들인 후에야 얻을 수 있게 되는 가치에 대해 배울 수 있었다. 과거를 돌아보면 난 한 가지에 열정을 쏟았던 적이 없었던 것 같다. 어릴 때부터 드라마든 게임이든 한 가지에 푹 빠져본 적이 없다. 모든 것을 걸어볼 용기가 없었는지도 모르겠다. 나는 흥미란 쉽게 발견하게 되는 것이 아니고 발견하기 위한 노력이 필요하다는 것을 모른 채 이것저것 시도만 하며 기다렸던 것이다.

좋아하는 것은 어느 날 갑자기 마법처럼 찾아오지 않는다. 그런 감정은 짧은 시간에 느껴지는 게 아닐 수도 있다. 내가 좋아하는 일을 찾기 위해 이곳저곳을 기웃거리던 와중에 공학의 매력은 서서히, 나도 모르는 사이 아주 천천히 내 삶이 되어갔다.

지금은 다시 학교를 다니며 공부를 하고 있지만, '내가 정말 공학을 해도 될까?', '나는 공학을 할 사람이 맞을까?'라는 고민을 여전히 하게 된다. 공학은 여전히 나에게 멀고도 험한 길이다. 탄탄하지 못한 전공의 토대 위에서 새로운 것들을 배워간다는 게 쉽지는 않다. 학교 수업은 여전히 벅차고, 가끔은 아무리 노력해도 남들만큼 할 수 없을 것 같다는 생각에 좌절하기도 한다.

그런 나의 유일한 목표는 포기하지 않는 것이다. 공학에 대한 나의 애정을 지키기 위해, 내 부족함 때문에 흔들리더라도 좌절하지 않고 공부하기 위해 나는 '내가 좋아하는 만큼만 하기'로 했다. 이런 식으로는 최고가 될 수는 없을지 몰라도, 이렇게 하는 것이 내가 공학을 계속 좋아하기 위한 방법이라고 생각하기 때문이다. 좋아서 하는 일이라면, 최고가 되지 못하거나 성과를 내지 못한다고 해도 받아들이겠다고 마음먹고 나니 공학을 대하는 마음이 한결 가벼워졌다. 공학을 내가 정복해야 할 대상이 아니라 나를 성장시켜 주기 위해 세상에 존재하는 것으로 생각하게 되었다. 나는 그것을 내가 원하는 만큼, 내가 감당할 수 있는 만큼 받아들이면 되는 것이다. 지금 가는 길이 힘들어도, 묵묵히 길을 가다 보면 남들은 발견하지 못하는 가치를 발견하게 된다는 것을 알게 되었기 때문에 흔들리는 상황에서도 마음을 다잡는다.

공학이라는 돌을 갖게 되는 과정도 힘들었지만, 그렇게 내가 '갖게 된' 돌이라고 해서 나에게 모든 것을 보여주지는 않는다. 돌의 진짜 매력은 꽁꽁 숨겨져 있어서 그것을 알아볼 수 있는 눈을 갖기 위해선 긴 인내의 시간이 필요하다. 나의 돌이 내가 알고 싶어 하는 만큼 알려주지 않는다고 해서 쉽게 놓아버리지는 않을 것이다. 완벽하지 않더라도 조금씩 알아가면서, 내가 아는 만큼만을 바라보며 돌을 품는 것도 나쁜 일은 아닐 테니 말이다.

나는 그렇게 앞으로 나아가고 있다. 현재에 최선을 다하면서 선택의 순간이 왔을 때 지금까지 그랬던 것처럼 마음이 가는 대로 선택을 할 것 같다. 그러다 보면 언젠가는 어느 곳엔가 도달해 있지 않을까. 한 가지 확실한 것은, 그곳이 어디든 공학을 하며 살고 싶다는 것이다.

연구실 인턴으로 살아보기

전기·정보공학부 16학번 이성민

● 대학원이 도대체 뭐야?

진로 이야기는 대학 입학 후 선배들을 만나 이야기를 나눌 때마다 등장하는 단골 주제 중 하나였다. "넌 졸업하고 회사에 취직하고 싶어, 아니면 대학원에 진학하고 싶어?"라는 선배들의 질문에 매번 "아직 아무것도 모르겠어요. 학년 올라가면 알게 되겠죠?"라며 고민을 미루곤 했지만, 어느새 더 이상 미룰 수도 없을 만큼 시간이 흘렀다.

고민을 마주하기 시작하면서 깨달은 것 중 하나는 대학원에 간다는 게 어떤 건지도 잘 모르고 있었다는 것이다. 내가 들어본 대학원에 대한 이야기는 기껏해야 "소년이 잘못하면 소년원을 가고 대학생이 잘못하면 대학원을 간다"라거나 "대학생이 다니는 학원"이라

공대에 가고 싶어졌습니다

는 우스갯소리뿐이었다. 그래서 나의 길을 결정하기에 앞서 대학원이 정확히 어떤 곳인지 알아보기로 하였다.

대학원에 진학한 선배들과의 대화를 통해 대학원생의 본업은 '연구'임을 알게 되었다. 대학원생은 관심 있는 분야의 연구실에 소속되어 연구하는 방법에 관해 배우는데, 강의 역시도 연구에 도움이 될 만한 것들 위주로 듣는다고 한다. 이 이야기를 들은 뒤로 연구가 구체적으로 뭘 하는 건지에 대한 의문이 생겼다. 주변 사람들에게 물어보면 "연구가 연구지, 뭐"라는 시큰둥한 반응뿐 만족스러운 답을 얻을 수가 없었다. 돌이켜보면 고등학교에 다닐 때에도 '연구'라는 이름이 들어간 행사와 대회가 다수 있었지만 그럼에도 그게 무엇인지 정의하기는 매우 어려웠다. 연구가 무엇인지 알아야 대학원 진학 여부를 결정할 수 있겠다는 생각에 끊임없이 고민했고, 이를 바탕으로 내 나름대로 내린 연구에 대한 정의를 공유하고자 한다.

나는 연구를 '한 분야의 팬이 되는 것'으로 정의하고 싶다. 소설이나 영화에 푹 빠져 지낼 때의 모습을 떠올려보자. 팬으로서 그 대상에 대해 더 많은 것을 알고 싶어하고, 남들이 잘 모르는 비하인드 스토리를 알아내면 더없이 뿌듯해지기도 한다. 같은 관심사를 가진 사람을 만나 함께 이야기하면 그보다 즐거운 일이 없다. 연구도 마찬가지다. 물론 취미가 아니라 업으로 하는 일인지라 스트레스 없이 즐기기만 하기는 어렵겠지만 기본적으로는 팬 활동과 매우 유사하다. 한 분야를 깊게 파고들면서 새로운 사실을 발견하거나 누구도 하지 못했던 생각을 하고, 그걸 많은 사람들과 공유한다는 점에서 그렇다. 그래서 해당 분야에 대한 강한 흥미가 뒷받침되지 않으면 좋은 연구를 하기가 무척 어렵겠다는 생각도 들었다.

연구가 무엇인지 알게 되었다고 해도 나에게 잘 맞는 연구 분야를 찾는 게 또 다른 관문이었다. 우리 학교, 우리 학부에만 해도 60명 넘는 교수님들이 있고, 교수님마다 다른 분야의 연구를 진행한다. 그중 어떤 교수님께 연구 지도를 받는 게 좋을지 알아내기란 결코 쉽지 않았다. 강의나 공부를 통해 파악하는 데에도 한계가 있었다. 연구는 이미 잘 알려진, 그리고 잘 정리된 지식을 숙지하는 공부와는 너무나도 다르기 때문이다. 결국 나는 직접 경험해보는 것 외에는 좋아하는 분야를 알 수 있는 방법이 없다는 결론을 내리고, 연구실 인턴 제도에 관심을 갖게 되었다.

연구실 인턴은 연구 분야 및 진로와 관련해 고민 중인 학부생들을 위한 제도로, 연구실에서의 생활을 직접 경험할 수 있도록 해준다. 일반적으로 교수님께 개인적으로 부탁을 드리는 식으로 인턴을 시작하게 된다. 연구실마다 인턴 학생을 지도하는 방식은 천차만별이다. 연구실에서 진행 중인 프로젝트에 직접 참여시키기도 하고, 연구에 필요한 배경지식을 쌓도록 지도해주기도 한다. 또 교수님께서 직접 지도를 해주는 경우도 있고, 편하게 도움을 받을 수 있도록 연구실의 대학원생과 연결해주는 경우도 있다. 이처럼 연구실마다 분위기와 지도 방식이 다르기 때문에 인턴을 시작하기 전에 이러한 사항에 대해 미리 질문하는 것이 좋다. 하지만 지도 방식이 어떻든 간에 강의에서는 배울 수 없는 내용을 배우고, 관심 있는 분야의 연구를 관찰할 수 있다는 점에서 더없이 감사하고 좋은 기회임은 분명하다. 나는 진로에 관해 많은 고민을 했고, 현명한 결정을 내리기 위해 다양한 연구실에서 인턴 활동을 했다. 같은 길을 걷게 될 후배들이 미래를 그리는 데 도움이 되었으면 하는 바람으로 연구실 인턴 경험을 공유하고자 한다.

● 도쿄에서의 6주, 그리고 물리와의 작별

나는 도쿄에서 처음으로 인턴 생활을 시작했다. 일본 도쿄대학교에서 주최하는 여름 인턴 프로그램에 합격하여 6주간 의공학 및 생명공학 연구실에서 인턴을 하게 되었는데, 전공인 전기·정보공학과 다른 분야의 융합을 꿈꿔온 내게는 더없이 좋은 기회였다. 게다가 외국에서 연구를 한다는 건 생각만 해도 가슴이 벅찼다.

인턴으로서 맡게 된 임무는 세포와 초음파 사이의 상호작용을 영상으로 촬영하는 일이었다. 세포의 크기가 굉장히 작은 데다가 초음파와의 상호작용이 순식간에 이루어지기 때문에 크기와 시간 모두에 대해 효율이 좋은 시스템을 구축해야 했다. 다시 말해 수십 개의 렌즈와 거울을 줄 세워 현미경을 만드는 것이 주된 업무였는데, 고등학교 때부터 쌓아온 물리학 지식을 직접 적용할 수 있겠다는 생각에 매우 설렜다.

하지만 연구실에서 진행했던 실험은 내 생각과는 거리가 있었다. 물리학 지식을 기반으로 시스템을 설계하고 그 설계대로 시스템을 구축한다는 점에서는 일치했지만, 설계에 비해 구축에 들어가는 시간과 노력이 압도적으로 많았다. 아마추어인 나로서는 하나의 시스템을 구축하는 데에만 2~3일이 걸렸고, 실수로 거울 하나를 툭 치기라도 하면 처음부터 다시 시작해야 하는 식이었다. 게다가 시스템 설계조차 기대했던 것만큼 즐겁지 않았다.

나로서는 이런 상황을 받아들이기가 어려웠다. 고등학교 때부터 물리학을 좋아했고, 이를 더 공부해 최신 기술에 기여하고 싶다는 마음으로 전기·정보공학부에 진학한 내가 물리학 연구를 즐기지 못한다는 게 납득이 되질 않았다. 연구실에서 진행하는 연구에 어느 수준 이상의 흥미가 생기지 않았고, 아무리 최선을 다해 참여하며 정을 붙이려 하여도 금세 지루함을 느끼는 내 자신에게 적잖게 당황하고 회의가 들었다.

그러던 중 현미경으로 촬영한 영상을 보기 좋게 처리하는 역할을 맡게 되었다. 아무래도 크기를 엄청나게 확대한 영상을 매우 짧은 시간 동안 촬영하다 보니, 영상이 어둡고 흐린 경우가 대부분이었다. 그래서 밝기를 높이고 테두리를 강조하는 등 사진을 보기 좋게 만드는 과정이 필수적이었다. 아무 배경지식 없이 처음 해보는 일이라 처음에는 매우 낯설었지만 하다 보니 현미경 구축보다 훨씬 재미있었다. 원하는 일을 수행하는 코드를 작성하여 실행시키면 내가 원하던 결과가 바로 눈앞에 나타나는 것이 신기하고 짜릿했다. 이전에도 프로그래밍을 배운 적은 있었지만, 수업에서만 접해봤을 뿐 뚜렷한 목적을 갖고 프로그래밍을 활용한 것은 처음이었다. 고민 끝에 나는 물리학 공부를 잠시 멈추고 프로그래밍을 더 공부해보기로 마음을 굳혔다. 처음 목적과는 너무나도 다른 결론에 도달하였지만, 완전히 새로운 미래를 그릴 수 있게 되었다.

또 외국인 친구들과 함께 연구를 진행하면서 내가 여럿이서 함께 연구하는 것을 선호한다는 사실도 알게 되었다. 혼자 고민할 때는 똑같은 생각의 굴레에 갇혀 시간을 보내게 되는 반면 친구들과 토의하면 의외의 방향으로 생각이 뻗어나가곤 하였다. 친구들이 처한 문제를 듣고 내 의견을 말하는 것도 재밌었다. 서로의 단점을 서로의 장점으로 덮어주며 좋은 결과에 도달하는 게 뿌듯하고 보람 찼다.

일본에 다녀온 후 나는 프로그래밍을 깊이 있게 공부하는 길을 모색하였고 프로그래밍을 주로 다루는 학문인 컴퓨터공학을 알게 되었다. 이후 수업 시간표의 대부분을 컴퓨터공학 관련 강의로 채워나갔다. 일본에 가기 전까지는 상상도 못 했던 일이다. 수업을 들으며 컴퓨터공학에 관한 배경지식을 쌓고 프로그래밍 실력을 키운 후, 관련 연구를 하는 연구실에서 다시 한 번 인턴을 해보기로 마음먹었다. 마침 학부 졸업 연구를 진행해야 하는 시기와도 일치해, 학부의 머신러닝 연구실에서 인턴 겸 졸업 연구를 진행하게 되었다.

● 프로그래밍에 푹 빠지다

졸업 연구로는 일본에서 다루었던 주제의 연장선상에 있는 이미지 및 영상 처리 관련 프로젝트를 진행했다. 프로젝트 자체로도 큰 공부가 되었지만 처음으로 컴퓨터공학을 주제로 연구하면서 이 분야에 대해서 많은 것들을 새롭게 경험하고 배울 수 있었다.

첫 번째로는 시대의 변화를 잘 읽어내야 함을 알게 되었다. 컴퓨터공학은 놀라울 정도로 빠르게 발전하고 있다. 어느 순간부터 기계 학습이 굉장한 속도로 발전하더니, 이세돌과 알파고의 바둑 대결 후로는 이 분야에 종사하는 사람이 아니어도 관심을 가질 정도로 부상하고 있다. 그런 만큼 기술 발전이 몹시 빨리 이루어지기에 끊임없이 최신 연구에 관심을 기울여야 한다. 연구 동향을 따라가는 가장 대표적인 방법은 논문을 찾아 읽는 것이다. 졸업 연구 이전에도 논문을 접할 기회는 여러 차례 있었지만 매번 영어로 빼곡하게 쓰인 난해한 내용에 압도당해 전혀 이해하지 못한 채로 포기하곤 했다. 하지만 해당 분야의 강의를 통해 배경지식을 쌓고, 모르는 내용은 연구실 선배들에게 질문하며 읽으니 훨씬 재미있었다. 논문은 현재 우리가 사용하고 있는 기술들을 어떻게 하면 더 좋게 만들지, 아직까지는 이상으로만 그리는 미래를 어떻게 실현할지를 다룬다는 면에서 강의와 완전히 달랐다. 이를 통해 연구와 공부가 어떻게 다른지를 다시 한 번 느낄 수 있었다.

두 번째로는 소통의 중요성을 배웠다. 연구를 하다 보면 다른 사람들에게 내가 아는 것을 설명해야 하는 상황이 끊임없이 생긴다. 연구실 구성원들과의 세미나에서 내가 읽은 논문을 발표하거나 내가 진행한 연구를 발표나 글로 다른 사람들에게 전달해야 하기 때문이다. 이러한 상황에서 대부분의 청자 혹은 독자는 그 내용에 대해 나보다 훨씬 적게 알기 마련이다. 내 입장에서는 오랜 시간 동안 연구하고 고민했던 주제인 만큼 매우 친숙하지만, 내 발표를 듣거나 글을 읽는 사람들은 그 주제를 처음 접해본 사람들이 대다수이다. 그렇기에 짜임새 있게 정리해서 말하고 글 쓰는 능력이 중요하다. 연구실에 들어오기 전까지 연구자에 대해 책과 컴퓨터만 들여다보는 괴짜에 가까운 인상을 갖고 있었다. 하지만 연구실에 들어온 후로 좋은 연구자가 되기 위해서는 사람들과 잘 소통하는 기술이 꼭 필요하다는 것을 배우게 되었다.

마지막으로는 연구가 참 어렵다는 생각이 들었다. 아무도 풀지 못한 문제를 찾아내고 이를 해결하는 일 또는 기존 방식보다 훨씬 뛰어난 독창적인 해결책을 제시하는 일은 상상했던 것보다 더 어려웠다. 기본적인 배경지식은 물론이고, 그동안 사람들이 어떠한 문제를 어떻게 풀어왔는지 흐름을 모두 파악해야 허점을 파고들 수 있었다. 게다가 풀고자 하는 문제의 의의에 대해서도 끊임없이 되물어야 했고, 문제를 정한 후에도 스스로가 세운 해결책에 확신이 없어 회의가 들곤 하였다. 이러한 어려움을 겪으면서 연구 분야에 대한 흥미가 필수적임을 다시금 느꼈고, 동기 부여가 충분히 될 수 있는 분야를 찾아 연구해야겠다는 생각이 들었다.

졸업 연구로 진행한 프로젝트는 매우 흥미로웠지만, 한 번의 경험으로 진로를 결정하기에는 조금 이르다는 생각이 들었다. 그래서 프로그래밍과 컴퓨터공학 관련 지식과 경험을 최대한 쌓고자 컴퓨터공학부의 연구실들로 눈길을 돌리게 되었다. 감사하게도 한 연구실에서 인턴 기회를 선뜻 제공해준 덕분에 인턴으로 1년여간 연구를 진행할 수 있었다.

● 뜻밖의 슬럼프, 그리고 대학원 진학

새롭게 들어간 연구실은 데이터 마이닝(data mining)을 연구하는 곳이었다. 데이터 마이닝은 많은 양의 데이터를 모으고, 그로부터 패턴 등을 파악해 유용한 정보를 얻어내는 것을 총체적으로 아우르는 분야이다. 연구실에서는 다양한 데이터로부터 어떻게 하면 양질의 정보를 추출할 수 있을지를 다루었다.

앞서 언급한 졸업 연구와 마찬가지로 이 연구실에서도 많은 것들을 배우고 느꼈다. 교수님의 꼼꼼한 지도 덕에 효과적인 발표와 글쓰기 방법을 익힐 수 있었고, 연구 아이디어를 어떻게 구체화하는지도 알게 되었다. 논문을 볼 때 수동적으로 내용만 읽을 것이 아니라, 어떠한 사고의 흐름을 거쳐 이러한 해결 방안을 제시했는지, 어떠한 문제를 해결하고자 하였는지, 논문의 장단점은 무엇인지 등을 끊임없이 고민하고 비판하며 읽어야 한다는 것을 깨달았다. 이를 통해 비판적으로 논문을 읽고 발표하는 연습 또한 할 수 있었다. 또한 연구실에서 다루는 연구 분야에 큰 흥미를 느낀 덕분에 이 분야에 대한 연구를 계속해나가겠다는 결심도 하게 되었다.

하지만 이런 결실들과는 별개로 개인적으로는 슬럼프를 겪었다. 공부할 때와는 또 다른 종류의 스트레스가 머릿속을 채웠고, 만족스러운 결과가 나오지 않을 때면 자책을 하게 되었다. 힘들게 선택한 연구 주제가 이미 한참 전에 논문으로 나와 있었다거나, 사소한 실수로 인해 실험 결과를 모두 파기해야 하는 등 문제가 끊임없이 발생했다. 연구 시작한 지 얼마 안 된 초심자가 그럴싸한 결과를 기대하는 건 과도한 욕심일 수 있겠지만, 노력을 쏟아도 좋은 결과가 나오지 않으니 의기소침해지고 의지가 사라지는 건 어쩔 수 없었다. 심지어는 스스로의 재능과 소질에 의문이 생겨 지금이라도 그만두는 게 낫지 않을까 하는 고민도 여러 번 했다.

하지만 아이러니하게도 이런 고민은 대학원에 진학하는 것으로 마무리되었다. 슬럼프를 겪으며 스스로를 객관적으로 바라보니 내가 어떤 일을 좋아하고 어떤 약점을 갖고 있는지를 확실하게 알 수 있었다. 나는 풀어야 할 문제, 즉 연구 주제를 잡는 과정에서는 난항을 겪지만 주제를 명확히 잡은 후의 일들, 즉 새로운 방향을 제안하고 이를 검증하는 건 굉장히 좋아한다. 또한 다른 사람들에게 내 생각이나 내가 알고 있는 지식을 전달하는 걸 잘하고 좋아하기 때문에, 혼자 일하기보단 여러 사람들과 함께 일하며 서로의 부족한 부분을 채우고 상호작용하는 걸 선호한다. 이러한 나의 성향을 파악하고 나니 공부를 통해 단점을 채워나가고 장점을 적극적으로 활용할 수 있겠다는 자신감이 생겼다. 또한 연구실에서 다루었던 주제들에 대해 강한 흥미를 느꼈던 만큼 연구 분야에도 확신을 가질 수 있었고, 깊이 있게 공부하여 전문가가 되고 싶다는 꿈을 품게 되었다. 물론 대학원에 진학한다고 해서 내 진로가 연구자로 확정되는 것은 아니다. 끊임없이 지금처럼 스스로에 대한 탐색을 이어나가고, 보다 행복한 미래를 향한 길을 찾아 나설 것이다. 더 나은 스스로와 밝은 미래를 마주할 수 있겠다는 생각에 앞으로의 하루하루가 기대된다.

진로를 비롯한 미래에 대한 고민은 항상 어렵고 두렵기까지 하다. 겪어보지 않은 것에 대해 결정을 내려야 하지만 그 중요도와 무게감은 엄청나기 때문이다. 과거의 나 역시 무지함과 경험 부족으로 막연한 두려움을 느꼈고, 그로 인해 고민을 미루기만 하였다. 하지만 직접 맞닥뜨리며 나아갈 길을 결정하는 시간엔 어려움보다는 기쁨이 가득했다. 직접 겪으며 느낀 것들과 선배들의 조언을 바탕으로 다양한 선택지 사이에서 현실적인 결정을 내릴 수 있었고, 내가 진정으로 좋아하는 일을 찾아내며 행복한 미래를 향해 나아가고 있다는 생각을 하면 매 순간이 벅찼다.

나처럼 연구자의 길을 걷지 않더라도 직접 부딪쳐보면서 스스로에 대해 탐색하는 것만큼 뜻깊고 설레는 일은 없을 것이다. 미래를 그릴 준비가 되었다면 주저하지 말고 직접 부딪쳐보자. 밝게 빛나는 미래와 그 미래로 향하는 행복한 여정이 눈앞에 펼쳐질 것이라 확신한다.

나만의 무지개를 찾아서

화학생물공학부 18학번 김영현

"넌 정말 천생 공대생이다."

공대 진학을 처음으로 희망하기 시작했던 고등학교 2학년 때부터 공대생이 된 지 만 4년을 바라보는 지금까지도 내가 종종 듣는 말이다. 지난 6년간 나에 대한 주변인들의 평가는 그대로지만 달라진 점이 있다면 그건 바로 공학에 대한 나의 태도다.

● 어린아이 같았던 고등학교 시절

고등학생 때의 나는 정말 어렸다. 왜 다섯 살짜리 아이는 초록색 음식이라면 질겁하며 입을 꾹 닫았다가도 엄마의 칭찬 한마디면 그 싫어하는 시금치도 꼭꼭 씹어 먹곤 하지 않나. 조금 과장을 보태서 당시 나의 마음가짐은 이런 어린아이 수준에 머물러 있었다.

과학, 그중에서도 물리를 좋아했던 나는 9할의 노력과 1할의 운으로 영재고등학교에 입학했다. 하지만 입학 후 첫 학기에 나는 다소 빠르게 물리학도의 꿈을 접게 되었다. 수재 중의 수재만 모인다는 그 학교에는 나와 비교하기 민망할 만큼 물리를 잘하고 또 좋아하는 친구들이 많았다. 그중 몇몇은 2년 후에 올림피아드에 나가 물리로 세계를 제패하기도 했으니, 당시 내가 물리학의 길을 포기했던 것은 어찌 보면 당연한 일이었다. 타인과의 비교가 건강한 것은 아니지만, 이렇게 나보다 물리를 잘하고 좋아하는 사람들이 많은데 내가 과연 물리학으로 평생 먹고살 수 있을까 하는 꽤나 현실적인 생각을 했던 것 같다.

다행히도 우리 학교는 학생들에게 '물화생지'의 과학 과목을 고루 수강하게 했고, 덕분에 나는 화학이라는 새로운 분야에 눈을 뜰 수 있었다. 돌이켜 보면 이때 나는 운이 참 좋았다. 큰 고민 없이 선택했던 화학의 길이었지만, 적어도 지금까지는 적성에 꼭 맞기 때문이다.

그렇게 고등학교 2학년이 되었고, 대학 입시를 준비하는 선배들을 보며 나도 어느 학과에 지원할지 고민하기 시작했다. 사실 '고민을 했다'고 하기엔 조금 부끄러울 만큼 나의 결정은 쉬웠다. 순수 과학에는 별로 취미가 없었고, 화학을 좋아하는 데다 공대에서 필수라는 물리를 공부했던 경력도 있으니 화학공학을 전공해보면 괜

찮을 것 같다는 단순한 생각에 화학생물공학부에 지원하기로 결정
했다.

고등학교 3학년 때에는 대한민국의 고등학생들이 으레 그렇듯
자습실에서 삼삼오오 모여 서로 어느 학과에 지원할지 생각을 공
유하는 것이 우리의 일상이었다. 그럴 때마다 우리는 저마다의 고
민을 나눴다. 정말 가고 싶은 학과가 있는데 성적이 애매하다며 현
실적인 고민을 하는 친구도 있었고, 성적은 충분하지만 물리학과,
기계공학부, 전기·정보공학부 중 어느 학과에 지원할지 결정을 내
리지 못하는 친구도 있었다.

주변 친구들에 비하면 난 대입 역시 운이 좋았다. 가고 싶은 학과
를 선택할 때도 큰 고민은 없었고, 나름대로 열심히 공부했던 덕에
성적은 원하는 학과에 지원하기 충분했다. 거기에 주변 사람들의
동의까지 더해졌다. 내가 화학생물공학부에 지원한다고 했을 때 친
구들이나 선생님들 중 열에 아홉은 잘 어울린다고 했고, '천생 공대
생'이라는 말도 수시로 들었다. 그리고 고등학생이었던 나는 이 말
에 취해 있었다.

무식하면 용감하다고, 이제 와 생각하면 이때의 나는 아는 게 별
로 없는 만큼 겁도 없었다. 별 고민도 없이 인생의 중요한 결정을 척
척 내렸던 걸 보면 말이다. 그렇게 내린 결정들이 얼마나 중요한지
그때는 몰랐다.

● 예고 없이 찾아온 질문들

나는 어렸고, 어리석었다. 나는 평소에 나의 긍정적인 성격을 자랑스러워했지만, 인생을 바꿀 결정 앞에서조차 '어떻게든 되겠지'라며 쉽게 생각하는 마음가짐은 긍정적인 것이 아니라 우유부단한 것이었다. 나의 이 어리석은 우유부단함은 대학교 1학년 때까지 이어졌다. 나는 '진짜 공대생'이 되었다는 사실에 만족하며 새내기답게 대학 생활을 즐기기 바빴다. 본격적인 전공 공부가 시작되기 전 어깨너머로 본 화학생물공학부의 전공 커리큘럼은 나와 잘 맞아 보였다.

한편 주변에서는 슬슬 실제 대학에 와서 배우는 내용과 자신의 적성이 생각했던 것과 달라 고민하는 친구들이 생겨났다. 고등학교 동기였던 한 친구는 수리과학부에 입학했는데, 막상 대학에 와서 수업을 들어보니 자신이 도통 자연대와 맞지 않는 것 같다고 했다. 그 친구는 아무 걱정 없는 나를 보고 "너한테는 공대가 딱 맞는 옷 같다"며 부러워했다. 나는 한 번 더 그 말에 취했다.

나도 모르게 뒤로 미뤄져 있던 고민들은 예고 없이 불쑥 나를 찾아왔다. 2학년 1학기가 되었고, 나는 패기 넘치게 수강 신청을 했다. 전공과목 5개와 공대생의 필수 교양과목인 공학수학, 이렇게 총 6개 과목, 18학점을 신청했다. 일반적으로 한 학기에 신청할 수 있는 최대 학점 수가 18학점인데 그 한도를 가득, 그것도 대부분 전공과목으로 채운 것이다. 내가 선택한 전공과 처음 정면으로 마주하는 소중한 기회였지만, 동시에 전공과목의 '매운맛'에 정신을 차리기 힘들기도 했다.

소위 '빡세다'고 하는 공대 2학년답게, 정규 학기 15주 동안 나는 총 16개의 시험을 봐야 했다. 평균적으로 일주일에 한 개 이상의 중간 또는 기말고사를 치른 것이다. 게다가 대부분의 교수님들이 단원이 끝날 때마다 성실하게 과제를 주셨다. 덕분에 나는 과제를 하고, 시험공부를 하고, 시험을 보고, 또 다른 과목의 과제를 하는 끊임없는 공부의 굴레에 빠져, 마치 산꼭대기로 바위를 밀어 올리는 영원한 형벌을 받았던 그리스 신화의 시지프스처럼 밀려오는 시험을 이리저리 치우기 바빴다. 용기 있는 수강 신청을 했던 과거의 나 자신을 탓할 여유조차 없었다. 특히 기말고사 일정이 가관이었다. 여섯 개 과목의 기말고사가 7일 안에 오밀조밀 자리하고 있었다. 나는 왕복 3시간의 통학 시간이 아까워 하루건너 하루씩 학교에서 잠을 자며 시험공부를 했다.

응용생화학이라는 전공과목의 기말고사가 있던 전날 밤에도 나는 학교에서 수크로스, 락토스 등 온갖 화합물의 'α-D-glucopyranosyl β-D-Fructofuranoside'와 같은 진짜 이름과 물리화학적 특징, 분자 구조, 다른 화합물과의 관계, 신체 내에서의 합성 방법을 외우고 있었다. 무작위로 추출된 것처럼 보이는 알파벳의 나열을 몇 시간째

몽롱한 상태로 암기하다 보니 문득 고민이 밀려왔다.

'나는 왜 이렇게 열심히 공부하고 있는가?'

'나는 왜, 무엇을 위해 공부하는가?'

'이것이 내가 하고 싶은 공부인가?'

'나는 공대에서 무엇을 이루고 싶었나?'

'공학이 나의 길이 맞나?'

'내가 이루고 싶은 꿈은 무엇인가?'

내 평생 처음으로 시작된 '공부의 당위성'과 나의 꿈에 대한 고민이었다. 한 학기 동안 이렇게까지 고생하며 공부하면서도 막상 내가 왜 공부를 하는지, 뭘 하고 싶은지 제대로 생각해본 적이 없었다는 것을 깨달았다. 이렇게 시작된 생각은 꼬리에 꼬리를 물고 계속되어 내 머릿속에 들불처럼 번져나갔고, 그렇게 그날 밤을 집어삼켰다. 이 질문들은 기말고사 시험 기간 내내 나를 흔들었다.

● 하고 싶은 것을 해보다 알게 된 것들

어찌어찌 학기를 마무리한 후 제대로 답을 내지 못했던 수많은 질문들을 다시 꺼내 생각해보았다. 그리고 고민 끝에 나름의 결단을 내렸다. 한 번 더 우유부단해지기로 했다. 일단 눈앞의 것들 중 내가 하고 싶은 것을 하다 보면 나에게 어떻게든 도움이 될 것이고, 운이 좋으면 길이 보일 수도 있겠다는 생각이었다. 그래서 무언가

기회가 왔을 때 하고 싶은 마음이 들면 무조건 잡았다.

그렇게 온갖 경험을 했다. 학생회에 들어가서 팀장도 해보고, 선거도 세 번이나 뛰어봤다. 교육 소외 지역으로 찾아가는 멘토링 캠프에 대학생 멘토로 참여했고, 아예 방학을 바쳐 봉사단 기획도 했다. 공대 동아리 '공우'에도 들어갔고, 어쩌다 보니 부장을 맡아 새로운 행사도 진행했다.

하고 싶은 것을 닥치는 대로 하면서 정신없이 1년을 보냈다. 그리고 그 시간들을 되돌아보면서 내가 무엇을 하고 싶은지 알게 되었다. 학생회 활동에 그렇게 열심이었던 건 당장 나와 내 주변 사람들의 학교생활을 좋게 바꾸어나가는 것이 즐겁기 때문이었다. 방학 때마다 멘토링 봉사에 참여했던 건 나와 함께하는 시간이 멘티들에게 조금이나마 도움이 되기를 바라는 마음에서였다. 동아리에서도 내가 맡은 직책은 봉사부장이었고, 새롭게 기획한 행사도 대학생 대상 멘토링이었다. 어떤 방식으로든 나는 사회에 기여하고, 세상을 더 나은 방향으로 바꾸고 싶었던 것이다. 그리고 그것이 바로 공학의 길이었다.

● 세상을 바꾸는 사람이 되고 싶다는 꿈

공학이 세상을 이끌고 움직이고 바꾸는 학문인 만큼 공학이 우리에게 던지는 질문은 어렵고 무한하다. 세상이 넓듯이 공학이 내는 수수께끼 역시 무궁무진하기 때문에 내가 평생을 바쳐도, 심지어는 온 인류가 수 세기를 바쳐도 이에 전부 답할 수는 없을 것이다. 하지만 공학의 퍼즐을 하나씩 풀어낼 때마다 그만큼 인류가 진일보할 것만은 분명하다. 그래서 나는 인류의 다음 한 걸음에 티끌만큼이라도 기여할 수 있는 공학자가 되고 싶어졌다. 조금 더 거창하게는, '세상을 바꾸는 공학자'가 되고 싶어졌다.

초등학생이었던 내가 꿈이 뭐냐는 어른들의 질문에 뭣도 모르고 "세상 모든 사람들에게 조금이라도 도움을 주는 것"이라고 당차게 대답했을 때부터 나의 꿈은 사실 공학자였을지도 모르겠다. 올해가 되어서야 비로소 나는 '천생 공대생'이라는 말의 의미를 온전히 이해하게 되었다.

공학이라는 무지개를 잡겠다고 다짐하니 그 꿈으로 향하는 길이 보였다. 무지개가 보이는 곳이 곧 내가 가야 할 방향이었다. 꿈을 구체화하는 일이 쉬워졌고, 대강 세워뒀던 인생 계획도 단단해졌다. 화학공학의 다양한 분야 중에서도 평소 흥미가 있던 공정 디자인을 더 공부해보고 싶어졌고, 이에 맞춰 연구실과 기업에서 인턴을 할 계획을 세웠다. 별 목적 없이 '하면 좋겠지'라는 우유부단한 마음가짐으로 생각만 하고 있던 교환학생과 대학원 유학 역시 나의 꿈을 위한 중요한 열쇠라고 생각되자 마음을 잡고 본격적으로 준비하게 되었다. 잃었던 열정도 되찾았다. 3개월이 채 되지 않는

지난 방학 동안 나는 그 전의 1년보다 훨씬 더 많이 꿈을 위한 준비를 할 수 있었다.

● 질문과 용기를 안고 살아가는 삶

《오즈의 마법사》의 도로시처럼, 꿈을 찾은 나의 발밑에는 노란 벽돌 길이 깔려 있었다. 그리고 이 노란 벽돌 길을 따라가다 보면, 오즈의 마법사는 찾지 못하더라도 '세상을 바꾸는 공학자'의 꿈은 이룰 수 있겠다는 작은 확신이 생겼다.

많은 대학생들이 나와 비슷한 경험을 했거나, 하고 있거나, 하게 될 것이다. 나에 대한 고민을 미루고 미루다가 더 이상 미룰 수 없을 때가 되어서야 그 고민을 뒤늦게 마주하고, 괴로워하며, 후회한다. 그렇기에 나는 조심스럽게 두 가지 당부를 해본다.

첫째, 나처럼 우유부단하지 않았으면 좋겠다. 충분히, 그리고 가급적 빨리 고민해보았으면 좋겠다. 나는 무엇을 위해 이렇게 치열하게 살고 있는지, 내가 진정으로 좋아하는 것은 무엇인지 말이다. 이런 고민이 필요하다는 걸 알면서도 막상 시간을 들여 고민해본 사람은 드물 것이다. 고민한다고 해서 곧바로 답을 얻기도 어렵다. 하지만 내 삶의 방향을 결정지을 아주 중요한 질문이기에 스스로에게 반드시 이 질문을 해야 한다. 그리고 고민의 시작은 이르면 이를수록 좋다. 똑같은 길을 걷더라도, 어차피 걸어갈 길이더라도 이유 없이 걷는 것과 무지개를 보며 걷는 것은 전혀 다르다.

둘째, 하고 싶은 일을 할 수 있는 용기를 가졌으면 좋겠다. 하고 싶은 일을 하는 경험은 내가 하는 고민에 대한 답을 내재하고 있기 때문이다. 언뜻 무작위로 보였던, 내가 좋아서 했던 수많은 일들이 사실 공학자의 꿈을 가리키고 있었던 것처럼 말이다. 하고 싶은 일이 있는데 해도 되나 고민하고 있었을 때 존경하는 선배가 이렇게 말해주었다.

"네가 무엇을 하든, 네가 해왔던 모든 일들이 너라는 사람을 만들 거야."

이 말처럼 하고 싶은 일은 무엇이든 여러분의 꿈을 비추는 조그만 빛이 되고, 이 빛이 모여 여러분만의 꿈의 길을 눈앞에 비추어줄 것이다.

조급해할 필요는 전혀 없다. 다만 이런 질문과 용기를 안고 살아간다면 충분하다. 자신에게 끊임없이 질문하고, 대답하고, 또 자신을 믿고, 자신의 목소리를 따르며 인생을 걸어 나가기를 바란다. 그렇게 길을 걷다 보면 어느새 발밑에는 노란 벽돌 길이, 마음 저편에는 선명한 무지개가 떠 있을 테니 말이다.

미국에서 박사 과정 밟기

조선해양공학과 09학번 김재광 (일리노이주립대학교 박사 과정)

나는 2015년에 서울대학교 조선해양공학과를 졸업하고 지금은 일리노이주립대학교 박사 과정에 진학하여 공부하고 있다. 학부를 졸업한 지 5년이나 지났지만 여전히 진로에 대해 고민하고 있고, 조심스레 미래를 계획해보곤 한다. 그 과정에서 미래의 불확실성으로 인한 불안감을 항상 느끼며 살아가고 있다.

다른 회원들의 솔직한 진로 고민 이야기를 읽으면서 비슷한 고민을 했던 나의 학창 시절이 떠올랐고 많은 공감을 하였다. 고등학교 시절에는 물리나 화학 같은 자연과학 과목을 접할 기회는 많지만, 공학을 접해볼 만한 기회가 좀처럼 없어서 대학 진학할 때 내가 공학을 즐길 수 있을까 걱정하곤 한다. 그럼에도 우리는 공대를 선택하였고, 공학도의 길을 걸으면서 점차 공학에 빠지는 새로운 나를 발견하는 과정을 거쳤거나 거치고 있는 중이다. 이 글을 읽는 학생들이 우리의 이야기에 공감하고 용기를 얻어 진로를 선택하는 데 도움이 됐으면 좋겠다. 나는 학부와 대학원에서 겪을 수 있는 고민에 대해 이야기해보려고 한다.

● 박사 유학을 결심한 계기

내가 대학 이후의 진로에 대해서 본격적으로 고민하기 시작한 것은 3학년 2학기가 끝나갈 무렵이었다. 사소한 일로도 불안해하는 소심한 성격 탓인지 진로에 대해 별생각이 없었던 저학년 때도 꼼꼼하게 과제를 하고 열심히 시험공부를 했는데, 그건 단순히 학점 관리였을 뿐 졸업 후 뭘 하고 싶다는 구체적인 계획은 전혀 없었다. 그러나 나중에 하고 싶은 일이 생겼을 때, 적어도 대학교 성적 때문에 발목 잡히는 것만큼 불행한 일은 없다고 생각했기 때문에 학점 관리를 한 거였다. 대학교 1학년을 마치고 군 복무를 하는 동안 전공 공부에 필요한 영어와 수학을 많이 까먹은 바람에 전역과 복학을 한 뒤에는 하루하루 수업을 따라가기에도 벅찼다. 그래서 진로에 대해 진지하게 고민할 시간조차 없었던 것 같다.

복학 후 정신없이 바쁘게 몇 학기를 보내고 마침내 4학년이 될 무렵 전공과목에 대한 기본기가 어느 정도 생기자 좀 더 먼 미래에 대해 고민해볼 여유가 생기기 시작했다. 더욱이 이 무렵부터는 동기들이 고시 준비를 위해 휴학을 하거나, 대학원 진학을 위해 관심 있는 연구실의 연구원으로 인턴을 시작하거나, 바로 산업계에 취직할 생각으로 산학장학금(기업으로부터 졸업 후 입사하는 조건으로 받는 장학금)을 신청하는 등 각자의 진로 계획에 따라 점차 다른 길을 찾아 걷기 시작했다. 그제야 나는 학부 과정을 마치고 나서 어떤 일을 하고 싶은지 나 자신의 생각이 궁금해지기 시작했다.

2~3학년 때는 전공 수업을 따라가는 것 외에는 특별히 한 일이 없었기 때문에 가장 먼저 떠올랐던 진로는 여러 전공과목 중에서 유독 재미있게 공부했었던 유체역학(기체나 액체와 같이 흐르는 성질을 갖는 물질의 역학적 상태를 해석하는 학문)과 연계된 대학원 연구실에 진학하는 것이었다. 그래서 4학년 1학기가 끝날 무렵부터는 관심 있는 연구 분야 교수님께 '컨택(대학원 진학을 위해 관심 있는 연구 분야의 지도 교수님께 진학 의사를 밝히고 학생 선발 계획에 대해 물어보는 일)'도 하면서 자연스럽게 국내 대학원 진학을 준비하게 되었다.

연구실 인턴을 하며 평화로운 4학년 여름방학을 보내던 중 문득 이런 생각이 들었다. 최종적으로 진로 선택을 하기 전에 내 앞에 놓인 다양한 선택지들에 대해 충분히 알아보고 고민하지 않으면 훗날 후회하게 될 것 같았다. 그래서 뒤늦게 진로 고민이 시작됐다. 그러나 이미 졸업까지 한 학기밖에 안 남아서 시간이 촉박했기 때문에 직접 겪어보기보다는 선배들의 경험을 전해 듣는 것이 효율적일 것 같았다. 그래서 핸드폰 연락처를 뒤져 산업계, 공공기관 연구소, 그리고 내가 진학을 염두에 두고 있는 대학원 연구실에서 박사를 졸업한 후 경력을 쌓아가고 있는 선배들에게 "형, 잘 지내세요? 제가 진로에 대해 고민 중인데 커피 한잔 할 수 있을까요?"라며 메시지를 보냈다. 사실 몇몇 선배는 나와 그다지 친하지도 않았던 데다 심지어 전혀 나를 기억 못하기도 했다. 그러나 후배에게 갑작스럽고 어찌 보면 부담스러울 수도 있는 연락을 받은 선배들은 한 명도 빠짐없이 귀중한 시간을 내어 후배의 고민을 들어주고 진지하게 자신의 이야기를 들려주었다. 선배들은 나보다 나이가 네다섯 살 정도 많았는데, 학부 졸업 후 경력을 쌓으면서 어떤 고충을 겪었는지, 그리고 구체적으로 어떤 성취감을 느낄 수 있었는지 사례를 통해 이야기해줬다.

선배들의 생생한 경험을 듣고 있자니 비슷한 길을 선택한다면 앞으로 어떤 삶을 살게 될지 실감이 났다. 그런데 이야기를 나눈 선배들 중에는 유학을 선택한 분은 없었음에도 선배들과의 대화를 통해 나는 결국 박사 유학을 준비하기로 결심했다. 몇몇 선배들이 공통적으로 유학의 길을 도전해보지 않았던 과거의 선택에 대해 아쉬움이 남는다는 얘기를 했었다. 또 동기들 중 몇 명이 국내 대학원에서 석사를 졸업하고 산업계에서 경력을 쌓은 뒤에 조선해양공학이 아닌 다른 학문을 주제로 유학을 갔다는 이야기도 해주었다. 얘기를 들으면서 도전적인 커리어가 왠지 멋있어 보였고 박사 과정 유학에 서서히 관심이 생기기 시작했다.

조선해양공학과 졸업생이 석사 과정을 거치지 않고 석·박사 통합 과정을 통해 유학을 가는 것은 그다지 흔한 일이 아니었다. 외국의 경우 조선해양공학과가 별도로 존재하는 경우가 거의 없었고, 그나마 존재하는 몇몇 미국 명문 학교에 비해서도 국내의 대학원이 오히려 한국의 조선 산업과 긴밀하게 연결되어 높은 수준의 연구를 안정적으로 수행하고 있었기 때문이다. 한마디로 조선해양공학 공부를 위해 바로 해외 대학 박사 과정으로 진학하는 것에는 크게 메리트가 없었다. 더욱이 박사 유학은 20대 중반에 갖게 되는 진로 외의 다른 고민거리(취업, 이성친구, 결혼 등)에도 큰 영향을 줄 수 있었기 때문에 막상 유학을 가겠다고 최종 결정을 내리기까지는 큰 용기가 필요했다.

그럼에도 불구하고 박사 유학이 매력적으로 다가왔던 것은 더 큰 세계에서 자유롭게 경쟁하고 새로운 성취를 이루면서 인정받고 싶다는 내면적 욕구가 있었기 때문이다. 또 그런 도전 과정 자체가 낭만적으로 느껴지기도 했다. 단순한 동기였지만 어쨌든 박사 유학이라는 목표가 생겼고, 그다음부터는 구체적인 학업 계획 없이 박사 유학 준비에만 신경을 썼다. 수업을 최대한 적게 들으면서 여유 시간을 만들고 토플과 GRE(Graduate Record Examination, 영어권 대학원에 입학하려는 학생들의 언어 및 수리 추론 분석적 작문 능력을 측정하는 시험) 성적을 만들면서 지원 자격을 준비했고, 가지고 있던 교과 외 기록들을 재료로 매력적으로 보일 수 있는 지원 동기들을 짜내 간결한 이력서로 작성하는 일을 했다. 그 과정을 거쳐 가고 싶었던 학교 하나에서 입학 허가를 받은 후 보다 근원적인 진로 고민이 다시 시작되었다.

● 현실을 반영하여 연구 분야를 결정하다

아마 구체적인 동기를 갖고 유학 준비를 하는 사람들도 있을 것이다. 예를 들어 관심 있는 분야의 장래성을 알아보거나 어느 나라, 어느 학교가 해당 분야에서 뛰어난지 파악해 그곳에서 전문가로 커갈 수 있도록 체계적인 훈련을 받기를 기대하는 등의 구체적이면서도 이상적인 동기 말이다. 그러나 나의 동기는 '조금 더 큰 무대에서 세계 각국의 인재들과 경쟁해보고 싶다'와 같이 단순하고 일차원적이었다(사실 유학을 가서 만난 다른 유학생들도 의외로 나와 같은 동기를 가진 경우가 더 많았던 것 같다). 이런 경우 유학을 결정하고 나서 얼마 되지 않아 다시 처음부터 진로 고민을 해야 하는 상황에 종종 놓이게 된다. 왜냐하면 이공계 대학원생은 관심 있는 연구 주제에 따라 지도 교수님을 정하고 그 밑에서 연구 보조원으로서 일하면서 유학 기간 동안 필요한 학비와 생활비를 장학금 또는 월급의 형태로 지원받으면서 학업을 해나가는 경우가 많은데, 미국에서 상대적으로 연구비가 풍부하고 안정적인 연구 분야는 학부 기간 동안 재미있게 공부했던 전공과목(예를 들면 앞서 언급하였던 유체역학)과는 꽤 차이가 있기 때문이다. 특히 한국의 제조 산업 특성과 수요에 맞추어서 짜인 학부 교육과정의 전공과목은 상대적으로 1차, 3차 산업이 더 튼튼한 미국의 산업계 또는 더 짧은 주기를 갖고 시시각각 변하는 학계의 관심사와 직접적인 연관성이 조금 부족하다. 그래서 학부 수업을 들으면서 자연스럽게 생긴 나의 관심사와 내 눈앞에 놓인 선택지는 꽤 달랐다.

더욱이 외국인 신분으로서는 미국 상무부에서 제공하는 이공계 장학금(NSF, National Science Foundation)을 받을 수가 없으므로 연구 분야와 지도 교수 선택 시 박사 과정을 마칠 때까지 안정적으로 연구에 집중할 수 있도록 최소한의 생계 유지 비용은 확보할 수 있는 분야인지 현실적인 측면을 고려할 수밖에 없었다. 처음 국내 혹은 해외 대학원에 진학해보고 싶다는 생각은 전공 공부에 대한 흥미에서부터 비롯된 것이었는데, 막상 전혀 겪어보지 못한 생소한 분야로 밀려 들어갈 수밖에 없는 상황이었다. 그나마 관심 가는 연구실이 몇 개 있었지만 다른 학생과의 경쟁에서 밀려 다시 연구 분야를 결정해야 하는 일을 겪고 나자 그때부터는 조바심이 생겼다. 그러다 보니 어느 분야든 안정적인 기회만 잡을 수 있다면 내가 맞추어

서 연구 분야를 바꾸어 진학하겠다는, 어찌 보면 주객전도의 상황
이 되었다.

이때부터는 분야에 상관없이 유학을 떠난다는 것 자체가 목표가
되었고, 전공 분야를 가리지 않고 학과 교수님들에게 연구실 TO를
묻는 이메일을 보냈다. 입학 심사를 위해 제출하였던 나의 이력서
나 지원 동기와 전혀 맞지 않아 교수님들께 연락을 드리면서도 민
망할 때가 있었다. 그런데 의외로 몇몇 교수님은 학생을 뽑을 때 변
하는 트렌드에 따라 연구 분야를 바꿀 줄 아는 유연함(?)을 선호하
는 경우도 있었다. 화상전화로 서너 번 인터뷰를 보고 나서 마침내
최소 2년 동안은 학비와 생활비를 지원받을 수 있는 연구 보조원
자리를 따내면서 결국 출국을 할 수 있게 되었다. 그렇게 많은 시간
과 노력을 들이고 마음고생을 하며 준비했던 유학이었지만, 막상
미국행 비행기를 타려고 공항에 도착해보니 그제야 내가 무슨 일
을 저지른 것일까 하고 덜컥 겁이 났다. 경제적 여건만을 지나치게
따져 앞으로 4~5년 동안 길게 공부해야 할 전공 분야를 결정하는
것이 맞는 걸까 하는 생각에 불안해진 것이다.

● 연구 주제에 애착이 생기기까지

우여곡절 끝에 맞이한 첫 학기는 최악의 학기로 기억된다. 새로운
환경과 생소한 연구 분야에 적응하느라 정신이 없었다. 가장 적응

하기 어려웠던 것은 학업 환경이었다. 박사 과정은 지식 소비자로서의 역할을 넘어서 새로운 지식을 생산하는 생산자로서의 역량을 갖추는 길이다. 지금까지 항상 시험을 잘 보기 위해 어떤 문제에 대해 깊게 생각하기보다는 그저 잘 정리되어 있는 참고서를 찾아 어떻게 하면 가장 효율적으로 공부할 수 있을까를 주로 고민해왔었다. 그러나 대학원 과정은 달랐다. 일단 뭘 공부해야 할지 가이드라인을 제공해주는 교과서가 흔하지 않았다. 연구에 필요한 기본 개념들을 익히기 위해서는 조금 더 능동적으로 이 책 저 책을 동시에 참고하는 수밖에 없었다. 나는 영어를 제2언어로 배운 외국인이기에 이 과정에 남들보다 배로 많은 시간이 소요되었다. 지도 교수님과의 토론에서도 의사소통의 벽이 크게 느껴졌다. 머릿속에서 생각하고 있는 바를 논리적으로 정리하면서 동시에 그걸 영어로 번역까지 해야 하니 너무 부담스러웠다. 그래서 매번 토론할 때마다 지나치게 긴장하였고 그 때문에 지도 교수님과의 의사소통이 더 악화됐다. 더 큰 무대에서 두각을 나타내기는커녕 그저 하루하루 버텨내기에 급급했다.

그렇게 이것저것 적응하느라 정신없이 시간은 흘러갔다. 유학 생활 3년 차가 끝날 무렵 주 저자로서 논문 한 편을 쓰기 시작할 즈음에야 연구실의 구성원으로서 역할을 하고 있다는 생각이 들었다. 그 기간 동안 몇 번이고 한계를 느꼈고, 그로 인해 처음 유학을 떠날 때의 진취적인 생각은 많이 사라지기도 했다. 지금 진행 중인 연구는 금속 또는 세라믹 재료 내 미세 구조의 성장 과정에 대해 모델링하고 시뮬레이션을 통해 검증하는 일인데, 유학 올 때만 해도 상상조차 하지 못했던 연구 분야이다. 처음에는 살아남기 위해 울며 겨자 먹기로 시작한 연구 주제였지만, 나의 시간과 노력을 투자해서 결국 논문도 쓰고 학회도 참가하며 어느 정도의 전문성을 인정받은 듯하다. 비슷한 분야를 공부하는 사람들을 만나 연구에 대한 이야기를 나누면서 연구 분야에 대한 애착과 흥미도 천천히 뒤따라서 생겼다. 지금의 내 꿈은 처음 유학 왔을 때 막연하게 기대했던, 도전과 경쟁을 통해 더 큰 세계에서 인정받고 싶다는 욕구와는 조금 차이가 있다. 현재의 꿈은 남은 박사 과정 동안 같은 분야의 연구자들과 후세대에게 영감을 줄 수 있는 연구를 하고 오래 기억될 수 있는 논문을 쓰는 일이다. 이 꿈을 이루기 위해 하루하루를 보내는 일이 즐겁다.

● 진로 고민은 여전히 진행 중

지금 나는 박사 과정 중반기에 접어들면서 어느 정도 일상에 여유가 생겼다. 그러면서 조금씩 다음 진로에 대해 고민도 하기 시작했다. 박사 유학을 옴으로써 다음 진로의 선택지는 많아졌지만 그만큼 불확실성도 커졌다. 먼저 학업을 마치고 미국에 남을지, 제3의

나라에서 기회를 잡아 계속해서 도전적인 경력을 유지할지, 아니면 가족이 있는 한국으로 돌아가 주위를 돌아보며 살아가는 것이 내가 더 행복할 수 있는 길인지도 여전히 고민 중이다.

요즘에는 박사 졸업 후에 이론 연구보다는 조금 더 실제 산업계의 공학적인 문제를 해결하는 데 기여하고 싶다는 막연한 꿈이 생겼다. 아마도 이 꿈을 이루기 위해서는 산업계 수요에 맞추어 다시 한 번 연구 분야를 전환해야 할 것이다. 애착이 생긴 연구 분야를 떠나 다시 처음부터 새로운 일을 시작하는 것이 걱정되기도 하지만, 그럼에도 아직은 막연한 이 꿈이 실제 산업계에서 경력을 쌓다 보면 더 구체적인 꿈으로 발전해나갈 것이라는 확신이 든다. 처음에는 낭만을 좇아 떠난 해외 유학에서 내 꿈을 현실과 타협하고 다듬어 구체화하는 과정을 통해, 작지만 보다 확실한 꿈이 생기는 경험을 했기 때문이다. 그래서 학부 시절 진로에 대해 고민했던 것만큼 불안하지는 않다.

어느 때보다 기대 수명이 늘어난 현대사회에서 진로 고민은 평생 동안 이어질 것이다. 진로를 선택할 때 아쉬움이 전혀 남지 않는 정답이란 존재하지 않는다. 왜냐하면 현실 세계에 살고 있는 우리는 꿈과 현실성이라는, 어쩌면 정반대인 두 개의 잣대를 갖고 미래를 준비해야 하기 때문이다. 그럼에도 나는 여전히 충분히 진로 고민을 하는 것은 가치 있는 일이라고 생각된다. 비록 정답을 찾을 수 없더라도, 내가 진정으로 원하는 것과 현실적으로 가능한 선택지에 대해 최대한 많은 정보를 수합해서 고민하다 보면 조금 더 구체적인 꿈을 키워나갈 수 있기 때문이다.

 서울공대생에게 물었다!

공부하기 힘들 때
어떻게 마음을 다잡으면 좋을까요?

니체는 "살아가야 할 이유를 아는 사람은 그 어떤 상황도 견뎌낼 수 있다"라는 말을 했습니다. 이 말을 공부에 적용해보면, "공부해야 하는 이유를 아는 사람은 어떤 상황에서도 마음을 다잡고 공부를 할 수 있다"라고 변형할 수 있을 것 같습니다. 그러니 무조건 공부를 해야 한다고 생각하기보다는 내가 왜 공부를 해야 하는지 곰곰이 생각해보고 스스로 납득할 만한 대답을 찾아보면 좋을 것 같습니다.

제가 중고등학교 때 공부한 이유를 생각해보니, 저는 공부에 재미를 많이 느꼈던 것 같습니다. 모르는 걸 알아가는 건 제법 재미있는 일입니다. 공부를 하면 하늘은 왜 파란색인지, 낙하산을 타면 왜 천천히 떨어지는지, 왜 창던지기 선수들이 창을 비스듬하게 던지는지 등을 알게 되는 거죠.

또 저는 공부를 일종의 게임으로 생각했습니다. 게임이 재미있는 이유는 결국 내가 한 노력이 아주 즉각적인 보상으로 나타나기 때문입니다. 공부도 게임처럼 할 수 있습니다. 전략을 짜서 공부하면 시험에서 좋은 결과라는 보상으로 나타납니다. 열심히 했음에도 결과가 좋지 않았다면 전략을 고쳐 다시 시도해보면 됩니다. 그런 수정 과정을 거치면서 좋은 전략을 잘 짜서 공부를 하면 결국 좋은 보상이 주어질 테니 그 결과를 마음껏 즐기면 됩니다.

대학을 졸업하고 대학원생이 된 지금 제가 공부하는 이유는 '두 개의 마시멜로'를 먹기 위해서입니다. 1970년대 초반 미국의 심리학자 월터 미셸이 4~6세 아이들을 대상으로 실험을 진행했습니다. 아이들을 한 명씩 방으로 데려가서 마시멜로 한 개가 놓인 접시를 보여준 다음 "선생님이 15분 동안 밖에 나갔다가 돌아올 텐데, 그때까지 참고 기다리면 마시멜로를 한 개 더 줄게"라고 말했습니다. 그리고 그 아이들을 향후 20년 동안 추적 관찰 한 결과 15분을 참고 마시멜로를 두 개 먹은 아이들의 청소년기 인지능력과 학업 성적이 우수하고 좌절을 견디는 능력이 강하다고 밝혀졌습니다. 물론 이 실험에 대해서 최근 반박이 있었습니다. 후속 추적이 가능했던 표본이 너무 작고, 아이들 부모의 학력이나 가정 형편을 고려하지 않았다는 것이죠. 그러나 이 실험의 함의 자체는 여전히 우리에게 많은 교훈을 줍니다. 이 실험의 함의는 당장의 보상보다 미래의 더 큰 보상을 위해서 지금 참고 견디는 사람이 나중에 더 성공한 삶을 살 가능성이 높다는 것입니다. 지금 재미있는 유튜브 동영상을 보는 것은 지금 바로 마시멜로 한 개를 먹는 것입니다. 그러나 잠시만 참고 그 시간에 글을 써서 책을 낸다면 마시멜로 열 개에 해당하는 보상을 받을 수 있습니다.

저는 중고등학교 시절 공부를 해서 좋은 성적이라는 마시멜로 두 개를 먹어보았고, 원하던 대학에 와서 마시멜로 세 개만큼의 달콤함을 맛보았습니다. 그런 경험 덕분에 지금도 높은 목표를 설정하고 그것을 위해 매일 저를 조금씩 통제하면서 더 많은 마시멜로를 기대하며 하루하루를 살고 있습니다. 여러분도 스스로 공부하는 이유를 만들어 힘든 시간을 견뎌내고 더 많은 마시멜로를 먹을 수 있기를 기원합니다.

>> 재료공학부 14학번 안건

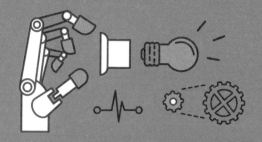

PART 4

세상을 바꾼다는 건
멋진 일이니까요

"나는 '공학을 공부'하거나 '기계를 공부'하러 오늘
하루를 사는 게 아니었다. 공학의 힘을 빌려 세상
에 나만의 목소리를 알리는 삶을 살고 있는 것이
었다. 주위 동료들의 이야기를 들으며 도전을 받고
소통하며 함께 성장하는 그런 삶, 나와 너의 이야
기가 만나 더 큰 이야기가 되는 삶 말이다. 공학은
우리의 목소리를 담아낼 수 있는 아주 멋진 도구이
다. 기후변화, 기아, 성차별, 교통 체증, 우주탐사,
핵, 스마트폰 중독, 바이러스 전파 방지 등 이 세상
에는 기술의 결합으로 해결 가능한 문제들이 널리
고 널렸다."

젠장맞을 스타트업

컴퓨터공학부 04학번 이성원 ('버즈빌' CPO)

노인은 경험을 팔고 젊은이는 미래를 판다. 초기 밀레니얼 세대로서 노인도 아니고 Z세대도 아닌 나는 아직 충분히 펼쳐지지 않은 내 미래에, 짧지만 길었던 경험을 살짝 얹어 팔아보려 한다. 음식물은 입을 닫고 씹고, 건배는 잔 대신 사람의 눈을 보며 하고, 글을 쓸 때는 두괄식으로 쓰라고 배웠다. 이 글도 두괄식으로 시작해본다.

도전하자. 스타트업이라는 단어에 얽매이지 않아도 괜찮다. 무엇이 됐건 간에 배우고, 시도하고, 넘어지고 일어나자. 수명은 길어지고, 변화는 빨라지고, 필요한 배움은 늘어난다. 이제 성장하지 않는 것은 정체가 아니라 후퇴다. 경제가 성장할 때 제대로 투자하지 않으면 벼락 거지가 된다. 세계가 성장하는데 나만 인생 고이 싸매고 하던 일 하고 있으면 어느새 벼락같이 뒤처져 있을지도 모른다.

● 두 번의 창업과 엑시트를 통해 배운 것

대학원 2학기가 시작될 무렵 교수님께 스타트업을 위해 휴학하고 싶다고 말씀드렸다. 좋은 기회가 생긴 것 같다고, 1년만 도전해보고 돌아오겠다고 했다. 교수님은 인자한 표정으로 이렇게 말씀하셨다. "그런 마인드로 되겠니? 안 돌아올 생각으로 가라."

스타트업이라는 단어가 사람들에게 익숙하지 않은 때였는데, 먼저 스타트업을 시작했던 친구들이 내게 마지막 코파운더 자리를 제안했다. 그때는 비전, 사업 계획, 커리어에 대해 고민을 제대로 해보지도 못했다. 당시 회사는 투자자로부터 2억 원의 투자를 막 받은 상태였고, 돈에 대해서 감이 없었던 학생 시절의 나는 2억 원이면 무엇이든 할 수 있을 것 같았다(물론 투자금은 순식간에 증발했다).

그렇게 그 동료들과 함께 두 번 회사를 창업하고, 대표를 맡고, 엑시트를 경험했으며, 여전히 그들과 함께 도전의 연장선에 서 있다.

지인이 술자리에서 종종 하는 말이 있다.

"인생은 콘텐츠다."

살면서 힘들었던 에피소드 없는 사람은 없을 테니 두 번의 창업 및 엑시트 과정에 대해서는 '정말 쉽지 않았다' 정도로만 적고 넘어가려 한다. 급여 1년쯤 못 받아도 어떻게든 살아지긴 하지만, 믿었던 사람에게 실망하고 척지는 건 그다지 추천할 만한 경험은 아닌 것 같다. 공기 오염도 최악의 도시인 인도 델리에서 사업하겠다고 먼지 마시며 돌아다닌 경험은 (인도 병원을 엄청나게 드나들었지만) 그래도 재밌었다. 이런 얘기를 하나씩 다 열거하다가는 끝이 없을 것 같다.

"어디로 가는지 모르면 그곳에 도달할 수 없다"고 요기 베라는 말했다. 부끄럽게도 나는 아직도 인생의 목적지를 찾아가는 중이다. 지금 가진 목표만 달성하면 모든 것을 이룬 느낌일 것 같지만, 다음 목표라는 녀석은 어떻게 알고 또 기가 막히게 찾아온다. 동료가 열 명에서 100명이 되면 또 다른 세계가 열린다. 풀어야 할 문제와 푸는 방법이 달라지고 비전, 목표, 문화, 소통의 무게가 달라진다. 여전히 어려운 것은 어렵고, 힘든 것은 힘들다. 그럼에도 스타트업을 통한 내 인생의 여정은 즐겁다. 명확하지는 않더라도 어딘가는 존재하고 있을 내 인생의 목적지와 이 길이 정렬된 덕분일 것이다.

스타트업은 비정형이라고 한다. 어느 것 하나 답이라고 얘기할 수 없다. 많은 성공한 창업가들이 지식과 통찰을 나누고 있지만, 그들도 그것만이 답이라고 말하지는 않는다. 아직 목적지에 도달하지는 못했지만, 그 여정을 즐기는 사람으로서 스타트업에 대한 나의 생각을 조금 풀어보려고 한다.

● 스타트업의 N가지 효능

스타트업 경험자로서 스타트업의 효능에 대해 얘기해보려 한다. 스타트업에 흥미가 있다면 가벼운 기분으로 들어보길 바란다.

재정적 최대 기대치

스타트업을 한다고 해서 다들 단번에 100억, 1,000억씩 버는 건 아니다. 일단 평균적으로 90%의 스타트업은 실패한다. 한 번에 대박을 친 것은 아니어도 꾸준하게 수익을 만들며 성장하는 스타트업도 많다.

여러 경우의 수가 있긴 하지만 그럼에도 스타트업을 할 때 기대할 수 있는 수익의 최대치가 직장인의 그것보다 높은 건 사실이다. 스타트업에 대한 인식이 좋아지고 관련 지원도 늘어나고 있다. 물론 스타트업을 하는 건 많은 고난과 역경이 기다리고 있는, 쉽지 않은 길이다. 어느 길을 선택하는가는 옳고 그름의 문제가 아니라 성향과 선택의 문제다.

목적 중심의 움직임

우리는 꿈을 위해 영어를 배우고, 능력을 키우고, 인간관계를 쌓고, 공부하고, 공부하고, 공부한다. 어떤 능력이 언제 필요하게 될지 모르기에 중국어도 배우고, 코딩도 배우고, 기획도 배우고, 보고서 작성도 배우고, 사회생활도 배운다. 이 중 얼마나 많은 배움이 우리의 꿈과 직접적으로 연결되어 있을까?

알베르토 사보이아는 《아이디어 불패의 법칙》이라는 책에서 프리토타이핑(pretotyping, pre와 prototyping를 합친 단어) 방법을 소개한다.

프리토타이핑은 많은 시간과 공을 들여서 실패하는 제품을 만드는 일을 방지하고자 미리 아이디어를 검증하는 접근법이다. 예를 들어 동네에 고서점을 내고 싶으면, 간판과 그럴싸한 문만 먼저 만든 뒤 들어오는 사람이 얼마나 있는지 살펴봄으로써 수요를 미리 확인해보는 것이다. 그 위치에 책방이 있어도 사람이 들어오지 않는다면 소파를 어디에 배치해야 최적의 동선을 만들 수 있을지는 애초에 고민할 필요가 없다는 것이다.

몰입은 목표 달성에 필요한 능력을 압축적으로 성장시킨다. 똑같이 영어를 배워도 당장 필요해서 배우는 것과 미래에 필요할지 몰라서 배우는 것의 차이는 엄청나게 크다. 그리고 자신의 목표와 일치하는 스타트업은 바로 그 몰입을 돕는다. 물론 스타트업만이 개인의 목표와 조직의 목표를 정렬할 수 있는 형태는 아니다. 하지만 그 간극을 줄이는 데 이점이 있는 것은 분명하다.

자아실현의 추월 차선

매슬로와 그의 제자들은 인간의 욕구를 여덟 가지로(처음에는 다섯 가지였다고 한다) 나눴는데, 생리적 욕구와 안전 욕구를 넘어 자아실현의 욕구와 자아 초월 욕구까지 이어진다. 4단계인 존중(esteem) 욕구까지는 결핍으로 인한 욕구, 5단계부터는 성장 욕구로 분류되는데, 낮은 단계의 욕구가 충족되지 않으면 그다음 욕구를 추구하기는 어렵다고 한다.

　대학을 졸업하고 사회로 나와 동료가 생기고 역할이 생기면 내가 책임감 때문에 일하는 것은 아닌가 하는 생각이 가끔 든다. 스타트업이든 대기업이든 중소기업이든 다르지 않다. 우리는 관계 속에서 살아가기에 주변 사람들에게 받는 존중과 찬사에 기뻐하기도 하고 집착하기도 한다. 존중 욕구에 집착할수록 원하는 만큼 충족이 어렵고, 그에 따라 자아실현 욕구는 좀처럼 그 얼굴을 보기가 어려워진다.

　내 경우 첫 번째 스타트업이 큰 기업에 인수되면서 급여도 늘어나고 지원도 늘어났다. 함께 일하는 사람들이 많아졌고, 회계를 포함한 운영 업무는 거의 신경 쓰지 않아도 될 정도로 많은 도움을 받았다. 그럼에도 뭔가 아쉬운 마음이 사라지지 않았다. 동료들과 함께 서비스를 개발하고 문제를 풀어가고 있는데도 왠지 성장하고 나아가는 느낌이 들지 않았다.

　당시에는 너무 어리고 미숙해서 몰랐지만 지금 돌이켜보면 너무 분명한 문제였다. 인수 시점에 모두의 비전을 조율하는 일을 먼저 했어야 했다. 목표를 조금 더 잘 수립했더라면 인수 기업에게서 많은 것을 배우고 더 많이 기여할 수 있었을 것이다.

　'자아실현'이라는 거대한 주제를 스타트업의 효능이라고 말하려니 지하철에서 13분 거리 역세권 아파트를 홍보하는 느낌이 든다.

전속력으로 뛰어도 13분 만에 가는 건 무리지만 그렇다고 터무니 없는 거짓말은 아닌 듯한 느낌이랄까. 그럼에도 우리는 달성할 수 없는 목표를 추구하는 것에 의미를 부여하기도 한다. 스타트업의 효능은 스스로 목표를 세워서 달려갈 수 있는 환경을 다른 조직보다 조금 더 만들어준다는 것일 듯하다.

요즘 파이어(FIRE, financial independence retire early) 운동이 인기를 끌고 있다. MZ 세대는 직급에 그리 연연하지 않는다. 경력을 위한 이직은 자연스러운 일이고, 회사에 대한 충성심은 꼰대의 전유물이 되었다. 우리는 주어진 것이 아니라 원하는 것을 이루기 위해 달려가고 있다. 기업의 형태는 그것을 달성하기 위한 수단일 뿐임을 기억하자.

● 아니, 그거 스타트업 아니야

스타트업을 생각하면 어떤 이미지가 떠오르는가? 자유로운 근무, 수평적인 문화, 네트워킹, 재정적 성공, 꿈의 실현 같은 긍정적인 이미지도 있고, 박봉, 밤낮없이 일하기, 어려운 투자 유치 등 부정적인 이미지도 있을 것 같다. 세상 모든 일이 그렇듯 맞는 부분도 있고 틀린 부분도 있다. 스타트업에 대한 오해를 풀어보자.

오해 1: 스타트업은 돈이 아니라 꿈 때문에 하는 것이다

스타트업에서 꿈과 비전은 아주 중요하다. 회사가 빠르게 성장할 때는 비전의 공백이 생각보다 큰 문제가 되지 않는다. 하지만 회사가 어려울 때 버티게 해주는 것은 꿈과 비전이다. 그래서 투자자들도 팀과 비전을 본다. 그들은 초기 아이템이 언제건 뒤집힐 수 있다는 사실을 안다. 그걸 끝까지 버티고 다음 도전으로 이어서 성공시키는 것이 팀과 투자자의 비전이다. 그럼에도 돈이 없다면 그 꿈과 비전의 달성은 요원할 수밖에 없다.

우리의 두 번째 스타트업은 인도 시장을 겨냥했다. 인도는 13억이 넘는 인구를 바탕으로 스마트폰 보급률이 급격하게 성장하고 있는 매력적인 시장이다. 스마트폰은 구매 수단, 교통 이용 수단 등으로 사용되며 이미 생활 깊숙이 침투해 있다. 1인당 GDP가 매우 낮은 인도의 경우, 대다수 저소득층은 열심히 돈을 모아 스마트폰을 사더라도 매월 나가는 통신비가 큰 부담일 수밖에 없다. 우리는 소비자들이 광고를 소비함으로써 발생하는 수익의 일부를 소비자들과 공유함으로써 통신비 부담을 줄여주고자 했다. 시장을 약간 흔들어 광고의 혜택을 고객과 공유한 우리 서비스는 많은 사랑을 받으며 급속도로 성장했고 1,000만 사용자를 눈앞에 두고 있었다.

한편 우리의 예상과 달리 저소득층의 소득 성장이 국가 경제의 성장을 따라잡지 못했다. 광고도 결국 돈을 벌기 위한 수단이기 때문에 소비자의 구매력에 따라 비용이 달라진다. 저소득층에게 보여주는 광고 수익은 예상보다 낮았고, 수익을 충당하려면 더 많은 시간과 투자가 필요했다. 아무리 멋진 꿈이라도 돈이 되지 않으면 유지될 수 없었다(다른 얘기를 덧붙이자면 우리 팀은 이 경험을 바탕으로 광고업계를 더욱 깊게 학습할 수 있었고 애드 테크 분야에서 혁신을 만들어가고 있다).

많은 사람이 꿈과 돈을 한데 놓고 그 둘을 서로 비교한다. 하지만 난 그 둘이 상호 배타적이라고 생각하지 않는다. 기업의 목적은 이윤 추구다. 꿈을 이루기 위해 돈을 포기해야 한다면 그 꿈은 스타트업을 통해서 이뤄야 하는 꿈이 아닐지도 모른다. 어떤 꿈이 아무리 멋져 보여도 소비자가 지갑을 열지 않으면 비즈니스가 지속되기는 어렵다. 물론 투자를 바탕으로 빠르게 성장하는 전략을 택할 수도 있지만 최종적으로는 수익화가 가능해야 한다. 꿈의 달성을 위해 기업이 필요하다면 기업에 돈이 필요하다는 것 또한 인정하고 함께 추구해야 한다. 꿈을 추구하되 돈 때문에 스타트업을 하는 것은 아니라는 생각은 굳이 하지 말자.

오해 2: 스타트업은 자유로운 근무 방식이 장점이다

나는 해외에서 일하는 것을 좋아한다. 처음 스타트업을 시작할 때부터 글로벌 비즈니스를 꿈꿔왔기에 길지는 않지만 뉴욕, 보스턴, 델리, 방글라데시 같은 도시에서 사무실 혹은 코워킹 스페이스

(co-working space)를 오가며 일했었다. 워킹 배케이션(working vacation)
이랍시고 발리와 하와이의 코워킹 스페이스에서 일하기도 했다.
빅아일랜드에서 피자와 함께 맥주 한잔 기울이며 일하던 경험은
앞으로도 평생 잊을 수 없을 것 같다. 일하는 공간의 자유는 내게
굉장히 중요하다.

하지만 공간의 자유는 수단이지 목표가 아니다. 내게 공간의 자
유는 하고자 하는 일을 더 잘할 수 있게 도와주는 방식일 뿐이다.
서비스를 운영하는 국가에 가서 일하는 것은 정확하고 빠른 의사
결정과 외부에서는 알지 못하는 통찰을 얻는다는 측면에서 매우
중요하다. 가끔 있는 워킹 배케이션은 번아웃이나 매너리즘에 빠
지지 않도록 리프레시를 함으로써 업무가 늘어지거나 감을 놓치지
않게 도와준다. 지금도 당당하게 얘기할 수 있는 사실 중 하나는 우
리 멤버들이 워킹 배케이션 시기에 더 몰입하고 더 많은 성과를 냈
다는 점이다.

돈이 없어서 팀원들 모두 1년 가까이 급여도 없이 일한 적이 있
었다. 사무실 임대 비용도 없어서 팀원 전부 재택근무를 하기로 했
다. 지금은 코로나 때문에 재택근무가 그리 특별한 방식은 아니지
만, 그때만 해도 재택근무는 상상하기 어려운 근무 방식이었다. 자
의는 아니었지만 일할 수 있는 공간의 자유가 생긴 것이다. 따뜻한
집에서 일하고 싶은 시간에 일하고, 가끔 강릉에 있는 시골집에 가

서 바다를 보며 일하기도 하곤 했다. 하지만 꿈에서 멀리 떨어져 있는 공간의 자유는 전혀 즐겁지 않았다. 어서 빨리 팀원들과 한 공간에 모여 꿈을 향해 달려가고 싶었다.

넷플릭스 대표 리드 헤이스팅스는 저서 《규칙 없음》에서 회사에 존재하는 수많은 규칙들이 창의력과 성장을 방해한다고 얘기한다. 그래서 근무 시간을 없애고, 휴가 규정을 없애고, 비용 규정을 없앴다. 단, 한 가지 기준을 둔다. 바로 회사에 도움이 되는 방향으로 결정할 것. 인상적인 구절이 있었는데, 책의 첫 장에 이렇게 쓰여 있다. "평범한 성과를 내는 직원은 두둑한 퇴직금을 주고 내보낸다."

자유와 자율은 엄연히 다르다. 워라밸과 자유로운 근무 환경이 중요한가? 그것이 왜 중요한지를 먼저 생각하자. '자유'로워서 스타트업을 한다고 생각한다면, 내가 원하는 것이 대충 편하게 일하는 것인지, 내 목표를 달성하기 위해 내 방식대로 일하는 것인지 한번 고민해보자.

오해 3: 스타트업은 아이디어 싸움이다

"아, 저거 내가 생각했던 건데!", "나한테 좋은 아이디어가 있는데 들어볼래?" 스타트업 업계에 있다 보면 이런 얘기를 자주 듣는다. 그 새롭다는 아이디어들은 거의 다 이미 시장에 나왔다가 사라진 앱의 무덤에서 찾아볼 수 있고, 심지어는 현재 잘 운영되고 있는 서비스도 있다. 그렇게 좋다는 아이디어가 서비스로 현존하고 있는데도 정작 아이디어를 말한 본인조차 사용하지 않고 있는 것이다.

세계적인 벤처 투자자 존 도어는 "아이디어는 쉽다. 실행이 전부다"라고 말했다. 아이디어가 가장 싸다. 새로운 스타트업을 시작하려 한다고 하면 "아이디어가 뭔데?"라고 물어보는 사람들이 많다. 그런데 아이디어의 새로움에 너무 연연하지 말자. 물론 아이디어가 없어도 된다는 뜻은 아니다. 다만 아이디어가 전부가 아니니 "무엇을 이루고 싶은데?"부터 시작해보기를 바란다.

오해 4: 스타트업은 위험하고 보상 적은 중소기업이 쓴 가면이다

스타트업은 위험하다. 90%가 망하니까. 검증되지 않은 사업을 하고, 변화가 일상이니까. 하지만 처음 도전에서 성공하든 아홉 번째 도전에서 성공하든 성공만 하면 문제가 되지 않는다. "와, 너는 성공하기 전에 여덟 번이나 실패했어?"라고 말할 사람은 아무도 없다. 실패할 경우 대안을 찾아야 하는 것은 대기업이나 스타트업이나 마찬가지다. 대기업과 스타트업의 업무 성격상 넓고 얕거나 좁고 깊은 정도의 차이가 있긴 하나, 업계에서 내 능력을 증명하는 것은 오롯이 개인의 역할이다.

내가 일하는 조직의 안정성이 나의 안정성을 보장해주지는 않는다. 스타트업, 중소기업, 대기업 모두 내가 성장하지 않으면 위태로운 것은 매한가지다. 2021년 현재 스타트업 사이에 인재 쟁탈전이 일어나고 있다. 급여도 대기업에 밀리지 않는다는 얘기다. '안정적'이라는 것이 나에게 어떤 의미인지 한번 생각해보자.

오해 5: 어차피 스타트업은 정답이 없으니 내 방식이 답이다

스타트업이 꿈꾸는 비전과 그 사업 분야를 제일 잘 아는 사람들은 바로 스타트업 멤버들이다. 그 옆에서 묻지도 않았는데 이래라저래라 하고 조언하는 건 비전문가의 오지랖이다. 그렇다고 해서 주변의 조언에 귀를 닫고 내 마음대로 하는 게 옳다는 말은 아니다.

'코치는 운동선수보다 그 운동을 못하는데 뭘 가르치는 거지?'라고 생각해본 적 있는가? 코칭은 그 자체로 전문 영역이다. 각 분야의 전문성을 가지고 있지 않더라도 코칭이 가능하다. 운동선수에게 적용하는 코칭 방식을 비즈니스에 적용하여 성공한 사례도 많다.

앞서 나간 선배들이야말로 스타트업 멤버들에게 좋은 코치라고 할 수 있다. 그래서 그들의 이야기를 듣고 그들의 책을 읽어야 한다. 그들은 어설픈 답을 주는 대신 좋은 질문을 준다. 지금 시점에 몰입해야 하는 일이 무엇인지, 주의해야 할 점은 없는지 스스로 묻게 해준다. 알리바바 마윈 회장의 말대로 책을 많이 읽는다고 성공하는 것은 아니지만 성공한 뒤 독서를 게을리하면 문제가 된다.

현재 시장이 어떤지, 아이디어 검증은 어떻게 할지, 캐즘(상품 출시 후 일시적으로 시장 수요가 정체되거나 후퇴되어 단절이 발생하는 현상)은 어떻게 넘어야 하는지, 목표와 비전은 왜 중요하며 어떻게 수립해야 하는지, 어떤 방식의 리더십을 가져야 할지, 모든 멤버가 함께 달려나가려면 어떻게 해야 할지 궁금하지 않은가? 모두에게 맞는 답은 없지만, 모두에게 해당되는 질문은 있다.

오해 6: 창업 멤버가 아니면 의미 없다

새로운 나라를 세우거나 새로운 왕을 옹립한 이야기들을 보면 많은 개국 공신들이 개국 이후에는 오히려 견제 대상이 된다. 이상하지 않은가? 똘똘 뭉쳐서 그 어렵고 힘든 시기를 이겨내고 마침내 새로운 시대를 열었는데, 나중에는 서로를 견제하게 되니 말이다. 재밌는 것은 기업에서도 이런 흐름이 되풀이된다는 점이다.

《제프리 무어의 캐즘 마케팅》은 초기 선구자 고객과 주류 시장 고객이 원하는 제품의 차이에 관해 설명한다. 이 과정에서 초기 선구자 고객의 요구에만 집중하다 보면 주류 시장 고객이 원하는 것을 놓치고 성장하지 못하는데, 이런 시각의 변화를 방해하는 주요 원인 중 하나가 초기 멤버들의 고집임을 경고한다. 초기 고객들과 맺은 끈끈한 유대감을 끊어내기 어렵기 때문이다.

'그래서 개국 공신은 숙청해야 한다'는 얘기는 아니고, 조직의 성장에 따라 필요한 능력은 달라질 수 있다는 의미다. 멤버는 자신의 역할을 바꾸고 성장해나가며 조직의 성장을 가속화하거나, 초기 스타트업을 키운 경험을 바탕으로 새로운 도전을 할 수 있다. 역시나 옳고 그름의 문제라기보다는 선택의 문제다.

성장의 시기에 따라 멤버가 할 수 있는 기여와 보상 방식도 달라진다. 초기에 스타트업을 일으킨 멤버는 그만큼의 리스크 부담과 기여를 인정받고 주식이나 스톡옵션으로 보상받을 수 있으며, 성장에 기여한 멤버는 더 높은 급여와 스톡옵션을 통해 기여를 인정받을 수 있다. 참여하는 시기가 언제든 스타트업의 성장을 주도하면 그에 준하는 보상은 주어진다.

각 시기에 따라 구성원 성장의 성격 또한 다르다. 초기에는 기획, 개발, 회계, 홍보 등 전반적으로 모든 것들을 얕지만 넓게 학습하는 한편, 어느 정도 성장을 이루고 난 뒤에는 비즈니스를 더 키우며 조직이 각자의 분야에 집중해서 일을 더 잘하는 방식을 학습하게 된다. 중요한 점은 그 모든 지식과 경험이 이후 도전을 위한 귀중한 자산으로 남는다는 것이다.

● 그럼에도, 스타트업

진로를 고민하는 친구들에게 스타트업이 미래니까 로켓에 올라타라고 말해줄 수는 없다. 그 어려움을 기억하기 때문이다. 살아가면서 누구나 나름의 고난을 겪겠지만, 경험이 한정적이다 보니 스타트업이 다른 일보다 더 어렵다거나 아니라거나 하는 말을 해주긴 어렵다. 내가 만약 대학원에 남았다면 후회했을까? 그러지 않았을 것 같다. 대학원에서 연구하며 논문을 쓰던 시기도 참 즐거웠다. 대기업에 갔다면 안주했을까? 나와 모든 스타트업 여정을 함께한 내 아내는 내가 대기업에 들어갔어도 여전히 즐기며 성장했을 것 같다고 말하곤 한다. 아마도 그랬을 것 같다.

그럼에도 스타트업을 추천하고 싶은 이유는 그간 내 스타트업 여정이 충분히 도전적이고 즐거웠으며 여전히 미래를 향하고 있기 때문이다. 내 얕은 경험과 지혜를 가지고 누군가에게 답을 알려줄 수는 없다. 다만 괜찮은 질문 한두 개 정도 건네줄 수는 있을 것 같다. 당신이 인생에서 이루고자 하는 일은 무엇인가? 그것을 지금 당장 도전하지 않을 이유는 무엇인가?

함께 도전했고, 도전하고 있으며, 앞으로도 함께할 동료이자 친구들에게 고맙다는 말을 전하며 짧은 글을 마친다. 그들의 기억도 나만큼이나 미화되어 있기를 바란다.

공학에서 AI가 정말 널리 사용되나요?

AI 기술은 빠르게 발전하고 있고 응용 분야도 계속 늘어나고 있어요. AI가 처음 제대로 활용되었을 때가 2012년쯤이라 이제 겨우 10년 남짓한 세월이 흘렀는데 AI는 우리 일상 속 곳곳에 녹아들어 우리의 생활을 도와주고 있어요. 앞으로 AI로 인해 우리의 미래가 어떻게 바뀔지 기대됩니다. AI 기술이 점점 대세가 되고 있지만, 모든 사람이 AI의 원리에 대해서 알 필요는 없다고 생각해요. 컴퓨터공학부나 관련 학과에서 AI 기술을 발전시키고, 다른 학과에서는 발전된 AI 기술을 자기 분야에 접목해 연구하는 방식으로 흘러갈 거예요. 다시 말하자면, AI 기술은 포토샵과 같이 하나의 도구로서 다양한 곳에 사용될 것이고, 대부분 학과에서는 이 도구를 어떻게 활용할지만 연구하면 되는 거죠. 그래서 공학에서 AI가 정말 널리 사용되고 있고 앞으로 더 다양하게 사용될 테지만, 모든 학과에서 이를 깊게 공부할 필요는 없다고 생각해요.

>> 전기·정보공학부 16학번 배재혁

네, 정말 많이 사용됩니다. 서울대학교를 기준으로 컴퓨터공학부나 전기·정보공학부에서만 AI 연구를 한다고 생각하기 쉽지만, 2021년을 기준으로 현재 AI가 사용되지 않는 분야는 없다고 봐도 무방합니다. 머신러닝이나 딥러닝 모델의 성능은 아직 수학적으로도 완벽하게 설명되지 않은 상태인데, 그 능력이 기존의 다양한 공학 기술들을 능가하여 우선 범용적으로 적용되고 있습니다. 예를 들어 화학 분야에서도 가능한 분자구조의 결합을 AI로 예측하여 새로운 형태의 단백질을 찾아냈고, 자율주행 자동차에 대한 연구도 AI의 등장으로 가속화되고 있습니다. 게다가 앞으로도 그 비중이 커지면 커졌지 절대 작아지지는 않을 것입니다. 가까운 미래에는 마치 수학의 미적분처럼 AI가 공학에서 기본적인 툴로 자리잡을 것으로 보입니다.

>> 전기·정보공학부 16학번 이태균

네. 질의 응답 시스템, 질병 진단, 신약 개발, 산불 방지 등 셀 수 없이 다양한 분야에서 활용되고 있습니다. 공대에 오면 수업을 통해 이런 프로젝트들에 직접 참여해볼 수 있고 세미나를 통해 학계와 기업에서 어떻게 인공지능을 활용하는지 접할 수 있습니다. 그리고 인공지능 자체를 활용하는 연구들 이외에도, 컴퓨터나 IoT 기기들에서 더 효율적으로 인공지능을 사용할 수 있도록 프레임워크(framework, 기반)를 개발하거나 사람들이 더 쉽게 인공지능을 이해하고 모델을 학습시킬 수 있는 서비스를 개발하는 등 인공지능과 관련된 연구들도 정말 많습니다. 인공지능을 다양하게 활용하는 것 혹은 인공지능을 더 쉽고 효율적으로 사용할 수 있게 하는 것에 관심이 있다면, 공대에 와서 다양한 수업과 프로젝트를 통해 배울 수 있습니다.

>> 자유전공학부(컴퓨터공학 전공) 18학번 손진아

보스턴에서 보내는 편지

기계공학부 10학번 강하은

● 교과서와 축구공 너머의 것

학창 시절에 나는 70점보다는 80점, 90점보다는 95점을 받기 위해 아등바등 살았다. 밤에도 기숙사 학습실 문이 닫힐 때까지 엉덩이 공부를 했다. 그리고 점심시간에는 친구들과 신나게 축구를 했다. 공부를 잘하면 선생님들의 칭찬을 받고, 축구를 잘하면 친구들 사이에서 인싸가 되니, 이보다 더 멋지고 중요한 일은 내게 없었다. 공부와 축구, 이 둘은 곧 내 삶의 전부였다.

그런데 유학을 와보니 세상은 교과서와 축구공 너머의 것들로 가득 차 있었다. 기후변화, 인종차별, 식량 안보, 교통 체증, 암세포 전이 등 인류의 삶을 위협하는 요소들에 더불어 자율주행, 수직 농법, 비접촉 수술, 신재료 개발 등 인류의 삶의 질을 높여주는 해결책들,

그리고 이 토픽들에 푹 빠져 오늘 하루도 최선을 다해 사는 사람들로 넘쳐났다. 두 눈이 번쩍 뜨였다.

한 친구는 기후변화의 심각성을 알리기 위해 나라 및 지역별 기후변화 추이를 다양한 색깔로 표현한 웹사이트를 만들고 있었다. 어릴 적부터 인종차별을 겪으며 힘들게 자란 친구는 교수, 교직원, 학생을 모아 '다양성, 평등성, 그리고 포괄성(diversity, equity, and inclusion)'이라는 학내 움직임을 주도하고 있었다. 보스턴 시내 버스 노선이 너무 복잡하다며 늘 답답해하던 어느 교수님은 수학 알고리즘을 개발해 버스 노선을 단순화하는 데 성공했고, 그 덕에 보스턴 시의 초등학생들은 아침잠을 무려 30분이나 더 잘 수 있게 되었다. 농업 지역에서 자란 친구는 과도한 토지 개발로 농경지 면적이 점점 줄고 있는 현실에 위기의식을 느껴 농작물을 수직 벽에 붙여 재배하는 수직 농법(vertical farming)에 관심을 갖고 건물 외벽에 바를 수 있는 젤과 그 젤 안에서 자랄 수 있는 식물을 찾으러 다녔다.

아이디어도 넘쳐나고, 그 아이디어에 젊음을 바칠 청년들도 넘쳐나는 도시, 보스턴. 내게는 정말 큰 쇼크였다. 거리를 걸어도, 카페에 가도, 수십 통씩 와 있는 학교 이메일 함을 열어봐도, 길을 잃어 옆 건물에 잘못 들어서도, 벤치에 버려진 지역 신문을 들여다봐도, 온통 다 이러한 류의 이야기들이었다.

내가 맞이한 새로운 우주에 머리가 어지러웠다. 책상 공부도 유익하고 필요한 건 사실이지만 그건 어디까지나 반쪽짜리라는 걸 부인할 수 없었다. 교과서에 담긴 것은 어디까지나 남의 생각, 남의 지식 아닌가. 나만의 생각, 나만의 목소리, 나만의 브랜드가 필요함을 절감했다.

공원 벤치에 앉아 내가 어떻게 여기까지 오게 됐는지 돌아봤다. 수학이 재밌다는 이유로 공대 입학을 결심했던 고등학생 시절의 내가 떠올랐다. 여러 학과 중에서도 수요가 꾸준하다는 기계공학과를 택했던 나. 아무 생각 없이 학교를 다니다 이대로는 안 되겠다 싶어 1년 휴학을 하고 독일 제조 기업에 인턴으로 취직해 일도 해보고, 스위스 취리히연방공과대학에서 학부 연구원으로도 일해보았다. 그러다 더 넓은 기회의 땅에 가보고 싶은 마음으로 미국 대학원 유학을 생각했고 MIT의 합격 통지를 받았을 때는 입학을 마다할 이유가 없었다.

그렇게 온 보스턴에서 나는 상상 밖의 세상, 곧 공부를 넘은 창조의 세계를 만났다. 선택의 순간마다 나름대로 최선을 다해왔지만 정작 내가 어디로 향해 가고 있는지는 전혀 알지 못했던 것이다.

● 공대 대학원이 이런 곳이라니!

보스턴에서 새로운 세계를 접한 후, 나를 공학의 길로 이끌어주신 선생님들과 부모님을 찾아가 감사의 마음을 전하고 싶어졌다. 공대 대학원이 이런 곳이라니! 여태껏 해왔던 공부는 가끔 흥미롭긴 했으나 결코 나를 흥분시키지는 않았다. 그런데 공학의 렌즈를 끼고 본 세상이 이렇게 매력적일 줄이야. 공학 기술이 누군가의 삶에 이로움을 주는 멋진 도구라는 사실을 비로소 깨닫게 된 것이다. 지금껏 별 재미를 못 느낀 채 책상에 앉아 있었던 시간들이 재해석되며 가슴이 뛰기 시작했다.

MIT에서의 하루하루를 대충 보낼 수 없었기에 아침에 눈을 뜨면서부터 쏟아지는 이야기들에 귀를 기울였다. 효과적인 암 조기 진단을 위해 레이저 연구를 하는 사람들, 케첩을 짜면 내벽에 들러붙지 않고 깔끔하게 나오는 신개념 케첩통을 만드는 학생들, 인명 구조 작업에 쓰일 미니 치타 로봇을 만드는 연구원들, 그리고 맥주 캔을 딸 때 나오는 거품의 양을 줄여야 맥주 맛을 살릴 수 있다며 거품 줄이는 연구를 하는 동료들의 이야기를 들었다. 이들의 생생한 이야기들이 내 일상을 가득 채우고 있었다.

사람들을 붙잡고 이야기했다. 교수님들께 면담 요청 이메일을 보내기 시작했다. 질문이 넘쳐흘렀다. 박사 때는 이 공부를 하셨는데 지금은 왜 저 문제에 관심을 갖고 계신지, 관련 분야 다른 교수님들은 또 어떤 분들이 계신지, 이 필드가 내가 요새 팔로우하던 다른 필드와 만났을 때 어떤 시너지가 날지 시간 가는 줄 모르고 대화했다. 이럴 땐 전날 밤 연습한 영어가 도움이 됐다.

잡지를 읽고 뉴스를 시청했다. 세미나에 참석했고 네트워킹 이벤트에 참여했다. 세상은 실로 넓었다. 이곳 MIT에서 나는 내가 얼마나 우물 안 개구리였는지를 처절히 실감하게 되었다. 교과서를 보고 공만 차던 어린아이가 생각이란 걸 하기 시작한 것이다.

새로운 취미도 생겼다. 학생 경진 대회 최종 발표 이벤트가 있으면 청중으로 참석해 참가자들의 피치(pitch, 발표)를 들으며 나만의 심사를 했다. 청중 질문 찬스를 활용해 내 생각을 말하고 그들의 생각을 들었다. 너무나 재미있었다. 축구 말고도 나와 찰떡같이 잘 맞는, 밤을 새워서라도 할 수 있는 일들이 있다는 걸 알게 됐다.

그리고 나만의 이야기를 만들어가기 시작했다. 전부 연구라는 명목하에 나의 관심사를 풀어내는 과정이었다. 뿌린 농약이 경작물에 잘 달라붙지 못해 땅으로 떨어져 낭비된다는 보스턴 외곽 농부들의 고충을 듣고는, 농약 방울이 미끄러지지 않고 경작물에 한 번에 달라붙는 기술은 없을까 생각했다. 또 추운 겨울 보스턴 공항에 착륙하는 비행기 표면에 형성된 얼음이 비행기에 무게를 더해 연료 소모가 심해져 골치라는 이야기도 들었다. 그렇다면 얼음 형성 초기 단계 때 살얼음을 저비용으로도 단번에 없애버릴 수 있는 기술은 없을까 고민했다. 이탈리아에 갔을 때는, 녹조류 가루로 건강식품을 만들어 팔아야 하는데 탱크 내벽에 녹조류가 달라붙어 빛이 잘 투과 안 되고 세척 비용도 들어 고민이라는 회사 관계자들의 이야기를 들었고, 녹조류가 내벽에 달라붙지 않게끔 하는 표면 처리 기술을 탐구했다.

이 세 가지 문제는 학부 때 좋아했던 유체역학의 관점에서 접근 가능했다. 유체는 말 그대로 부드러운 물체, 즉 액체와 기체를 뜻한다. 잘 보면 농약은 결국 물이라는 액체 방울에 담겨 채소와 과일 표면에 도달하는 물질이었고, 비행기 표면에 형성된 불필요한 얼음도 물이라는 액체가 얼어서 생긴 현상이었다. 녹조류가 자라는 탱크 내부 역시 물로 가득 찬 환경이었다.

이 토픽들은 자연스레 내 MIT 석사 연구 주제가 되었다. 주중에는 녹조류를 키우며 탱크 내벽 디자인과 오염 현상을 수학적으로 모델링했고, 비행기 재질 표면에는 전극을 연결해 얼음 형성 과정을 관찰했다. 주말에는 농장에 내려가 트랙터 운전법을 배워 케일, 시금치, 상추 등의 이파리에 연구실에서 특수 제작한 농약을 뿌리고 이파리 표면에 얼마나 잘 달라붙었는지를 관찰했다. 이 모든 결과들을 갖고 교수님과 미팅을 하며 논문을 작성했고, 후원사 미팅에서는 본 연구가 왜 의미 있는지를 설득했다.

그렇게 제조업에 유체역학과 표면공학을 접목한 주제로 석사 학위를 받았다. 현재 박사 과정에서는 인공지능 분석 서비스를 연구 및 개발하고 있는데, 기업들이 보유하고 있는 데이터에서 유의미한 인사이트를 뽑아낼 수 있도록 돕기 위한 작업이다. 사내에 데이터 분석 기술이 마땅히 없어 외주를 맡겨야 함에도 불구하고 막상 데이터를 외부 기업 혹은 클라우드에 넘기기에는 데이터 보안 문제가 커 이러지도 저러지도 못하는 경우가 많다. 이때 데이터를 암호화하여 안전하게 클라우드에 넘긴 후 빠르고 정확하게 인공지능 분석을 하고 그 결과물을 받게 하는 기술이 있다면 얼마나 좋을까? 이것이 가능하다면 우리는 데이터 공유 경제의 실현을 꿈꿀 수 있다.

내 박사 연구에는 '나에게 해당 능력(skillset)이 없으면 일을 해내지 못한다'라고 생각하는 우리 사회의 뿌리 깊은 편견에 대한 나만의 작은 저항이 담겨 있다. 왜 모든 것을 혼자, 완벽히 해내야 하는 것일까. 동료와 함께 일하면 더 잘 할 수 있지 않는가? 모두가 윈윈(win-win)할 수 있는 협업 플랫폼을 누군가가 만들어 제공할 수 있기만 하면 된다.

올해 서울대 공대 후배들과 함께 진행한, '모두를 위한 인공지능 교육 프로그램 AI Tech Play'가 좋은 예시이다. 올해 초, 나는 직접 두 발로 뛰며 45명의 후배들을 리크루팅하고 테크 팀과 영상 팀을 비롯한 일곱 개 팀을 꾸렸다. 그렇게 우리는 보스턴 소재 교육 비영리재단 KAIT 파운데이션에 들어가 봉사하며 MIT의 인공지능 코딩 자료를 한국 청소년의 입맛에 맞게 재구성하였다. 그리고 서울대 공대 멘토들과의 매칭을 통해 전국에서 모여든 200여 명의 중학생 참가자들에게 무료 코딩 체험을 제공했다. 이로써 나와 공대 후배들, 중학생들은 혼자서는 불가능했을 작은 변화를 만들어냈다. '나만 잘하면 되는 세상'에서 '우리가 잘하는 세상'으로, '내가 해내야 하는 세상'에서 '우리가 해내는 세상'으로 사람들을 불러모아 즐거운 추억을 쌓은 것이다.

MIT 공대는 단순히 공학을 '공부'하라고 설립된 기관이 아니었다. 이 시대가 절실히 필요로 하는 것을 찾아내고, 그 문제에 공감하는 사람들을 모아 팀을 꾸리고, 공학과 여타 학문의 힘을 빌려 우리의 이야기를 있는 힘껏 전하고, 누군가의 삶을 결국 변화시키는 트레이닝을 하는 훈련소였던 것이다. 이제 돌아보면 MIT 합격 통지서는 단순히 학교 입학을 뜻하는 통지서가 아니라 '새로운 라이프스타일로의 초청장'이었다는 생각이 든다.

● 배움과 창조의 삶

공대 대학원 입학을 꿈꾼다면, 우선 학부와 대학원이 어떻게 다른지부터 알아야 한다.

학부는 대학생들에게 양질의 교육을 제공하는 것에 포커스가 맞추어져 있다. 학부 웹사이트에 올라와 있는 학사 커리큘럼 안내를 잘 살펴보면 신입생들에게 양질의 전공 교육을 제공하기 위한 교수님들의 깊은 고민이 녹아 있음을 알 수 있다.

물론 학교마다 교육의 색채는 조금씩 다르다. 독일과 스위스의 경우 1년간 체류하면서 관찰한 바에 의하면, 각 학교의 오랜 철학과 전통이 학사 커리큘럼에 고스란히 담겨 있다. 덕분에 회사들은 어느 학교, 어느 학과의 졸업장을 받았는지만 보고도 이 학생이 어떤 교육을 받았을지를 쉽게 짐작할 수 있다.

미국은 학부 등록금이 어마어마하다. 몇천만 원에 이르는 등록금을 내고 다녀서 그런지 아이들은 매 학기 최대한의 교육을 받기 위해 발버둥친다. 아이비리그를 비롯한 톱 스쿨은 학부 과정이 얼마나 치열하고 무시무시한지를 마치 자랑거리처럼 이야기한다. 우리 학교에 오면 매우 힘들겠지만 정말 멋진 교육을 받을 수 있다면서 보란 듯이 엄청난 난이도의 과제를 내주어 신입생들이 밤을 새우게 만들기 일쑤다. 미국에서 학부 수업에 조교로 참여했을 때에도 학생들이 눈에 불을 켜고 수업에 임할 정도로 열기가 대단했다. 양질의 교육을 제공하기 위해 교수나 조교도 수업 준비에 고생을 많이 한다.

그렇다면 대학원은 무엇을 하는 곳일까? 학부가 학생들을 교육하는(educate) 곳이라면, 대학원은 학생들에게 연구하도록(research) 하는 곳이다. 연구는 말 그대로 '탐구'를 뜻한다. 즉 탐구 정신을 발휘해 인류 지식의 폭을 한 단계 넓혀나가는 작업이다. 이 세상이 당면한 문제를 발견해내고, 왜 아직 인류가 이 문제를 해결하지 못했는지를 설명해내고, 적절한 솔루션을 개발해 널리 알리는 일을 말한다.

연구는 단순한 호기심에 의해 시작될 때도 있다. 예컨대 '우리은 하의 모습은 어떠할까?'라는 순수한 과학적 질문에 답하기 위해 탐구가 시작되기도 하지만 대부분의 경우 연구는 굉장히 뚜렷한 목적성을 띤 채 시작된다. 우리에게 닥쳐온 문제, 하지만 아직 아무도 이렇다 할 해결책을 제시하지 못한 문제, 혹은 제시를 했어도 그 해결책에 한계가 많은 문제를 포착했을 때 연구가 시작되곤 한다. 교육이 지식을 받는 것이라면, 연구는 새로운 지식을 창조해 나눠주는 일이다. 학부의 포커스가 내부 학생들을 향해 있다면, 공대 대학원의 포커스는 바깥세상을 향해 있다.

이런 관점에서 학부의 인재상과 대학원의 인재상은 꽤나 다를 수밖에 없다. 학부의 경우 제공받는 교육을 잘 소화하는 사람이 될 테고, 대학원의 경우 특정 문제에 대해 깊이 알고 그 문제를 풀어보겠다는 뚜렷하고 강한 열정을 지닌 사람이 될 것이다. 그래서 대학원에서는 학부 때는 없었던 새로운 트레이닝이 시작된다. 시장 조사능력, 대중에게 이 문제가 왜 중요한지 설득해내는 능력, 문제를 풀기 위한 기본 세팅을 하는 능력, 결과를 분석하는 능력, 그리고 간결하고 명료하면서도 효과적으로 스토리텔링을 하는 능력까지 모두 습득하게 된다.

이런 이유로 학부 때 공부를 잘해야만 대학원에 갈 수 있다는 말에는 고개를 갸우뚱하게 된다. 지식 습득을 잘한다고 새로운 지식과 경험을 창조하는 일도 잘할까? 받는 것을 잘한다고 해서 주는 것도 잘할까? 물론 둘 사이에 상관관계는 있겠지만 서로 필요충분조건은 아니다. 세상에 가득한 문제들을 해결하기 위해선 배움의 자세뿐 아니라 창조의 자세 또한 필요하다. 공부를 잘하지 못한다고 생각하는 중고등학생들도 충분히 공대 대학원을 꿈꿀 수 있다. 틀에 박히지 않은 사고를 하는 사람들이 더욱 혁신적인 성과를 내기 때문이다.

내가 무엇을 좋아하는지 명확히 아는 것은 대단히 아름다운 일이자 삶을 살아가는 힘이 된다. 우리는 지구상에 하나밖에 없는 유일한 존재이고, 나 자신을 대체할 수 있는 사람은 이 세상에 아무도 없다. 우리는 학교 교과목들이 담아낼 수 없는 존재다. 교과목뿐 아니라 나 자신도 잘 탐구함으로써 유니크한 나를 찾아야 한다.

학창 시절에 나는 대세를 따라야 한다는 강박에서 벗어나는 일이 참 힘들었다. 남들 다 하니까 나도 따라 했던 것들이 너무도 많다. 친구들이 방학 때 계절 학기를 들으니까 나도 별생각 없이 따라 들었고, 2학년 마치고 나서 덩달아 군대에 갔었고, 다들 과외로 생활비를 버니까 나도 과외를 했었다. 동료들이 학점에 목숨을 걸길래 나도 학점에 목을 맸다. 매우 부지런했으나 동시에 매우 게으른 삶을 살았던 것이다.

● 너는 어떻게 세상을 바꿀 거니?

보스턴에서 나는 종종 다음과 같은 질문을 받았다.

"How are you going to change the world?(너는 어떻게 이 세상을 바꿀 거니?)"

처음엔 '뭐 세상을 바꿀 것까지…' 하는 생각에 약간의 부담과 어색함을 느꼈었다. 그런데 사실 그 질문의 본질은 "거기 자네, 너에 대해 좀 더 알려줘 봐. 궁금하거든. 뭘 좋아해? 뭘 해보고 싶고?" 하는 뜻임을 시간이 조금 지나서 깨닫게 되었다.

이런 류의 질문을 하는 시니어분들은 단지 질문하는 데 그치지 않고 답변하는 이에게 더 큰 꿈을 심어주셨다. 나와 같은 젊은 청년들이 곧 이 시대의 미래임을 기억하라고 당부하며 젊은이들에게 여러 기회를 열어주려 하는 그 열정은 나에게 큰 울림이었다.

나는 '공학을 공부'하거나 '기계를 공부'하기 위해 사는 게 아니었다. 공학의 힘을 빌려 세상에 나만의 목소리를 알리는 삶을 살고 있는 것이었다. 주위 동료들의 이야기를 듣고, 그들의 도전을 받고, 그들과 소통하며 함께 성장하는 그런 삶, 나와 너의 이야기가 만나 더 큰 이야기가 되는 삶을 살고 있는 것이었다. 공학은 우리의 목소리를 담아낼 수 있는 아주 멋진 도구이다. 앞서 언급한, 이 세계가 당면한 여러 문제들, 예컨대 기후변화, 기아, 성차별, 교통 체증, 우주탐사, 핵, 스마트폰 중독, 바이러스 전파 방지 등 이 세상에는 기술의 결합으로 해결 가능한 문제들이 널리고 널렸다.

학교 수업에 충실하되 남는 시간에는 자신이 어떤 문제에 호기심과 열정을 느끼는지도 꼭 탐색해보자. 유치해 보이는 일이라도 괜찮다. 책, 뉴스, 인스타그램, 유튜브, 세미나 등등 학생들을 위한 채널은 많다. 함께한다면 반드시 새로운 삶이 시작될 것이다. '받는 삶'이 아닌 '주는 삶'이 시작되기 때문이다. 우리는 우리가 생각하는 것보다 훨씬 더 능력 있고 창조적인 사람이라는 것을 반드시 기억하자. 그 여정에 함께할 사람들은 정말로 많다.

MIT 링컨연구소의 로버트 신 박사님이 언젠가 이런 말씀을 해주셨다.

"Prove, recruit, and help."

아이디어가 실현 가능하다는 것을 우선 증명해 보이고, 그 일에 함께할 사람들을 찾고, 마지막으로는 내가 걸은 그 길을 걷고자 하는 사람들을 도우라는 뜻인데, 지금껏 뇌리에 남아 있다.

● 내가 살고 싶은 삶

앞으로 나는 온라인 멘토링 및 인공지능 교육 활동을 더욱 확장해 나갈 생각이다. 현재 인공지능 교육 단체인 '아우타(Outta)'를 설립하여 서울대 동료들 및 후배들과 함께 코딩 체험 행사를 열고 콘텐츠를 제작하는 일에 힘쓰고 있다. outta는 영어 'out of(밖으로 & 넘어서)'

의 줄임말이다. '공부는 재미도 없고 의미도 없어', '나는 수학 못하니까 인공지능도 어차피 이해 못 해', '나는 돈이 없고 서울에 안 사니까 재밌는 교육은 받을 수 없어', '서울대 사람들은 나랑은 다른 종족일 거야', '나는 학생에 불과해' 등과 같은, 우리 내면 깊숙한 곳에 자리한 편견들을 조금씩 뛰어넘도록 도와주는 새로운 교육의 장이자 놀이터가 되길 기대하고 있다.

최근 인공지능 붐이 일며 코딩 교육 문의가 많다. 코딩 수업도 중요하지만, 그보다는 아이들이 흥미를 느끼는 문제를 발견했을 때 그 흥분을 그대로 표출할 수 있는 교육적 환경을 조성해주는 게 최우선이라 생각한다. 다각도에서 문제를 바라볼 용기를 주고, 내 의견을 효과적으로 표현하고 또 동료들과 건강히 토론하도록 돕는 게 가장 중요하다.

우리는 어떠한 삶을 살고 싶은 것일까? 우리를 조급하게 만드는 어떤 분위기가 이 사회에 팽배해 있다. 그럼에도 용기를 내어서 눈앞의 대세에 휩쓸리지 말고 우리 내면의 소리에 귀를 기울여보면 어떨까. 책상 공부를 성실히 하면서 한편으로는 나 자신도 용기 있게 탐색해볼 수 있다. 오늘 하루 내가 느낀 감정을 천천히 돌아보는 것도 좋다. 신문의 짧은 칼럼을 읽고 친구와 가볍게 수다를 떨며 생각을 나눠보는 것도 좋다. 책상 공부만큼이나 내면 공부도 착실히 해야 삶이 즐거워지고 의미 있어진다.

이 신나는 여정을 함께 걸어보길 희망하는 학생들은 인스타그램 (@bostonian_kang)으로 연락하기 바란다. 여러분들의 고민을 듣고 소통하며 내면의 목소리, 나만의 이야기를 찾는 일에 함께하고 싶다. 공학 & 테크 갤러리를 열어 이 세상에 얼마나 재미있는 문제들이 많은지, 거기에 공학이 어떤 역할이 하는지 소개할 생각도 있다. 자녀의 수학, 과학 교육에 관심 있는 부모님들도 언제든 환영이다.

법을 아는 공대생

전기·정보공학부 16학번 유창준

공대 졸업 후의 진로라고 하면, 아마 대부분 반도체 등의 제조 회사에서 근무하는 직원이나 기업의 연구원 같은 전통적인 엔지니어의 모습을 떠올릴 것이다. 하지만 사회에서 공대 졸업생들이 진출해 있는 분야는 정말 다양하다. 나도 공대생에 대한 고정관념에서 벗어난 사람 중 한 명이다. 제4차 산업혁명 시대에 매우 중요하게 취급되는 '지식재산권'을 지키는 변리사의 길에 발을 내디딘 것이다. 대학교 재학 중 변리사 시험에 합격하여 졸업을 앞두고 있고, 지식재산 전문가이자 대학생으로서 할 수 있는 여러 활동(지식재산 논문 투고, 출판 등)을 하고 있다. 여기서는 변리사 시험 준비 및 변리사 시험 합격 후 지식재산 분야에서의 활동 등 개인적인 경험을 얘기해 보고, 또 변리사가 무엇인지, 변리사가 되려면 어떻게 해야 하는지,

그리고 법 공부를 하면서 느낀 공학과 법학의 관계에 대해서도 공유해보려 한다.

● 기술과 아이디어를 보호하는 변리사

이공계 진학 이후의 진로를 탐색하다 보면 변리사는 빠지지 않고 언급되는 직업 중 하나이다. 특허에 관련된 일을 한다는 정도는 알아도 정확히 무슨 일을 하는지 알고 있는 사람은 많지 않을 것이다. 변리사는 크게 지식재산을 다루는 일을 한다. 재산이라 하면 흔히 땅과 같은 부동산 또는 자동차와 같은 동산을 생각하지만, 이렇게 눈에 보이는 것들만이 재산은 아니다. 우리가 살아가고 있는 정보화 시대에는 지식 또한 땅과 자동차 못지않은 가치를 가지고 있다. 따라서 특허, 상표, 디자인같이 지식이 발현되어 가치를 지닌 것들을 새로운 종류의 재산인 지식재산으로 규정한다.

지금은 인터넷을 통해 전 세계 사람들이 서로 연결되어 있다. 우리는 미국에 있는 친구와 영상통화를 할 수도 있고, 유럽에서 무슨 일이 일어나고 있는지를 실시간으로 확인할 수 있다. 정보화 시대의 이런 특성 때문에 기술이나 아이디어는 타인의 모방이나 탈취에 취약하다. 기술이나 아이디어를 이러한 제3자의 불법적인 탈취로부터 보호하는 것은 발명자를 보호하고 국가의 기술 경쟁력을 지켜낸다는 측면에서 매우 중요하다. 보안업체 직원이나 경찰관이

백화점의 값비싼 물건들이 도난당하지 않게 하는 것처럼 변리사는 눈에 보이지 않는 기술이나 아이디어를 보호해주는 역할을 한다. 업무 특성상 발명자와 접하는 경우가 많고, 발명의 기술 내용을 이해하는 것이 필수적이므로 변리사는 이공계열, 특히 공대생들이 빛을 발할 수 있는 직업이다.

그렇다면 변리사는 어떻게 발명을 보호해주는 것일까? 발명이란 추상적인 개념으로 여기에 '특허권'이라는 법적 권리를 부여하기 위해서는 발명을 구체적인 언어로 표현해야 한다. 특정 발명에 대한 분쟁을 효과적으로 해결하기 위해서는 해당 발명의 특이 사항을 명료한 언어로 문서화하는 작업이 필요하다. 따라서 발명의 상세한 구성 요소를 언어로 표현하여 특허청에 등록하는 절차가 필요하며, 이를 '특허출원'이라고 한다. 변리사가 하는 대표적인 업무가 바로 특허출원을 도와주는 것이다. 이외에도 등록한 특허를 침해로부터 보호하거나, 반대로 관련 분야 사업 진출을 위해 하자가 있는 타인의 특허권을 무효화하는 등 다양한 권리 행사를 돕는다. 특허뿐만 아니라 상표나 디자인에 대해서도 유사한 업무를 수행한다.

여러 진로 가운데 변리사가 인기 있는 이유는 전문가로 대우받을 수 있고, 상대적으로 높은 연봉이 보장되며, 본인이 원한다면 서울에서 근무할 수 있기 때문이다. 공과대학을 졸업하고 대기업에 취직하는 경우 보통 서울이 아닌 수도권 외곽이나 지방에서 근무해야 하는 데 비해 변리사는 전문직으로서 높은 연봉을 보장받고 서울에서 근무할 수 있다는 점이 굉장히 큰 장점으로 작용한다.

변리사가 되기 위해서는 국가에서 주관하는 변리사 시험에 합격해야 한다. 변리사 시험은 행정고시 기술직과 함께 주로 이공계 학생들이 응시하는 시험 중에서 가장 어려운 것으로 알려져 있다. 변리사 시험은 이공계 지식을 확인하기 위한 '자연과학', 그리고 '민법', '특허법', '상표법' 등 법 과목으로 이루어져 있다. 즉, 이공계 소양과 인문학적 소양 모두를 요구하기 때문에 합격하기 어려운 편이다.

● 공학과 인문학의 융합이 가능한 직업

나는 공대 진학을 준비했던 고등학생 때부터 '대학에 가서 어떤 전공을 할까'보다는 '대학을 졸업한 후에 무엇을 할까'에 관심이 많았다. 대학을 졸업하고 나서 연구원이 되거나 회사에 취직하지는 않겠다고 고등학생 때 일찌감치 결심했다. 수학, 물리 성적이 좋아 공대 진학을 선택했지만, 수학 공부를 할 때보다 법학, 철학과 같은 인문학적 독서를 할 때 더 재밌었다. 그래서 나는 공대를 졸업하더라도 인문학적 소양을 발휘할 수 있는 직업을 갖길 원했고, 변리사는 이런 취향을 충족시키기에 충분했다. 변리사와 같은 지식재산 분야의 법조인은 내가 전공으로 공부할 이공계 지식을 기본으로 하면서도 사람들 사이에서 일어나는 갈등을 해결하고 발명자의 진정한 권리를 보호해주는 등 사람과 직접 만나면서 하는 일이라는 점에 큰 매력을 느꼈다.

공대 진학을 희망하거나 공대에 재학하고 있는 학생 중에 적지 않은 수가 나와 비슷한 고민을 하고 있으리라 생각한다. '나는 수학, 물리, 공학 공부가 재밌고 적성에도 잘 맞지만, 직업으로서 평생을 연구하며 살고 싶진 않다'거나 '여러 사람을 만나면서 일하고 싶다' 같은 고민 말이다. 다행히도 공대 졸업생 모두 연구를 하거나 회사에 취업하는 것은 아니다. 나처럼 법조계에 진출하거나, 공직에 진출하거나, 창업을 하는 등 공대 전공을 살리면서 개개인의 능력을 발휘할 수 있는 다양한 분야가 있다. 공대는 이래서 참 매력적이다. 원하는 대로 폭넓게 나의 삶을 설계할 수 있는 전공이라는 점에서 말이다.

● 수학 풀이처럼 접근한 법학 공부

나는 스물세 살이 되던 2019년도에 변리사 시험에 최종 합격 했다. 비교적 꽤 빠르게 진로를 결정한 셈이다. 적성과 흥미는 시간에 따라 변하기 마련이고, 지금 내가 세운 계획이 미래에 어떻게 변경될지는 예상할 수 없다. 하지만 나는 막연하게 고민하면서 시간을 보내기보단 무엇이든 직접 해보고 부딪치는 것을 선호하기 때문에 의무소방으로 군 복무를 하던 스물두 살 때부터 변리사 공부를 시작했다.

처음 변리사 시험을 준비하려고 했을 때는 '수능 공부를 치열하게 해서 서울대학교에 입학했는데, 그만큼 혹은 그 이상을 공부해야 변리사 시험에 합격할 수 있는 것 아닐까?' 하는 두려움에 시작을 망설이기도 했다. 하지만 이런 두려움은 직접 경험하면서 극복하자 결심했고, 매일 짬 나는 2~3시간을 활용하여 시험공부를 시작하였다. 그렇게 공부를 시작하며 '전역과 동시에 변리사 시험 최종합격'이라는 야심찬 목표를 세웠고, 티끌 같은 시간을 모아 공부함으로써 목표를 현실로 만들어낼 수 있었다.

'고시 공부는 머리싸움이 아니라 엉덩이 싸움'이라는 말이 있다. 변리사 시험에 합격하기 위해서는 민사소송법, 민법, 특허법, 상표법, 디자인보호법 등 수많은 법 과목을 공부해야 한다. 특히 객관식인 1차 시험을 통과한 후 치르는 2차 시험에서는 법 과목의 모든 내용을 전부 외워 직접 서술해야 한다. 처음 법전을 펼쳤을 때, 난생처음 접해보는 어려운 법학 용어들과 더불어 엄청난 분량에 압도당했던 기억이 아직도 생생하다.

이 모든 분량을 다 외워야 한다는 사실에 마음이 약해졌다. 심지어 나는 지금껏 수학, 과학 공부만 해왔던 전형적인 공대생 아니던가. 암기는 질색이라 이과에 진학했던 내가 이 두꺼운 책들을 모두 외워야 한다니 정말 최악이었다. 하지만 실제로 법 공부를 해보니 무조건 암기가 답은 아니었다. 해당 주제를 관통하는 몇 가지 핵심적인 개념을 숙지하고 있다면, 이를 적절히 조합하여 추론할 수 있는 내용이 대부분이었다. 수학 공부와 비슷했다. 오랜 시간 수학, 과학 공부를 통해 다져진 논리적인 사고 흐름이 법학 공부에 아주 큰 도움이 되었다.

법학에서 주어진 문제 상황을 해석하고 판례를 적용하며 정답을 찾는 과정이 마치 수학 문제를 푸는 것처럼 느껴졌다. 수학 문제를 풀기 위해서는 공식을 암기하고 상황에 적용하는 연습을 해야 하듯이, 법학에서도 핵심적인 내용을 암기하고 사례별로 적용해나가는 연습을 했더니 두꺼운 책 전부를 암기하지 않아도 되었다. 수학적 사고를 통해 법학에 접근해보니 암기해야 하는 내용이 처음 생각했던 만큼 많지는 않았던 것이다. 머리를 써서 공부 시간을 최적화하였고, 평균 수험 기간이 3년인 변리사 시험을 1년 6개월 만에 통과할 수 있었다.

● 공학 지식을 법학에 접목하다

공대 출신이 법학을 공부해 사회에서 어떤 역할을 할 수 있을까? 다시 말해서 왜 법까지 공부한 공학도가 필요한 걸까? 정답은 단순하다. 새로운 아이디어나 기술 같은 지식재산의 가치가 그 어느 때보다 강조되는 요즘에는 복잡하고 새로운 기술에 대한 분쟁이 끊임없이 발생하기 때문이다. 몇 년 전 삼성과 애플 간에 벌어진 대규모의 특허 소송에 대해 들어봤을 것이다. 기술 내용과 갈등이 복잡해짐에 따라 법조인은 더 이상 '법'만 잘 알아서는 제 역할을 할 수 없다. 기술 관련 법적 분쟁이 발생했을 때 기술 내용을 파악하는 것이 법리적 쟁점을 파악하는 것 못지않게 중요하다. 그리고 이러한 역할은 전문적인 공학 지식을 활용할 수 있는 공대 출신 법조인에게 맡겨진다. 기업간 IT 관련 소송은 꾸준히 증가하므로 앞으로 공대 출신 법조인에 대한 수요는 계속 늘어날 것이다.

그렇다면 신기술을 발명하고 사업화하는 과정에서 일어날 수 있는 법적 쟁점을 구체적으로 한번 살펴보자. 내가 기발한 아이디어를 생각해내어 새로운 발명을 했다면 이러한 기술을 독점적으로 사용할 수 있게 특허를 등록할 것이다. 변리사의 도움을 받아 특허 등록이 되면 본격적으로 사업을 시작하게 된다. 하지만 사업 도중 누군가가 나의 기술을 몰래 침해하고 있다는 사실을 알았다면, 이번에는 특허 침해를 중지하고, 특허 침해로 인해 발생한 손해를 배상하라는 소송을 제기해야 한다. 다행히도 법원은 나의 손을 들어줬고, 특허 침해로부터 나의 기술을 보호할 수 있었다. 하지만 갑자기 누군가 나에게 또 다른 문제를 제기한다. 나의 특허에 문제가 있다는 것이다. 이 사람은 내가 등록한 특허가 자신이 먼저 특허를 받은 발명과 상당히 비슷하므로 나의 특허를 무효로 해달라고 주장하고 있다. 다시 나는 특허 등록을 도와줬던 변리사와 함께 이러한 무효 심판으로부터 내 기술을 보호한다. 이 과정에서 심리를 진행하는 판사나 심판관 또한 기술에 대한 깊이 있는 이해가 필수적일 것이다. 따라서 이렇게 발명의 내용을 이해할 수 있는 법조인이 필요하고, 이는 앞으로 공학도들에게 남겨진 몫이다.

공대 출신 법조인은 위와 같이 IT 관련 소송에서뿐만 아니라 공학과 접목된 특수한 분야들에서도 전문적인 역할을 기대할 수 있다. 예를 들어 새로운 발명에 대한 특허성 등을 판단하는 기술 가치 평가를 함으로써 기업이 투자 유치를 하는 데 더욱 객관적인 지표를 제공할 수도 있다. 실제로 공대 출신 법조인들은 전문적인 공학 지식이 요구되는 다양한 분야에 진출해 있다. 공학도들의 미래가 제조업이나 연구에만 국한되어 있는 건 아니다. 법학과 같이 자연 과학이나 공학 지식을 활용할 수 있는 분야가 매우 다양하니 공대 진학을 희망하거나 공대에 재학 중인 학생들은 자신의 미래에 대한 시야를 넓히길 바란다.

10년 후의 나 그려보기

재료공학부 14학번 안건

● 대학에 와도 해결되지 않는 고민들

10년 뒤의 자신의 모습을 그려본 적이 있는가? 대학 생활을 어떻게 하고 싶은지, 그리고 대학 생활을 마치고는 무엇을 하고 싶은지 말이다. 많은 사람들이 계획을 세우지만 이렇게 장기 계획을 세우는 경우는 많지 않은 것 같다. 특히 중고등학생 때의 계획은 고등학교를 졸업하고 대학생이 되는 순간까지인 경우가 대부분이다. 대학 입시에 모든 에너지를 쏟다 보니, 대학 이후의 내 모습을 그리는 데 쓸 에너지는 남아 있지 않은지도 모르겠다.

나 역시 그랬다. 중학교 때까지만 하더라도 분명히 공부가 재미있었고 나의 호기심을 채우기 위해 공부했다. 그러나 전교생이 고작 60명인, 내신으로 모든 대학 입시가 결정되는 치열한 경쟁 집단인 과학고등학교에 들어가고 대학 입시를 신경쓰기 시작한 순간부터 성적 스트레스에서 완전히 자유로울 순 없었다. 주변을 돌아보면 공부 때문에 오히려 행복과 멀어지는 것처럼 보이는 친구들이 많았다. 고등학교 시절 내내 공부는 왜 해야 하는 것인지, 공부를 하면 정말로 행복해지는 것인지 참 많은 고민을 했었다. 어른들에게 대학을 간 이후에는 무엇을 해야 하는지, 그때는 무엇을 목표로 살아야 하는지 물으면 내게 돌아오는 대답은 한결같았다.

"모든 고민은 대학 가면 다 해결될 거야."

사실이 아니다. 대학에 가도 그런 고민은 전혀 해결되지 않는다. 오히려 난이도와 복잡도만 증가할 뿐이다. 달라지는 것이라면 이제는 그런 질문에 형식적인 위로의 대답조차도 듣기 어렵다는 점이다. 답은 오로지 내가 고민하고 찾아야만 한다.

감사하게도 가장 원하던 학교에 진학할 수 있었지만 막상 대학에 와서는 많은 방황을 했다. 그렇게 목표로 했던 대학에 오고 나니 그 다음에는 무엇을 해야 할지 알 수 없었다. 입시를 치르며 내신과 성적을 위한 공부에 질려버렸기 때문에 대학교에 와서까지 좋은 성적을 받기 위해 전전긍긍하고 싶지는 않았다. 또 대학교 1학년 때 배우는 내용 대부분은 이미 고등학교 때 배운 터라 공부를 하지 않아도 적당히 괜찮은 성적을 받을 수는 있었다. 그래서 초반에는 그냥 친구들과 열심히 놀았다. 친구들과의 약속이 공부보다 우선이었다. 부끄럽게도 늦잠을 자서 수업에 들어가지 않는 날도 많았고, 노느라 과제를 제출하지 않은 적도 굉장히 많았다. 그렇게 1년 정도 참 재미있게 놀았다.

1년쯤 놀고 나니 말초적인 재미는 시들해졌다. 슬슬 내가 앞으로 평생 하고 싶은 일, 열정을 느끼는 일을 찾고 싶었다. 그런데 문제가 생겼다. 공부는 막연하게 싫었지만, 그렇다고 공부 대신 무엇을 해야 할지는 도무지 알 수가 없었다. 정작 나는 뭘 좋아하는지, 뭘 싫어하는지조차도 몰랐던 것이다. 지금까지 내가 한 것은 공부밖에 없었기 때문이다. 망망대해에서 홀로 길을 찾아가야 하는 기분이었다. 시간을 낭비하고 싶지는 않은데 무엇을 해야 할지 전혀 감이 잡히지 않았다. 나 자신에 대한 고민을 오랫동안 미뤄온 결과였다.

이 고민을 해결하기 위해 10년 후 내가 원하는 내 모습을 그려보는 방법을 사용했다. 과연 10년 후에는 어떤 모습이 되고 싶은지를 상상하고, 그 모습이 되기 위해서는 앞으로의 10년을 어떻게 지내야 할지 생각해보는 것이다. 내가 앞으로 어떤 삶을 살고 싶은지 그려봄으로써 내가 무엇을 좋아하는지, 무엇이 내 가슴을 뛰게 하는지 알게 될 수도 있다는 생각이 들었다. 장 폴 사르트르는 "인생은 Birth(탄생)와 Death(죽음) 사이의 Choice(선택)다"라고 했다. 인생은 선택의 연속이고 선택을 잘하는 것이 결국 인생을 잘 사는 것이라는 의미일 것이다. 좋은 선택을 하기 위해서는 내가 원하는 미래의 모습을 그려보고, 어떤 선택을 해야 내가 원하는 미래의 모습에 다가갈 수 있을지 고민해야 한다.

● 10년 계획표 써보기

목표를 세우라고 하면 사람들은 대부분 부담스러워한다. 꼭 이뤄내야만 하는 일, 그리고 실패해서는 안 되는 일이라고 생각하기 때문일 것이다. 그래서 나는 목표 대신 '도전해보고 싶은 일'이라고 바꿔 생각해보기로 했다. 목표는 달성해야만 의미가 있다면, 도전은 시도 그 자체로도 성공이라 할 수 있다. 어차피 우리가 생각하는 목표나 도전은 바뀔 수밖에 없다. 계속 수정하고 보완해나가야 하기 때문이다. 내가 예상하지 못한 사건이 계속 생길 것이고, 내 생각도 상황에 따라 바뀔 테니 말이다. 이뤄내고 싶었던 것을 성취하지 못해도 괜찮다. 내가 세웠던 목표를 이루지 못했다면 다시 도전하면 되고, 중간에 원하는 도전거리가 바뀌었다면 다시 새롭게 계획을 세우면 된다. 해보고 싶은 것이 아예 없는 것은 문제가 될 수 있지만, 해보고 싶은 일이 바뀌는 것은 전혀 문제가 되지 않는다.

그럼 이쯤에서 목표가 바뀌어도 얼마든지 괜찮다는 것을 확인하기 위해 예전의 내 도전 과제를 한번 살펴보자. 다음은 2016년 군대에서 세웠던 계획표다.

군생활   자세평.
2016   운동.
| 피아노.
2017   동생챙기기.
2018   영어공부
        학점 많이듣기.
        평일근무
2019   교환학생 -핀란드
        - 행복지수 1위 (교직)
2021
,
2023.   서울대 교육대학원
2023
5
2028   하버드 GSE.

2016년 군대에서 쓴 10년 계획표

이 글을 쓰기 위해 군대에서 사용했던 노트를 꺼내서 보면서 깜짝 놀랐다. 핀란드로 교환학생을 가겠다는 도전까지는 실행에 옮겼지만, 서울대학교 교육학대학원, 하버드대학교 GSE(Graduate School of Education, 교육대학원)에 가겠다는 도전과는 정말 멀어진 삶을 현재 살고 있다. 교육에 대해서 이렇게 큰 열정을 가지고 관련 도전 과제들을 스스로 만들어놓았던 걸 기억조차 못 하고 있었던 것이다. 하지만 교육에 대한 열정은 언제나 내 마음 깊은 곳에 자리하고 있다.

그리고 다음은 2018년 중반에 세웠던 10년 계획표다.

1) 학업, 커리어

1년- 영어 에세이 원하는 내용 어렵지 않게 서술, 학점 4.1유지.

3년- GRE 점수, TOEFLE 점수, 최우등졸업, 논문 작성.

5년- 아이비리그 유학.

10년- 데이터 사이언티스트, 대중의 니즈 파악, 대중의 니즈를 이루어주는 구체적인 방법론 제시하는 채널로 소통.

2) 건강

1년- 67kg, 3대운동 400, 운동 습관화

3년- 72kg, 3대운동 500, 바디프로필 촬영, 보디빌딩 대회 입상.

5년- 꾸준한 운동 습관 유지. 건강한 식단관리.

3) 독서

1년- 50권/년, 서평 25/년, 브런치 작가, 출판

3년- 100권/년 서평 50/년, 구독자 10,000 채널가지기.

5년- 100권/년 서평 50/년, 구독자 30,000 채널가지기.

4) 생활

1년- 데일리 리포트 (사고력대조표) 300일 이상 작성 및 반성. 평일 매일 7시 기상. 마음일기 일주일에 3일 이상 작성, 연행일치

3년- 데일리 리포트 (사고력대조표) 300일 이상 작성 및 반성, 피드백. 매일 7시 기상. 마음일기 일주일에 5일 이상 작성, 연행일치, 내외일치 (집 청소 잘하기)

5년- 데일리 리포트 (사고력대조표) 300일 이상 작성 및 반성, 피드백. 매일 7시 기상. 마음일기 일주일에 5일 이상 작성, 연행일치, 내외일치 (집 청소 잘하기), 지행일치

2018년에 쓴 10년 계획표

공대에 가고 싶어졌습니다

이걸 보면 갑작스럽게 '데이터 사이언스'라는 분야에 관심이 생긴 것을 볼 수 있다. 또한 당시에는 운동을 정말 열심히 할 때라 운동에 대한 도전도 있었고, 책을 읽고 콘텐츠를 만들어내는 것에 흥미를 느낄 때라 독서와 대중의 니즈를 연결해 구체적인 채널을 통해 소통하겠다는 목표도 있었다.

여기서 강조하고 싶은 점은 10년 계획을 세울 때 꼭 공부, 커리어와 관련된 계획만 세울 필요는 없다는 것이다. 나의 계획표에서도 볼 수 있듯이 학업이나 공부와 관련된 계획은 1/4에 불과하다. 나머지는 운동, 독서, 심지어는 일기 및 기상 시간에 대한 계획까지 있다. 10년 계획의 포인트는 내가 꿈꾸는 나의 모습에 대해서 알아보고, 그런 내가 되기 위해서 어떤 삶을 살아야 할지 계획하는 것이다.

이렇게 수년 전에 쓴 계획표를 다시 살펴보니 감회가 새롭다. 교육에 대한 관심은 참으로 꾸준했다. 또한 2018년에는 출판이라는 도전거리도 있었다. 이 두 가지가 합쳐져 교육학 수업에서 배운 내용과 핀란드에서의 경험을 토대로 《세상에서 가장 행복한 나라, 핀란드》라는 책을 출간하기도 하였다. 지금도 나는 중고등학생에게 멘토링을 해줄 수 있는 기회가 있다면 언제든지 참여하고 있으며, '브런치'를 통해서 꾸준하게 글을 쓰고 있다. '공학을 사랑하는 사람들이 들려주는 공학 이야기'를 정리해보자고 주변 친구들을 설득해 지금 이 책을 기획하기도 하였다.

이처럼 내가 삶의 각 단계에서 느꼈던 열정과 거기에 맞춘 도전 과제들은 이미 그 자체로 내 무의식에 스며들었다. 구체적인 항목은 잠시 잊어버렸더라도 그와 관련된 일들을 계속해왔음을 확인할 수 있다. 이렇게 계획을 명확하고 구체적으로 적기만 해도 실제로 계획대로 이룰 확률이 머릿속으로 생각만 하는 것보다 두 배 가까이 높다는 연구 결과도 있다.

마지막으로 이 글을 쓰면서 현재의 내가 생각하는 '10년 후 나의 모습'을 상상해보고 간단하게 계획을 세워보았다.

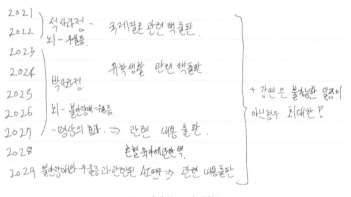

2021년에 쓴 10년 계획표

내가 꿈꾸는 10년 뒤의 나의 모습은 '인간을 공학적으로 탐구하는 작가이자 강연가'이다. 이 책을 쓰는 내내 공학이 무엇인지 고민했다. 내가 내린 결론은 바로 '우리가 당면한 문제를 수학이라는 언어를 사용하여 정의하고 해결하는 것'이다. 여기서 내가 정의한 문제는 바로 '인간'이다. 맞다. 너무 추상적이다. 그러나 지금 내가 정의할 수 있는 나의 모습은 대충 그 정도다. 그 모습을 위해서 석·박사 과정을 하면서 뇌를 통해 인간의 고등한 정신세계를 이해하고 탐구하고, 이를 지속적으로 글로 써서 책을 출간할 계획이다.

그렇기에 지금도 열심히 대중과 소통하고 있다. 열심히 글도 쓰고, 유튜브 채널도 만들었다. 기회가 있을 때마다 최선을 다해 강연을 했고, 방송 출연도 마다하지 않았다. 내가 궁극적으로 하고 싶은 일은 나의 이야기를 사람들에게 들려주는 것이기 때문이다. 사실 10년 뒤의 나를 그려보는 이유는 그 10년 뒤의 나를 위해 내가 지금 할 수 있는 걸 찾기 위해서다. '대중들과 열심히 소통하는 연구자'라는 목표가 있기에 아직은 부족하더라도 용기를 내어 내가 할 수 있는 일들을 하나씩 해보고 있다. 이런 노력이 내가 원하는 10년 뒤의 나의 모습으로 나를 이끌어줄 거라고 믿는다.

● 그렇다면 이제 행동해봅시다

여러분도 10년 뒤 자신의 모습을 한번 써보길 바란다. 그리고 내가 지금 하고 있는 행동이 목표를 이루기에 적절한 것인지 판단해보자. 10년 뒤의 모습이라는 게 구체적이지 않아도 좋다. 정말 막연하게 적어도 좋다. 직업이 아니어도 좋다. 어떤 인성을 가진 사람이 되고 싶은지를 적어도 좋다. 그런 다음 지금 당장 내가 할 수 있는 하나의 일을 행동으로 옮겨보자. 그런 하나하나의 경험이 쌓이고 쌓여 성장해나가는 것이다. 어느 날 눈 떠보니 내가 원하는 나의 모습으로 변신해 있는 기적은 절대 일어나지 않는다.

지금 이 글을 읽고 간단하게라도 펜을 들어 적어본 사람과 그렇지 않은 사람의 인생은 분명히 앞으로 큰 차이가 있을 거라 생각한다. 행동하는 사람은 언제나 보상받는다는 것을 난 경험을 통해 알고 있다. 이 작은 행동이 공부의 의미를 찾지 못해 방황하는 자신에게 오늘 하루를 열심히 버텨내는 원동력이 되어줄지도 모른다.

∿ EPILOGUE
마음속 설레는 별을 꼭 찾기를

여러분은 여러분의 가슴을 뛰게 하고 설레게 하는 것이 있는가? 우리의 경험에 비추어 보았을 때, 설레는 일을 찾고 그것을 향해 달려 나갈 때 더 행복하고 가슴 충만한 삶을 살 수 있다고 생각한다. 여러분을 설레게 하는 것은 정말 다양한 것이 될 수 있다. 그리고 그게 무엇이든 분명 소중하고 가치 있는 것이다.

우리가 이 책을 낸 이유는 여러분의 가슴을 뛰게 할 그 다양한 것들 중에 '공학'도 들어갈 수 있다는 것을 알려주고 싶어서다. 공부에 관심이 있는 학생들이라 해도 공학도라는 길에 대해서 접할 기회가 많지 않았을 것이다. 책을 내기로 결심한 뒤 공학에 대한 청소년들의 인식을 다룬 설문조사나 주변 반응을 살펴보았는데, 공대를 가고 싶다는 말을 하는 친구들은 꽤 많았지만 대략적으로라도 실제 내용을 아는 학생들은 매우 드물었다. 놀랄 일은 아니었다. 사실 우리 역시 대학을 오기 전까지는 그랬었으니 말이다. 그래서 '우리가 그 시절로 돌아간다면 가장 듣고 싶었을, 궁금했을 이야기들이 뭘까'라는 고민을 하며 하나씩 주제를 고르기 시작했다.

쉽게 재미있게 쓰고 싶었지만 생각보다 쉽지 않았다. 전문적으로 글을 써본 경험이 거의 없는 공대생들이 모여 작업을 했고, 또 여러 사람이 집필에 참여했다 보니 글이 고르지 못한 부분도 분명 있을 것이다. 하지만 공대에 와서 겪은 즐겁고 괴로운 여러 이야기를 후배들에게 가감 없이 솔직하게 들려주고 싶었던 우리의 진심은 꼭 전달되었으면 한다.

가끔은 너무 힘들기도 하고, 이 전공이 혹은 이 진로가 나에게 맞는 길인가 수시로 흔들리기도 하지만 이 공학의 길에는 분명 그런 고민을 상쇄시키는 빛나는 순간이 숨어 있다는 것을 꼭 알려주고 싶다. 그 빛나는 가치를 알아보는 좋은 후배들이 공대에 많이 진학하여 우리가 사는 이 세상을 조금 더 아름답게 변화시키는 일에 동참하길 진심으로 바란다.

여러분도 분명히 언젠가는 여러분을 설레게 하는 그 무언가와 함께하는 미래를 맞이할 것이다. 그러나 여러분의 가슴을 뛰게 하는 일을 찾아 그 길을 추구하는 과정이 항상 편안한 꽃길일 리는 없다.

좌절하거나 포기하고 싶은 순간도 올 것이고, 여러분을 설레게 하는 바로 그 일에 회의를 느낄 때도 있을 것이다. 우리가 꼭 그랬던 것처럼 말이다. 그런 순간에 조금 먼저 같은 길을 걸었던 선배들의 이 좌충우돌 스토리가 조금이나마 위안이 된다면 더는 바랄 게 없을 것 같다.

끝으로 집필 작업에 함께해준 공우 회원들, 추천사를 흔쾌히 써주신 하정우 소장님, 장병탁 교수님, 황농문 교수님, 여명석 교수님, 현택환 교수님, 박찬암 대표님, 그리고 우리가 쓴 글의 가능성을 보고 책으로 나올 수 있도록 도와주신 김민정 팀장님을 비롯한 메가스터디 관계자분들께 깊은 감사를 전한다.

- **안건** 재료공학부 14학번
- **김도현** 컴퓨터공학부 17학번
- **김예린** 조선해양공학과 17학번
- **정원석** 기계공학부 16학번
- **김영현** 화학생물공학부 18학번
- **옥선교** 컴퓨터공학부 15학번
- **이현인** 기계공학부 15학번

- **강한림** 전기정보공학부 16학번
- **임휘광** 화학생물공학부 16학번
- **김찬교** 기계공학부 15학번
- **엄준용** 건설환경공학부 16학번
- **유윤아** 기계공학부 18학번
- **이성민** 전기정보공학부 16학번
- **이동현** 컴퓨터공학부 18학번
- **황민영** 전기정보공학부 17학번
- **김민재** 기계공학부 18학번
- **김재환** 기계공학부 16학번
- **김재광** 조선해양공학과 09학번(일리노이 주립대학교 박사 과정)

- **유창준** 전기정보공학부 16학번
- **이성원** 컴퓨터공학부 04학번(버즈빌 CPO)
- **강하은** 기계공학부 10학번(MIT 기계공학과 박사과정)

- **김지원** 화학생물공학부 18학번
- **이태균** 전기정보공학부 16학번
- **손성현** 원자핵공학과 17학번
- **정태민** 기계공학부 18학번
- **최원혁** 화학생물공학부 18학번
- **곽정원** 에너지자원공학과 18학번

- **박신우** 건축학과 18학번
- **한승윤** 재료공학부 18학번
- **손진아** 자유전공학부(컴퓨터공학 전공) 18학번
- **배재혁** 전기정보공학부 16학번
- **임정욱** 화학생물공학부 19학번

공대에 가고 싶어졌습니다

초판 4쇄 발행 2023년 7월 7일
초판 1쇄 발행 2021년 12월 30일

지은이 서울대학교 공과대학 우수학생센터 '공우'
발행인 손은진
개발책임 김문주
개발 김민정 정은경
제작 이성재 장병미
디자인 design BIGWAVE
발행처 메가스터디(주)
출판등록 제2015-000159호
주소 서울시 서초구 효령로 304 국제전자센터 24층
전화 1661-5431 팩스 02-6984-6999
홈페이지 http://www.megastudybooks.com
출간제안/원고투고 writer@megastudy.net

ISBN 979-11-297-0816-8 13370

메가스터디BOOKS

'메가스터디북스'는 메가스터디㈜의 출판 전문 브랜드입니다.
유아/초등 학습서, 중고등 수능/내신 참고서는 물론, 지식, 교양, 인문 분야에서 다양한 도서를 출간하고 있습니다.